ドイツ社会保障論 II

——年金保険——

松本　勝明　著

信　山　社

はしがき

ドイツにおいて、年金保険は、老齢や障害によって、または稼ぎ手の死亡によって、減少し、あるいは得られなくなった収入に代わって年金を支給することにより、人々の生活の安定に欠くことのできない役割を担っている。

年金保険は、『ドイツ社会保障論Ｉ』で取り上げた医療保険などと並んで、一連のビスマルク社会保険立法の一つとして一八八九年に制定された「障害及び老齢保険に関する法律」により成立したものである。したがって、年金保険の成立以来、既に一〇〇年以上の時が経過している。その間、年金保険は、常に順調な発展を遂げてきたというわけではない。それどころか、二度の世界大戦などの影響により、制度存続の危機にも何度となく直面した。しかしながら、年金保険は、多くの改革を積み重ねることにより、こうした社会・経済の大きな変動に柔軟に対応し、今日にまで至っている。

近年のドイツにおいては、少子高齢化の進展を始め、就労形態の多様化、家族構造の変化など、年金保険の将来に重大な影響を及ぼす変化が進んでいる。特に、一九八九年に制定された一九九二年年金改革法以降、繰り返し行われてきた改革においては、それまで行われてきた当面の財政対策に代わって、少子高齢化を始めとする長期的な課題に対応するための抜本的な取組みが行われている。これらの改革は、決して、現在の年金保険の基本的な枠組みを変更しようとするものではない。それは、あくまでも「賃金・保険料に比例した年金給付」の原則や賦課方式の財政方式など、現行システムの基礎にある基本原理の上に立って、年金保険が、将来においても、財政的に持続可能なものであり続けるとともに、その期待される役割を適切に果たしていくために必要な対応を行うものである。そのため、これらの改革においては、適切な水準の生活を保障するという年金保険の役割を維持しつつ、世代間の公平な負担を実現するとともに、雇用と経済成長を確保する観点から、保険料率の上昇を抑制することが主たる目的となっている。また、これらの改革においては、少子高齢化に伴う問題だけでなく、就労形態の多様化、家族構造の変化等に対しても様々な対応が行われている点に大きな特徴がある。

従来、年金保険の改革は、政党の枠を越えた幅広い合意に基づき行われてきた。しかしながら、一九九〇年代半ば以降における大量の失業者の発生及び経済の国際化の進展を背景として、保険料負担の抑制がより一層求められるなど、年金保険を取り巻く環境が厳しさを増すなかで、このような合意を見出すことが難しくなってきている。そのことは、近年において、年金保険の改革が短い間隔で繰り返し行われている原因の一つにもなっている。一九九八年の政権交代により成立した社会民主党及び同盟九〇・緑の党からなるシュレーダー政権の下で、二〇〇一年には年金保険に関する包括的な改革が行われた。それにもかかわらず、同政権の下で年金保険の改革を巡る議論は再び大きな高まりを見せている。これが示すように、ドイツにおいて、少子高齢化などに対応した年金保険の改革は、決して完結したわけではなく、現在も進行中である。

これらの改革について検討を行うことは、少子高齢化を始め同様の問題に直面する我が国年金制度の在り方を考えるに当って、重要な示唆を与えるものである。このため、本書は、一九九二年年金改革法以降の改革を対象として分析・検討を行うことにより、これらの改革の根底にある基本的な考え方を明らかにしようとするものである。

本書は、次のような構成となっている。第一章及び第二章においては、本書が対象とする一九九二年年金改革法以降に実施された改革について理解する上で不可欠な事項を中心に、年金保険の基本的な枠組みについて述べるとともに、年金保険の成立から一九九二年年金改革法に至るまでの歴史的発展について概観した。第三章においては、一九九二年年金改革法以降の改革の全体的な動向について検討した。第四章以下においては、これらの改革において重要な論点となる事項、すなわち、財政問題、少子高齢化への対応、「稼得能力の減少を理由とする年金」の改革、就労形態の変化への対応、女性の年金について、それぞれ検討した。さらに、第九章では年金だけでは必要な収入が確保できない場合に対応する基礎保障について検討した。最後に第十章においては、以上の各章における分析・検討を踏まえた本書のまとめとして、これまでの改革の基本的な方向を明らかにするとともに、今後の改革について展望した。

千葉大学法経学部の手塚和彰教授からは、ドイツ社会保障研究に関して日頃から多くのご助言をいただくとともに、前書に引き続き、本書の出版に際しても、多大なご尽力をいただいた。また、本研究に対しては、マックス・プランク国際社会法研究所前所長フォン・マイデル教授から貴重なご助言をいただいたほか、同研究所のシュルテ博士及びブレーメン大学のシュメール教授からも、ご協力をいただいた。国立社会保障・人口問題研究所の関係者の方々にも、この研究を進めるに当たって、様々なご配慮をいただいた。この場を借りて、深く感謝の気持ちを表したい。

最後になったが、本書の出版に際してお世話いただいた信山社の渡辺左近氏にお礼を申し上げたい。

二〇〇三年一〇月

松本勝明

目次

第一章　制度の概要

ドイツにおいて、公的年金保険（gesetzliche Rentenversicherung 以下単に「年金保険」という。）は、被保険者が、老齢となり、稼得能力が減少し又は死亡した場合に、減少したあるいは得られなくなった収入を代替する給付を行うことにより、その者又は遺族が生計を維持する上での中心的な役割を果たしている。年金保険の支出総額は、二〇〇二年では国内総生産の一〇・八％に相当する規模となっており、その割合は他の社会保険に比べて、遥かに大きなものとなっている。

この章では、このような給付を通じて人々の生活の安定に重要な役割を果たしている年金保険について、その制度を概観する。

第一節　年金保険の概要

1　基本原理

年金保険は、医療保険、介護保険などと並んで社会保険を構成する分野の一つであるが、社会保険の中でも、保険としての性格が最も色濃く現れている。年金保険は、全ての者に発生する可能性のある老齢、稼得能力の減少及び死亡のリスクに対する保障を行うため、そのような典型的なリスクが発生した場合に、予め納付された保険料に基づき定められた給付を行うものである。つまり、年金保険は、各被保険者に生じる個別の必要性に応じた給付を行うものではない。さらに、年金保険の保険としての性格は、「賃金・保険料に比例した年金給付」(lohn-und beitragsbezogene Rente) の考え方に現れている。年金保険においては、各被保険者に対する給付は、事前の貢献 (Vorleistung) として被保険者期間を通じて納付された保険料に比例したものとなっている。また、保険料額は、各被保険者の賃金の額に応じたものとなっているため、それを通じて、年金給付は賃金とも関連づけられている。年金給付の水準は、長年の勤労生活を終えた者に対して、老後においても、現役時代の生活水準に応じた適切な水準の生活を保障することができるように定められている。また、その実質的な価値が維持されるよう賃金上昇などに応じたスライドが行われる。

保険料納付が行われなかった期間についても、年金額の算定に当たって一定の評価を行うなど、連帯原則 (Solidaritätsprinzip) に基づく配慮が行われている。ただし、そのような配慮は、保険料納付が行われなかった、あるいは保険料が僅かしか納付されなかったことについて、社会的に認められる理由がある場合に行われる。また、このような配慮が行われていることなどに対応して、年金保険においては、給付のための財源が保険料だけでなく、租税を財源とする連邦からの補助によっても賄われている。

年金保険においては、世代間契約 (Generationenvertrag) の考え方に基づく、賦課方式 (Umlageverfahren) の財政システムが採用されている。「賃金・保険料に比例した年金給付」の考え方がとられているとはいっても、現在の被保険者は、自らの将来における年金給付の費用を賄うためではなく、現在の受給者に対する年金給付のために保険料を負担している。つまり、この方式では、今日の現役世代は、今日の高齢者世代であるかつての現役世代の年金給付のための費用を負担する。その際には、将来の高齢者世代、すなわち今日の現役世代に対する年金給付のための費用を将来の現役世代が負担することが前提となっている。

2　被保険者

年金保険の被保険者数は、二〇〇〇年末で約五、一一〇万人（男性約二、六七〇万人、女性二、四四〇万人）となっている。(1)ドイツの年金保険においては、我が国の国民年金制度のように、一定年齢階層に属する全ての居住者を強制被保険者とする制度にはなっていない。(2)年金保険は、基本的に、労働報酬を得て就労する被用者、すなわちブルーカラーである労働者（Arbeiter）及びホワイトカラーである職員（Angestellte）を強制被保険者としている。(3)年金保険においては、医療保険の場合のように労働報酬が一定の限度額を超える高額所得の被用者に対して保険加入義務が免除される仕組みはとられていない。なお、被用者であっても、労働報酬が月四〇〇ユーロを超えない僅少労働（geringfügige Beschäftigung）を行う者は、保険加入義務が免除される。ただし、それらの者は、保険加入義務の免除を放棄して、強制被保険者となることもできる。(4)被用者のほかにも、職業訓練中の者、障害者作業所で働く障害者などが強制被保険者となる。

一方、自営業者の場合には、特定のグループに属する者だけが強制被保険者となる。そのような者としては、例えば、手工業者、芸術家、教師、看護人などが挙げられる。このほかに、保険加入義務のある被用者を雇用せず、かつ、継続的・本質的に一人の依頼主だけのために活動する自営業者も「被用者に類似した自営業」（arbeitnehmerähnliche Selbständige）として強制被保険者となる。

さらに、法定の兵役又は兵役代替業務に従事している期間、傷病手当金、失業手当などの賃金代替給付を受給している期間、児童養育期間に算入される期間、職業としてではなく在宅の要介護者を週一四時間以上介護している期間にある者は強制被保険者となる。

強制被保険者に該当しない自営業者や就労を行わない専業主婦など、保険加入義務のない一六歳以上の居住者は、年金保険の任意被保険者となることができる。

以上のように、ドイツの年金保険における強制被保険者は被用者を中心として、それに一部の自営業者などを加えて構成されていること、任意被保険者となる可能性が広範に認められていることに特徴がある。なお、

（表１－１）　年金保険の被保険者数（2000年末現在）

（単位：千人）

	男　性	女　性	計
労働者年金	16,749	9,373	26,121
職員年金	9,776	14,952	24,728
鉱夫年金	219	39	258

資料：Bundesregierung, Rentenversicherungsbericht 2002 ,ÜbersichtA1 により作成。

農業経営者、自由業及び官吏に対しては、年金保険とは別の老齢保障制度が設けられている。

３　保険者

年金保険の保険者は、連邦、州及び市町村から独立し、自主的に管理される公法上の法人である。年金保険の保険者には、労働者、職員及び鉱夫の年金を管掌するものがある。労働者年金、職員年金及び鉱夫年金の保険者が管轄する被保険者は法律に基づき次のように定められている。なお、労働者年金、職員年金及び鉱夫年金における被保険者数は、表１－１のとおりである。

(1)　労働者年金の保険者

労働者年金の保険者には、被保険者の大部分を管轄する州保険庁(Landesversiche-rungsanstalt)のほかに、鉄道保険庁(Bahnversicherungsanstalt)及び海員金庫(Seekasse)がある。

①　州保険庁

全国に二二ある州保険庁が、管轄地域ごとに、他の保険者の対象とならない労働者、並びに家内営業者又は手工業者として加入義務のある自営業者を管轄する。

②　鉄道保険庁

全国に一つの鉄道保険庁が、ドイツ鉄道株式会社などで勤務する労働者を管轄する。

③　海員金庫

全国に一つの海員金庫が、海運又は海洋漁業に従事する労働者などを管轄する。

(2) 職員年金の保険者

全国に一つの連邦職員保険庁（Bundesversicherungsanstalt für Angestellte）が、連邦鉱夫組合（Bundesknappschaft）の対象とならない職員、並びに芸術家、教師、看護人、助産婦などとして加入義務のある自営業者を管轄する。

（表１－２）　年金保険の支出（2002年）

（単位：10億ユーロ）

	金額	割合
支出合計	227.7	100.0％
うち		
年金給付	202.4	88.9%
リハビリテーション	4.8	2.1%
医療及び介護保険料	15.5	6.8%
事務費	3.7	1.6%

資料：Verband Deutscher Rentenversicherungsträger, Rentenversicherung in Zeitreihen, Ausgabe 2003 により作成。

(3) 鉱夫年金の保険者

全国で一つの連邦鉱夫組合が、鉱夫などを管轄する。

4　年金給付

年金保険による給付の中心となるのは、「老齢を理由とする年金」（Rente wegen Alters）、「稼得能力の減少を理由とする年金」（Rente wegen verminderter Erwerbsfähigkeit）及び「死亡理由とする年金」（Rente wegen Todes）から構成される年金給付である。年金給付は、年金保険の支出のおよそ九割を占めている（表１－２）。年金給付のうち、「老齢を理由とする年金」及び「稼得能力の減少を理由とする年金」は、被保険者に対して支給される被保険者年金（Versichertenrente）であるのに対して、「死亡を理由とする年金」は、死亡した被保険者の遺族に対して支給される遺族年金（Hinterbliebenenrente）である。各年金の支

（表１－３）　年金支給件数及び平均支給月額（2002年末）

	男性		女性	
	支給件数（千件）	平均支給月額（ユーロ）	支給件数（千件）	平均支給月額（ユーロ）
（旧西独地域）				
老齢を理由とする年金	5,607	998	7,032	466
稼得能力の減少を理由とする年金	769	833	560	645
死亡を理由とする年金	270	213	4,123	556
（旧東独地域）				
老齢を理由とする年金	1,299	1,086	2,037	654
稼得能力の減少を理由とする年金	235	732	245	657
死亡を理由とする年金	134	246	966	558

資料：Verband Deutscher Rentenversicherungsträger, Rentenversicherung in Zahlen 2003 により作成。

給件数及び平均支給月額は、表１－３のとおりである。

　年金保険の給付には、このような年金給付のほかに、「稼得能力の減少を理由とする年金」の支給が必要となる状態に陥ることを防止し、職場復帰を可能にするために、被保険者に対するリハビリテーションの給付も行われている。さらに、年金保険者は、年金受給者の医療保険及び介護保険に係る保険料の半分を負担している。

(1)　老齢を理由とする年金（老齢年金）

「通常の老齢年金」（Regelaltersrente）は、五年間の一般的な待機期間（allgemeine Wartezeit）を満たす被保険者が六五歳に達した場合に支給される。ただし、「長期被保険者に対する老齢年金」、「女性に対する老齢年金」、「重度の障害がある者に対する老齢年金」及び「失業を理由とする老齢年金」は、六三歳又は六〇歳から年金額の減額が行われずに支給されていた[5]。しかしながら、一九九七年以降、これらの年金に係る支給開始年齢は段階的に引き上げられており、二〇〇四年末までに、「重度の障害がある者に対する老齢年金」を除いて、全ての老齢年金の支給開始年齢は六五歳となる。支給開始年齢の引上げの対象となる老齢年金は、支給開始年齢の引上げ開始後も支給開始年齢から一定期間を繰り上げて受給が認められている。ただし、この場合には繰上期間の長さに応じた年金額の減額が行われる。この減額を伴う繰上受給は、二〇一二年以降に新たに支給が開始されるいずれの種類の老齢年金にも適用されない。

なお、就労を制限しながら年金生活への段階的な移行を可能とするため、老齢年金の支給要件を満たす者には、満額年金（Vollrente）の三分の二、二分の一又は三分の一に相当する部分年金（Teilrente）を受給することが認められている。

(2)　稼得能力の減少を理由とする年金

六五歳未満の被保険者の稼得能力が制限され又は失なわれた場合には、「稼得能力の減少を理由とする年金」が支給される。この年金を受給するためには、当該被保険者が、直近五年間に三年間の義務保険料を納付した期間を有し、かつ、稼得能力の減少前に一般的な待機期間を満たしていることが要件となる。

「稼得能力の減少を理由とする年金」は、稼得能力が減少した程度に応じて、「稼得能力の部分的な減少を理由とする年金」（Rente wegen teilweiser Erwerbsminderung）と「稼得能力の全面的な減少を理由とする年金」（Rente wegen voller Erwerbsminderung）の二段階に区分されている。これらは、それぞれ、一般的な労働市場における通常の条件の下で、一日三時間以上六時間未満しか就労できない者及び一日三時間未満しか就労できない者に支給される。ただし、労働市場の個別の事情が考慮されるため、一日三時間以上六時間未満の就労が可能な者であっても、短時間労働に見合った職場が見つからないために就労できないときは、「稼得能力の全面的な減少を理由とする年金」が支給される。

(3)　死亡を理由とする年金

① 寡婦（夫）年金

死亡した被保険者が一般的な待機期間を満たす場合には、残された配偶者は、再婚しない限りにおいて、寡婦（夫）年金（Witwenrente oder Witwerrente）を受給することができる。残された者が、四五歳以上であるか、稼得能力が減少しているか、一八歳未満の子を養育する場合又は障害があるため自活できない子の世話をする場合には、死亡した被保険者の被保険者年金の六〇％に相当する大寡婦（夫）年金（große Witwenrente oder große Witwerrente）が支給される。残された者がこれらに該当しない場合には、死亡した被保険者の被保険者年金の二五％に相当する小寡婦（夫）年金（kleine Witwenrente oder kleine Witwerrente）が支給される。

二〇〇二年一月一日以降に結婚した場合又は二〇〇二年一月一日の時点で夫婦とも四〇歳未満であった場合には、死亡した被保険者の被保険者年金に対する大寡婦（夫）年金の割合が六〇％から五五％に引き下げられる代わりに、寡婦（夫）の養育した子の数及び期間に応じて報酬点数の加算が行われる。また、小寡婦（夫）年金の支給期間も二四月に限定される。

② 遺児年金

死亡した被保険者が一般的な待機期間を満たす場合には、残された子は、扶養義務のあるもう一人の親がいるときは半遺児年金（Halbweisenrente）を、両親ともに欠けたときは全遺児年金（Vollweisenrente）を一八歳に達するまで受給することができる。ただし、その子が学校教育又は職業訓練を受けている場合や障害のために自活できない場合には、二七歳に達するまで受給することができる。

③ 養育年金

被保険者は、離婚した配偶者が死亡した場合で、再婚せずに自分の子又は死亡した配偶者の子を養育し、かつ、一般的な待機期間を満たしているときには、配偶者の死亡により行われなくなった扶養を代替するものとして養育年金（Erziehungsrente）を受給することができる。

(4)　待機期間

一般的な待機期間（五年間）を満たすことは、通常の老齢年金、「稼得能力の減少を理由とする年金」及び「死亡を理由とする年金」に共通する支給要件となっている。この一般的な待機期間には、保険料納付期間と代替期間が算入される。

5　年金法上の期間

年金法上の期間（rentenrechtliche Zeiten）は、保険料納付期間（Beitragszeiten）、保険料免除期間（beitragsfreie Zeiten）及び考慮期間（Berücksichtigungszeiten）から構成されている。

(1)　保険料納付期間

保険料納付期間は、義務保険料又は任意保険料が納付された期間である。

三歳未満（一九九一年までに誕生した子の場合は一歳未満）の子を養育する期間である児童養育期間（Kindererziehungszeiten）及び職業としてではなく在宅の要介護者を週一四時間以上介護する期間も保険料納付期間とみなされる。

(2)　保険料免除期間

保険料免除期間には、算入期間（Anrechnungszeiten）、加算期間（Zurechnungszeiten）及び代替期間（Ersatzzeiten）が含まれる。

①　算入期間

算入期間には、疾病のために労働不能であった又はリハビリテーションを受けていた期間、妊娠・母性保護期間のために就労できなかった期間、失業者として職業安定所に登録されていた期間（他の収入又は資産があるために失業扶助が受けられないような場合）、一七歳以降最長八年までの大学等での教育期間などが含まれる。

② 加算期間

加算期間は、「稼得能力の減少を理由とする年金」又は「死亡を理由とする年金」に関連する期間である。被保険者が六〇歳に達する前に稼得能力が減少し又は死亡した場合に、その時点から六〇歳までの期間が加算期間として認められる。これは、被保険者が若い時期に、稼得能力が減少し又は死亡したとしても、年金額の算定において、当該被保険者があたかも六〇歳まで就労を行ったかのような効果を与えることにより、当該被保険者又はその遺族に適切な水準の年金を保障することに寄与する。

③ 代替期間

代替期間は、被保険者が戦争に従事していた期間、抑留されていた期間のように特別の理由により保険料を納付することができなかった期間である。

(3) 考慮期間

一〇歳未満の子を養育する期間は、考慮期間として認められる。

6　年金額の算定

「賃金・保険料に比例した年金給付」の原則に従って、年金額は、第一義的に、被保険者が被保険者期間を通じて得た保険料算定基礎となる労働報酬の額に応じたものとなっている。年金額の算定方法は、次の算式によって示される。

年金額（月額）＝個人報酬点数×年金種別係数×年金現在価値

(1)　個人報酬点数

個人報酬点数（persönliche Entgeltpunkte）は、各暦年において、当該被保険者の保険料算定の基礎となった労働報酬の額を当該暦年の全被保険者の平均報酬（Durchschnittsentgelt）で除して得た値を全被保険者期間について合計した報酬点数に、支給開始要素（Zugangsfaktor）を乗じて得た値である。

児童養育期間においては、子を養育する者が平均報酬に相当する労働報酬を得ていたものとみなされ、一暦月当たり〇・〇八三三の報酬点数が算定される。また、児童養育期間において就労する者の場合には、同じ期間において就労したことにより獲得した報酬点数が児童養育期間の報酬点数に加算される。

二五年以上の年金法上の期間を有する被保険者が、一九九二年以降、考慮期間又は一八歳未満の要介護者である子を介護する期間において就労することにより獲得した報酬点数は、実際の報酬点数の一・五倍に評価される。ただし、その値は、最大でも平均報酬に相当する報酬点数（月〇・〇八三三）とされている。

三五年以上の年金法上の期間を有する被保険者が一九九一年以前に納付した低額の義務保険料に係る報酬点数は、実際の報酬点数の一・五倍に評価される。ただし、その値は、最大でも平均報酬の七五％に相当する報酬点数（月〇・〇六二五）とされている。

支給開始要素は、通常一・〇とされるが、老齢年金を通常の支給開始年齢よりも繰り上げて受給する場合においては、繰上期間一月当たり〇・〇〇三だけ差し引かれる。同様に、「稼得能力の減少を理由とする年金」を六三歳よりも早期に受給する場合にも、支給開始要素による年金額の減額が行われる。

(2)　年金種別係数

（表1－4）　年金種別係数

年金の種類	年金種別係数
老齢を理由とする年金	1.0
稼得能力の部分的な減少を理由とする年金	0.5
稼得能力の全面的な減少を理由とする年金	1.0
養育年金	1.0
小寡婦(夫)年金　死亡後3月目まで(注1)	1.0
小寡婦(夫)年金　死亡後4月目以降	0.25
大寡婦(夫)年金　死亡後3月目まで(注1)	1.0
大寡婦(夫)年金　死亡後4月目以降	0.55(注2)
半遺児年金	0.1
全遺児年金	0.2

（注1）　被保険者の死亡後3月目までは，移行期間として引き続き死亡した被保険者の被保険者年金の100％に相当する寡婦（夫）年金が支給される。

（注2）　2001年以前に結婚した夫婦で，20002年1月1日に夫婦のどちらかが40歳以上である場合には0.6が適用される。

年金種別係数（Rentenartfaktor）は、年金の種類ごとにその保障目的に応じて定められた係数である。具体的な値は表1－4のとおりである。

(3)　年金現在価値

年金現在価値は（aktueller Rentenwert）は、一暦年において平均報酬に相当する労働報酬を得て就労した被保険者（つまり個人報酬点数一・〇の者）が受給することのできる通常の老齢年金の月額に相当する。年金現在価値は、二〇〇三年一月現在、旧西独地域二五・八六ユーロ、旧東独地域二二・七〇ユーロと定められている。

(4)　総実績評価

年金額は、必ずしも被保険者が被保険者期間中に得た労働報酬だけに応じたものとはなっていない。年金額の算定においては、総実績評価（Gesamtleistungsbewertung）に基づき、一定の保険料免除期間なども考慮される。すなわち、保険料免除期間には、一暦月当たり、保険料納付期間の報酬点数の合計値を、基準となる総期間の総暦月数で除して得られた報酬点数が認められる。この場合の保険料納付期間の報酬点数には、考慮期間一月当たり〇・〇八三三の報酬点数が加えられる。これを通じて、考慮期間は、保険料免除期間の報酬点数を高める効果を持つ。一方、総期間は、一七歳以降年金受給開始までの期間から、保険料免除期間を除いた期間とされている。したがって、保険料免除期間に該当しない保険料納付の隙間（例えば、保険料を納付しなかった期間）は、保険料免除期間の評価を減少させることになる（式1-1）。

（式１－１）　総実績評価の方法

$$\text{保険料免除期間の報酬点数（１月当り）} = \frac{\text{保険料納付期間の報酬点数} + \text{考慮期間の報酬点数（月数} \times 0.0833\text{）}}{\text{17歳以降年金受給開始までの月数} - \text{保険料免除期間の月数}}$$

なお、保険料免除期間として考慮される期間で、保険料の納付された期間（保険料減額納付期間）がある場合には、それを報酬点数の合計値及び総期間に含めて計算した報酬点数と含めずに計算した報酬点数のうち、より大きな値が採用される。

7　年金スライド

毎年七月には、賃金の上昇率などに応じて年金現在価値を引き上げることにより、年金スライドが実施される。年金スライドを通じて、年金受給者は、賃金上昇という形で現れる経済成長の恩恵を享受することできる。スライド率は、前年におけるグロス平均賃金の上昇率が基本となるが、年金保険料率等が上昇する場合には、グロス平均賃金の上昇率よりも低く抑えられる。二〇一一年以降は、年金保険料率の上昇によるスライド率の抑制効果がより大きく現れる方式に変更される予定である（後掲第五章式5-3）。

8　年金給付と他の収入との関係

六五歳よりも前に受給する老齢年金及び「稼得能力の減少を理由とする年金」については、年金に追加して稼ぐことができる労働報酬の上限として追加報酬限度（Hinzuverdienstgrenze）が定められている。実際の労働報酬が追加報酬限度を超える場合には、年金が支給されなくなる。追加報酬限度は、それぞれ、年金現在価値に、受給する年金の割合に応じて定められた倍率及び過去三年間における当該被保険者の報酬点数の合計値（最低一・五）を乗じて得た額となる（表1－5）。

遺族年金については、受給者のネット収入が、年金現在価値に年金の種類に応じて定められた倍率を乗じることなどにより得られる控除額（表1－6）を超える場合に、当該超過額の四〇％が年金額から差し引かれる。

9　財　政

年金保険財政における収入の中心となるのは、保険料収入である。被用者である強制被保険者の場合には、保険料額は、保険料算定限度額(6)（Beitragsbemessungsgrenze）までの労働報酬の額に保険料率を乗じて得た額となる。このようにして算定された保険料は労使折半で負担される。被用者であっても、僅少労働を行う者は年金保険の加入義務が免除されているため、保険料の負担義務は発生しない。ただし、この場合にも、使用者には労働報酬の一二％に相当する保険料を負担する義務がある。(7)自営業者である強制被保険者は、平均報酬額(8)（Bezugsgröße）に相当する労働収入があるとみなされる。ただし、所得税決定通知書により、実際の労働収入がそれと異なることが証明された場合には、その額（ただし、最低でも月額四〇〇ユーロ）が保険料の算定基礎として用いられる。自営業者は、保険料の全額を自ら負担しなければならない。賃金代替給付の受給者に関する取扱いは、給付の種類によって異なっている。例えば、失業手当受給者の場合には、その基礎となる労働報酬の八〇％が保険料算定の基礎となる。また、失業手当の受給者に係る年金保険料は失業保険が全額負担する。さらに、児童養育期間にある者に係る年金保険料は連邦が、職業としてではなく介護を行う者に係る年金保険料は要介護度及び介護時間に応じて介護保険が、それぞれ負担する。

任意被保険者は、保険料の全額を自ら負担しなければならないが、保険料の算定基礎として、月額四〇〇ユ

（表１－５）　追加報酬限度（月額）

（年金現在価値及び追加報酬限度の単位はユーロ）

［老齢年金］

受給する年金の割合	倍率	旧西独地域			旧東独地域		
		年金現在価値	報酬点数	追加報酬限度	年金現在価値	報酬点数	追加報酬限度
満額	－	－	－	340	－	－	340
（２／３）	11.7	25.86	1.5	453.84	22.70	1.5	398.39
（１／２）	17.5	25.86	1.5	678.83	22.70	1.5	595.88
（１／３）	23.3	25.86	1.5	903.81	22.70	1.5	793.37

［稼得能力の全面的な減少を理由とする年金］

受給する年金の割合	倍率	旧西独地域			旧東独地域		
		年金現在価値	報酬点数	追加報酬限度	年金現在価値	報酬点数	追加報酬限度
満額	－	－	－	340	－	－	340
（３／４）	15.6	25.86	1.5	605.12	22.70	1.5	531.18
（１／２）	20.7	25.86	1.5	802.95	22.70	1.5	704.84
（１／４）	25.8	25.86	1.5	1000.78	22.70	1.5	878.49

［稼得能力の部分的な減少を理由とする年金］

受給する年金の割合	倍率	旧西独地域			旧東独地域		
		年金現在価値	報酬点数	追加報酬限度	年金現在価値	報酬点数	追加報酬限度
満額	20.7	25.86	1.5	802.95	22.70	1.5	704.84
（１／２）	25.8	25.86	1.5	1000.78	22.70	1.5	878.49

前提：過去３年間の報酬点数の合計が1.5である被保険者が，2003年４月から受給を開始する場合の追加報酬限度を示したものである。

（表１－６） 死亡を理由とする年金に係る控除額

（年金現在価値及び控除額の単位はユーロ）

	倍率	旧西独地域		旧東独地域	
		年金現在価値	控除額	年金現在価値	控除額
寡婦(夫)年金	26.4	25.86	682.70	22.70	599.28
子１人当り上乗せ額(注)	5.6	25.86	144.82	22.70	127.12
遺児年金	17.6	25.86	455.14	22.70	399.52

（注）　寡婦(夫)年金の受給者に遺児年金の対象となる子がいる場合には，子の数に応じて控除額に上乗せされる。

ーロから保険料算定限度額までの任意の額を選ぶことができる。

年金保険の保険料率は、毎年、その年の収入により、その年の支出が賄われ、年末において一月分の支出の五〇％に相当する変動準備金が保有される水準に定められる。

年金保険の場合には、医療保険とは異なり、保険料のほかに、租税を財源とする連邦財政からの補助（連邦補助）が重要な財源となっている。連邦補助には、労働者及び職員年金に対する通常の連邦補助、追加的な連邦補助、追加的な連邦補助の上乗せなどがある。

年金保険の財政は、保険者ごとに独立したものとなっているが、労働者年金の保険者間、労働者年金と職員年金との間では財政調整が行われ、労働者及び職員年金では、共通の保険料率が適用されている。

第二節　年金保険の位置づけ

ドイツと同様にＥＵに加盟する諸国だけをみても、老後の所得保障（Alterssicherung　以下「老齢保障」という。）のための制度は、それぞれの国における歴史的、経済的、文化的及び社会政策的な背景の違いを反映して、様々な内容のものとなっている。しかしながら、少なくとも、法律によって定められ、一定の加入義務が課されるとともに、大抵は公的に運営管理される標準的な保障に加えて、追加的・補足的な保障のための制度が存在する点においては、共通している。ドイツの場合には、この標準的な保障として年金保険などがあり、追加的・補足的な保障として、企業老齢保障（企業年金）及び私的老齢保障が存在する（図1－1）。

標準的な保障は、基本方針の違いに応じて、二つの典型的な基本コンセプトに類型化することが出来る。その一つは、英国、アイルランド、デンマーク及びオランダのように、その国の居住者に対して老後における一律の基礎的な給付を行うものであり[9]、もう一つは、ドイツその他の加盟国ように、就労との関連性をもって、社会保険の考え方に基づき構築され、所得比例の給付を行うものである。前者の場合には、第一義的に老後の貧困をなくすことが目的となっているのに対し、後者の場合には、老後においても現役時代の生活水準に見合った適切な水準の生活を保障することが主たる目的となっている。つまり、それぞれの政策の違いを端的に表現すれば、前者は「生活困窮者のための政策」（Armenpolitik）であるのに対して、後者は「労働者のための政策」（Arbeiterpolitik）としての性格を持っている。これを単純化して、前者は「ベバレッジ型」、後者は「ビスマルク型」とも呼ばれている[10]。

このような両者の性格の違いは財政面にも反映されている。前者においては、租税又は租税に類似した保険料[11]により費用が賄われているのに対して、後者においては、典型的には、所得比例の保険料によって費用が賄われている。

こうした基本的な相違の基礎には、社会的公正に関する異なる考え方が存在する。つまり、前者の場合には、全ての人に社会的生存を保障される権利があることに基づき、老後における生活上の需要が平等に満たされる必要があると考えられている。これに対して、後者の場合には、老後における給付の額は労働報酬に応じて負担された保険料の多寡に対応したものであることが公平であるとの考え方に立っている。ただし、各国の実情を比較してみると、現実には、基礎的な給付を行う制度は、所得比例の給付を行う制度ほどには、「貧困の防止」という本来の目的が達成できていない[12]。例えば、英国では、生活費の上昇に対応した年金額の調整が十分に行

（図1－1）　ドイツの老齢保障制度

数字は被保険者数[5]（千人）〔1999年〕

<table>
<tr><td>補足的な保障（3階）</td><td colspan="9">私的老齢保障（私的年金，生命保険など）</td></tr>
<tr><td>追加的な保障（2階）</td><td colspan="5"></td><td rowspan="2">鉱夫組合
147</td><td>企業老齢保障
12,000</td><td>公務労働者の追加保障
4,864</td><td rowspan="3">官吏恩給
1,587</td></tr>
<tr><td rowspan="2">標準的な保障（1階）</td><td rowspan="2">農業者のための老齢保障
417</td><td rowspan="2">職能別保障制度
546</td><td>手工業者保険[1]
86</td><td>芸術家社会保険[2]
96</td><td>任意被保険者又は強制被保険者[3]
755</td><td colspan="2">連邦職員保険庁，州保険庁及び海員金庫[4]
32,166</td></tr>
<tr><td colspan="6">公的年金保険
33,250</td></tr>
<tr><td rowspan="4">対象者</td><td>農業経営者</td><td>自由業</td><td>手工業者</td><td>芸術家</td><td>その他</td><td>鉱夫</td><td colspan="2">その他</td><td rowspan="2">官吏</td></tr>
<tr><td colspan="5" rowspan="2">自営業者</td><td colspan="3">職員・労働者</td></tr>
<tr><td colspan="4">被用者</td></tr>
<tr><td colspan="7">民間部門</td><td colspan="2">公共部門</td></tr>
</table>

資料：BT-Drucksache 14/8800により作成。

注：1）州保険庁が管掌。

2）連邦職員保険庁が管掌。

3）自営業者であっても，手工業者，芸術家のほか，教師，看護人，助産婦などは強制被保険者となっている。

4）連邦職員保険庁は，職員の年金保険を，州保険庁は労働者の年金保険をそれぞれ管掌する。

5）この年において被保険者に該当する状態にあったが，調査日において被保険者でなかった者等（Passiv Versicherte）を除いた被保険者（Aktiv Versicherte）の数である。

（図１－２）　老齢保障給付の割合

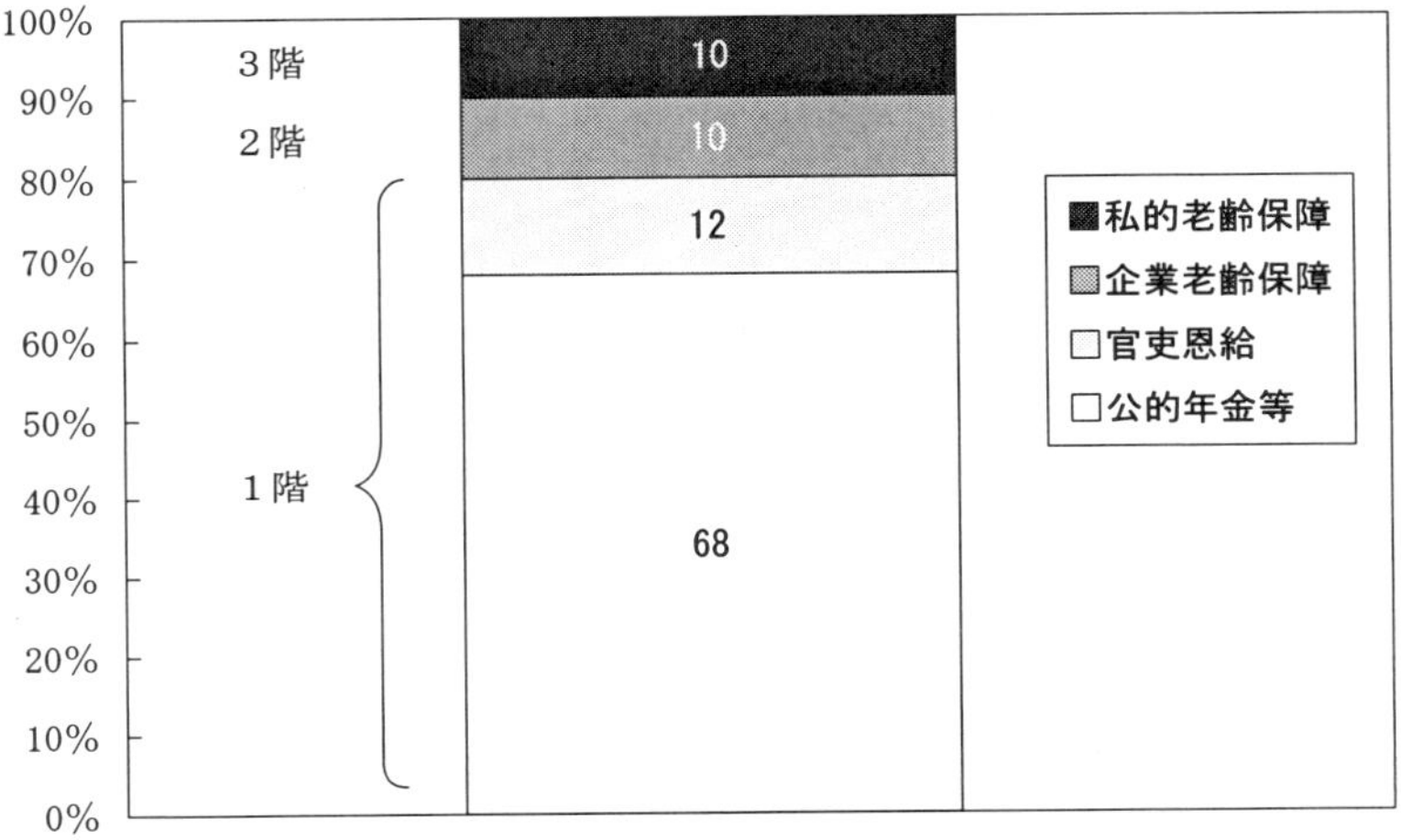

資料：図１－１と同じ。

われないために、老齢年金は、受給者に追加的な年金その他の収入がなければ、不足分を補うための社会扶助等が必要な水準となっている。(13)

標準的な保障と追加的・補足的な保障とのバランスも、国によって大きく異なっている。英国のように、標準的な保障が一律の基礎的な給付に止まっている国では、比較的高い所得を得る者にとっては、現役時代に享受できた生活水準を維持するための追加的・補足的な保障に対する需要が発生する。したがって、標準的な保障が所得比例の給付の国に比べて、英国のような国においては追加的・補足的な保障が遥かに大きな役割を担っている。これに対して、ドイツでは、年金保険などの標準的な保障による給付が老齢保障のための給付全体の八割程度を占めており、企業老齢保障及び私的老齢保障からなる追加的・補足的な保障の割合は小さい（図１－２）。一九八九年における抽出調査の結果によると、旧西独地域の世帯員一人または二人の年金受給者世帯では、世帯収入（グロス）に占める年金収入の割合は約七割となっており、資産収入の割合は五％程度に止まっている。旧東独地域では、高齢期の収入として、年金収入の割合は更に大きくなっている。(14)

（1）　Verband Deutscher Rentenversicherungsträger, Rentenversicherung in Zeitreihen, Ausgabe 2002, Frankfurt am Main 2002, S.17ff.

（2）　一九九六年では旧西独地域の一五歳以上六五歳未満の人口に対する年金被保険者の割合は、七八%となっていた。(Bäcker G./Bispinck R./Hofemann K./Naegele G., Sozialpolitik und soziale Lage in Deutschland, Bd.2, 3. Aufl., Wiesbaden 2000, S.250.)

（3）　労働者及び職員の定義は、社会保険法及び労働法のいずれにおいても存在しない。連邦社会裁判所の判決によれば、職員に該当するかどうか判断は、社会法典第六編第一三三条第二項に定める職員に該当する主要な職種及び一九二四年三月八日付の「職員保険の職種に関する定め」（一九二七年二月四日及び同年六月一五日の命令による改正後のもの）などに基づき行われる。なお、職員に該当しない者が労働者とされる。(Hauck K., in : Hauck K., SGB Ⅵ Gesetzliche Rentenversicherung, Berlin, Loseblatt, K §133. Rdnr. 6 ff.)

（4）　加入義務の免除を放棄した場合には、当該僅少労働を行う者は、強制被保険者として、保険料の負担義務を負うとともに、年金給付に対する期待権を取得することになる。

（5）　これらの老齢年金の支給要件については、第七章第二節を参照されたい。

（6）　二〇〇三年一月現在で、旧西独地域では月額五一〇〇ユーロ、旧東独地域では月額四二五〇ユーロとなっている。

（7）　僅少労働を行う者が加入義務の免除を放棄した場合の保険料は、その者の労働報酬に通常の保険料率を乗じて得た額になる。ただし、その負担割合は労使折半ではなく、使用者が労働報酬の一二%に相当する額を、僅少労働を行う者が残りを負担することとされている。つまり、保険料率が一九・五%であるとすると僅少労働を行う者の負担は労働報酬の七・五%（一九・五%—一二%）となる。

（8）　二〇〇三年現在で、旧西独地域では月額二三八〇ユーロ、旧東独地域では月額一九九五ユーロとなっている。

（9）　これらの国の中でも、英国及びアイルランドでは、保険料に基づく給付が行われており、一定の最低限度の保険料すら払われていない場合には、フルの年金ではなく、部分的な年金が給付される。これに対し、デンマーク及びオランダでは、居住が重要な意味を持っており、年金額は事前の拠出額に影響されない。

（10） Schulte B., Alterssicherung im Vereinigten Königreich, in: Reinhard H.-J.(Hrsg.), Demographischer Wandel und Alterssicherung, Baden-Baden 2001, S.292.

（11） 例えば、英国においては、収入に応じて段階の付けられた保険料率が適用されている。

（12） Schmähl W., Alterssicherung in Deutschland an der Jahrtausendwende -Konzeptionen, Maßnahmen und Wirkungen-, Deutsche Rentenversicherung 1-2/2000, S. 54.

（13） Schulte B., a.a.O., S.294.

（14） Schmähl W., Umlagefinanzierte Rentenversicherung in Deutschland, in: Schmähl W. / Ulrich V. (Hrsg.), Soziale Sicherungssysteme und demographische Herausforderungen, Tübingen 2001, S.130.

第二章　歴史的発展

年金保険は、一八八九年の「障害及び老齢保険に関する法律」の制定による成立から一〇〇年以上の歴史を有している。この長い歴史の中で、年金保険は、二度の世界大戦を始め、制度の存亡にかかわる重大な危機を何度も乗り越え、今日に至るまで発展を遂げてきた。年金保険を構成する重要な要素の中には、その間においても、基本的な構造を維持し続けたものがある一方で、根本的な変化を遂げたものも存在している。

いうまでもなく、年金保険を取り巻く、社会的、経済的及び政治的状況は大きく変化している。しかしながら、過去の歴史的な発展過程においては、今日の年金保険に共通する基本的な問題点を見出すことができる。

この章では、本書が主たる分析の対象とする一九九二年年金改革法以降の改革に至るまでの年金保険の歴史的発展について概観する(1)。

第一節　年金保険の成立から第二次世界大戦の終了まで

1　年金保険の成立前

年金保険は、産業革命によって生じた社会政策上の課題に対する一つの答えであった。年金保険の導入によって初めて、労働力の提供によってのみ生計を維持する労働者にとっての重大なリスクである障害及び老齢に対する保障が行われることになった。

それ以前の時代において、人々は、そのようなリスクが発生した場合には、十分とはいえなくても、家族のほか、教会、農場領主（Gutsherr）、同業組合（ツンフト Zunft）などに頼らざるを得なかった。しかしながら、産業革命に伴う人口増加及び家族構造の変化により、こうした伝統的な保障の仕組みは役に立たないものになってしまった。

一八八九年に「障害及び老齢保険に関する法律」(Gesetz betreffend die Invaliditäts- und Altersversicherung 以下「障害・老齢保険法」という。）が制定される以前から、鉱夫組合金庫（Knappschaftskasse）やツンフトの「疾病、埋葬及び援助金庫」(Kranken-, Sterbe- und Hülfskasse）において、年金保険の先駆けとなるものがみられた。しかしながら、それらは、産業革命に伴う人口増加、労働環境の変化及び都市化の進展がもたらす問題の十分な解決策とはならなかった。つまり、それまでのような私経済的に組織され、任意加入を基礎とした障害及び老齢保障の仕組みでは、もはや、大量に発生する問題に対応することができなかった。

一九世紀の半ばには、国は深刻な社会問題に直面することになった。当時は、五〇ないし六〇％の国民が最低生活水準にあり、それが、社会的に不穏な状況をもたらした(2)。そのことは、一八四八年の革命において、出版・集会・結社の自由だけでなく、労働者の保護などの要求が国に突きつけられたことにも現れている。国においても、このような状況への対応が行われ、一八四五年のプロイセン一般営業条例（allgemeine Gewerbeordnung）により市町村レベルでの保険集団の形成が図られ、一八七六年の登録扶助金庫法（Gesetz über die eingeschriebenen Hilfskassen）では扶助金庫への加入義務が導入された(3)。しかしながら、これらの試みは、保険集団が小さすぎたため、過大な要求にこたえきれず、結局は失敗に終わった。もはや、このような限定的な対策では、差し迫った社会政策上の問題に対処することはできなかったわけである。

障害・老齢保険に関する最初の広範な解決策は鉱業に関して導入された。一八六五年のプロイセン一般鉱山法（allgemeine Berggesetz）においては、例えば、保険料は、賃金に応じて算定され、労使折半で負担することとされるなど、後の年金保険との類似性の見られる仕組みが規定された。この法律における基本原理は、後の年金保険に受け継がれた。この法律により、潜在的に障害及び老齢のリスクにさらされている者は、その者自身の利益のためであると同時に、公的扶助に対する公費負担軽減のために、予めそれに備えることが義務付けられた。このことは、国の責任と個人の責任とが密接に関連づけられたことを意味している。つまり、この予めの備えは、国によって組織されるが、個人によって担われるものであった。このことは、今日の年金保険においてもその本質的な特徴の一つとなっている。

一八七三年の大不況以降の悪化した経済情勢、国民の困難な社会的状況、また、それに伴う内政上の圧力により、年金保険の成立に向けた動きが促進されることになった。労働運動は、益々、政治的影響力を得るようになり、宰相ビスマルクは社会保険立法を行うことによりこれに対処しようとした。すなわち、新たに成立したドイツ帝国と労働者を宥和させ、台頭する社会民主主義から労働者を引き離さなければならないと考えられた。このため、一方では、社会主義者を鎮圧するとともに、他方では社会保険立法を行うという、いわゆる「飴と鞭」(Zuckerbrot und Peitsche) の政策がとられた。このように、社会保険制度は、既に当時から政治システムの安定を確保するための重要な要素の一つとなっていた。

2　障害・老齢保険法（一八八九年）

一八八九年六月、障害・老齢保険法が成立し[(4)]、医療保険（一八八三年）及び労災保険（一八八四年）に次いで、一八八一年一一月に発布された皇帝詔勅 (Kaiserliche Botschaft) で実現が約された社会保険の第三弾として年金保険が導入された。

この法律の内容として重要な点は、法律による保険加入義務が導入されたことにある。これにより、労働者、徒弟見習期間修了者 (Gehilfe)、職人 (Geselle)、徒弟見習 (Lehrling)、又は使用人 (Dienstbote) として賃金を得て就労する者並びに年間報酬が二、〇〇〇マルクまでの職員であって、一六歳以上の者が強制被保険者とされた。このように、この法律は、工場労働者に限らず、賃金を得て就労する者を広く加入義務の対象とした。

年金保険の給付には、障害年金と老齢年金が存在した。障害年金は、五年間の保険料納付期間を有する被保険者が、年齢に関わりなく、継続的に稼得不能となった場合に支給された。被保険者は、自らの能力に見合った賃金労働において、過去五年間における自分の平均賃金の六分の一とその地域での平均的な賃金の六分の一を合計した金額以上に稼ぐことができるとは考えられない場合に、稼得不能に該当するとされた。一方、老齢年金は、被保険者が七〇歳に達し、かつ、三〇年以上の保険料納付期間を有する場合に支給された。さらに、いずれの種類の年金についても、一定の保険料納付（四年間に四七週分以上）が行われていることが支給要件となっていた。当時の年金保険が対象とした「老齢のリスク」は、今日のような独立したリスクとしてではなく、「稼得不能のリスク」の特殊な形態として考えられた。当時の平均寿命は、男性四〇・五六歳、女性四三・九七歳であったため、大部分の労働者は、老齢年金の支給開始年齢に達する前に稼得不能となり障害年金を受給していた。(5)

老齢年金は、賃金に代替して被保険者の生計を保障するものではなく、老齢により稼得能力が減少し、そのために獲得できる賃金が減少する被保険者に対し、他の収入や家族による援助などの補完を行うものと考えられた。したがって、現役時代の生活水準に見合った適切な水準の生活を保障するという今日の年金保険の目的とは、遠くかけ離れたものであった。老齢年金の金額は、国庫補助（Reichszuschuss）により賄われる五〇マルク、及び各週について四賃金等級（Lohnklasse）別の週払保険料額に応じて段階のつけられた金額（週四、六、八又は一〇ペニッヒ）(6)を合計した額から構成されていた。障害年金の場合には、国庫補助により賄われる五〇マルク、六〇マルクの基礎額、並びに各週について四賃金等級別の週払保険料額に応じて段階のつけられた金額（週二、六、九又は一三ペニッヒ）を合計した額から構成されていた。(7)このように、年金額は定額の基礎部分と賃金比例部分から構成されていた。この基礎部分は当時の生活困窮者援助（Armenunterstützung）の水準よりも低く、また、長期間の保険料納付期間を有する者が受給する年金額であっても、それだけで生計が維持できるような水準にはなかった。(8)

老齢及び障害年金の費用は、保険料及び国庫補助により賄われていた。賃金等級に応じて定額で定められていた週払保険料の額は、一八九一年には、一四ペニッヒから三〇ペニッヒの範囲とされ、労使が折半で負担することとされた。保険料の賃金に対する割合は、平均で一・七％となっていた。財政方式としては、民間保険に倣って、積立方式（Kapitaldeckungsverfahren）を志向した方式が採用され、保険料額は、一〇年間の事務費、準備金、保険料還付及びこの期間に支給が認められることになると予想される年金に係る年金現価（Kapitalwert）がカバーできる水準に設定された。

障害・老齢保険の保険者としては、公法上の法人に位置づけられ、自主的に管理される三一の地域単位の保険庁（Versicherungsanstalt）が設立された。保険庁の運営機関（理事、委員会）は、それぞれ同数の被保険者及び使用者を代表する者から構成された。

このように、国によって組織された強制保険という考え方を基礎とする年金保険は、当時においても繰り返し要求された租税を財源として国の責任により行われる給付と個人責任を基礎とする私的保険との中間に位置するものであった。(9)

3　障害保険法（一八九九年）

障害・老齢保険法は一八九一年から施行され、その後の一〇年間には、給付費支出が一五〇〇万マルクから一億マルクにまで拡大し、保険料の賃金に対する割合も平均で二・九％に上昇するなど、年金保険には大きな発展がみられた。ただし、年金受給者数に関しては、期待されたほどには増加しなかった。その原因は、障害年金の認定に関して厳格な取扱いが行われたこと及び当時の平均寿命に比べて老齢年金の支給開始年齢が高く設定されていたことにあった。

一方、この法律の施行に伴い明らかとなった問題点を解決するために、本質的な改正が行われることになった。すなわち、一八九九年には、同法の改正が行われ、障害保険法（Invalidenversicherungsgesetz）と改称された法律が一九〇〇年から施行されることになった。この改正により、強制被保険者の範囲が拡大されるとともに、障害年金に係る「稼得不能」概念の改正、リハビリテーションの拡充、賃金等級の追加などが行われた。また、財政方式についても変更が加えられ、単に一定の期間において支給が認められる年金だけでなく、将来の全ての年金に係る年金現価がカバーできる水準に保険料率が設定される期待権充足方式（Anwartschafts-deckungsverfahren）への転換が行われた。

4　ライヒ保険法（一九一一年）

一九一一年には、医療保険、労災保険及び年金保険の三種類の社会保険に関する規定を一つにまとめた包括的な法典としてライヒ保険法（Reichsversicherungsordnung）が制定された。これに伴い年金保険に関して行われた特に重要な改正点として、寡婦及び遺児に対する遺族年金の導入を挙げることができる。それまでの年金保険においては、被保険者だけが年金給付の請求権を獲得することができた[(10)]。労働者の寡婦は多くの子がいるために継続的に就労することができない場合が多かったが、それまでの年金保険には、遺族年金が設けられていなかったため、こうした困難な状況にある寡婦や遺児を援助することができなかった。政府自身も寡婦年金及び遺児年金の導入が望ましいとしてきたが、それまでは財政的な問題から導入が見送られてきた[(11)]。この財政問題は、農業関税による収入を充てることにより解決が図られた。

実際に導入された寡婦年金は、死亡した被保険者の妻であって、その者が継続的に稼得不能であり、かつ、死亡した夫が障害年金の受給に必要な被保険者期間を満たしているものに限り支給されたため、大部分の寡婦はそれを受給することができなかった。また、遺児年金は、被保険者である父親が死亡した場合に、一五歳未満の子に支給された。寡婦年金の額は、国庫補助による五〇マルクに、死亡した被保険者が受給できたであろう障害年金の基礎額及び賃金比例額の合計額の三〇%を加えた額とされた。遺児年金の額は、国庫補助による二五マルクに、第一子の場合には基礎額及び賃金比例額の合計額の一五%、第二子以降の場合には基礎額及び賃金比例額の合計額の一〇%をそれぞれ加えた額とされた。ただし、寡婦及び遺児年金の合計額は、死亡した被保険者が受給できたであろう障害年金の額の一・五倍未満とされた。寡婦及び遺児年金が新たに導入されたことは、社会政策の発展という観点からは大きな意味を持っていた。しかし、寡婦年金の支給対象は稼得不能の寡婦に限られ、それまでの寡婦に対する保険料還付が「寡婦障害年金」とでも呼ぶべきものに半歩前進したに過ぎなかった。また、現実の給付額も低額に止まっていたことから、寡婦年金は寡婦の窮状を僅かしか和らげることができなかった。(12)

5　職員保険法（一九一一年）

同じく、一九一一年には職員保険法（Versicherungsgesetz für Angestellte）が制定され、従来の主として労働者を対象とする年金保険に加えて職員を対象とする年金保険が導入されたことは、年金保険の歴史において特筆すべき出来事であった。当初は、収入の高い職員を年金保険による社会的な保護の対象にする必要性は低いものと思われていた。しかしながら、年金保険の内容が拡充されるにつれ、年金保険は職員自身にとっても魅力的なものとなっていった。しかしながら、経済の発展とともに職員の数は増加し、収入も上昇したため、年間報酬二〇〇〇マルクを上限とする障害保険法の対象とならない職員が増加していった。職員に対する保険加入義務の導入は、職員のための特別制度を設けることに関する個々の職員及び職員団体からの要求に基づき行われたものであった。政府がこの要求に応じた背景には、政治的及び財政的理由があった。職員に固有の制度を設けることにより、政治的には職員を労働者から引き離し、この新しい階層を支配的な市民階層と結び付け、財政的には国庫補助の増加を避けることが期待された(13)。

職員に対する年金保険の仕組みは、当初、労働者に対する年金保険の場合とは相当に異なるものとなっていた。職員保険法においては、年間収入が五〇〇〇マルクを超えない職員が強制被保険者とされた。ただし、年間収入が二〇〇〇マルク以下の職員は引き続き障害保険法による強制被保険者であり、両方の制度に二重に加入することとされた。ただし、これらの者に適用される職員保険の保険料は、低く抑えられたため、これらの者は、有利な条件で両方の制度からの給付を受けることができた。

職員保険の財政は、被保険者と使用者が折半で負担する保険料のみにより賄われ、国庫補助は行われなかった。これは、職員は中間層（Mittelstand）に属するので、自らの収入により老齢保障に必要な費用を負担することが可能であると考えられたためである。逆に、職員保険の場合には、国庫補助を受けなかったために、国家予算の削減努力とはかかわりなく、より有利な給付を導入することが容易となった。また、九俸給等級（Gehaltsklasse）に応じて定められた月払保険料が納付されたが、保険料の俸給に対する割合は、労働者に対する年金保険の場合と比較して、より高い水準に定められたことも(14)、より有利な給付を行うことを可能にした。

退職年金（Ruhegeld）は、被保険者が六五歳に達し、待機期間（男性一二〇月、女性六〇月の保険料納付期間）を満たす場合に支給された。また、被保険者の労働能力が、同様の教育を受け、同等の知識能力を有する健康な者の半分以下に低下した場合には、職業不能であるとして年金が支給された。さらに、寡婦年金は、当該寡婦が稼得不能に該当しない場合にも支給され、遺児年金は一八歳に達するまでの子に支給された(15)。

国庫補助が行われないため、退職年金の額は納付された保険料の金額と期間にのみ応じたものとされた。年金額は、最初の一二〇月までに納付された保険料額の二五％とそれ以降に納付された保険料額の一二・五％の合計額に相当するものとされた。このような年金額の算定方式が採られたことにより、基礎部分は存在しないものの、保険料納付期間が短い者に有利な取扱いが行われた。つまり、職員保険法は、障害保険法に比べて、より保険の考え方に依拠したものとなっていたが、納付された保険料の評価が期間に応じて異なることに示されるように、保険料等価（Beitragsäquivalenz）の考え方を採用していたわけではない。なお、遺族年金の額は、死亡した被保険者が受給できたであろう退職年金額の一定割合（寡婦年金四〇％、半遺児年金八％、全遺児年金一三・五％）とされた。

職員保険の保険者は、新に設立された全国で一つのライヒ職員保険庁（Reichsversicherungsanstalt für Angestellte）とされた。同庁は、それぞれ同数の被保険者及び使用者を代表する者から構成される理事会などの機関により自主的に管理された。

6　ヴァイマル共和国における年金保険

第一次世界大戦中には給付の削減が行われたが、その一方で、一九一六年には、七〇歳から六五歳への老齢年金支給開始年齢の引下げを含む給付の拡充も行われた。この給付の拡充はすぐに大きな影響をもたらした。障害保険法による老齢年金の受給件数は、一九一三年末には一〇万件程度であったが、一九一八年末では七五万五〇〇〇件にまで増加した。[16] 戦争期間中にもかかわらず、年金保険者の純資産は一九一三年の二一億マルクから一九一七年には二五億マルクにまで増加した。これらの資産は、五〇％以上が株式に、四〇％以上が貸付に、約四％が不動産に投資されていた。[17] このような投資構造が大きなリスクを抱えていることは、ほんの数年後に明らかとなった。

期待権充足方式の財政システムを採用し、長年にわたり一定額の国庫補助を受ける年金保険の制度は、貨幣価値の安定を前提として成り立っていた。戦後の失業の増加により保険料収入が大きく落ち込む一方で、戦争の影響により障害年金受給者数が戦前の三倍になるなど、支出が増加した上に、ハイパーインフレーションの進行により、年金保険は極めて困難な財政上の問題に直面することになった。当初は、インフレーションによる年金実質価値の減少を補うため、積立金を活用して加給金の支給などが行われたが、年金の価値は実質的に意味のない水準にまで落ち込んだ。ついには、公費による援助給付まで行われることになった。一九二四年の通貨改革時には、労働者年金の資産は一九一三年の一〇分の一にまで減少していた。このような状況を背景として、それまでの期待権充足方式に代わって、五年間の支出に応じて保険料水準を設定する方式が採用されることになった。

インフレーションの終焉から数年間は、年金保険は制度的な安定を取り戻し、給付の改善なども行われた。しかしながら、一九二九年の世界恐慌の発生により、このような安定はほんの僅かの期間に終わってしまった。年金保険者の資産が再び価値を失っただけでなく、賃金の低下と大量失業の発生により、保険料収入は大幅に減少した。一九二九年以降、失業期間が一二ヵ月以上の職員に対して六〇歳からの老齢年金の支給が認められたことも、失業の増加が年金給付を増加させ、年金保険における財政問題を引き起こす原因の一つとなった。財政的な苦境を脱するため、積立金の投入、国庫補助の引上げなどが行われ、その後には、緊急事態令(Notverordnung）に基づく給付の削減も行われた。

7　ナチス支配下

一九三三年のナチスによる権力掌握後においては、全ての社会保険を包括する統一保険の導入が試みられたが、結局は実現しなかった。保険者の自主管理は廃止されたものの、それ以外には、年金保険に関する法律の根本的な変更は行われなかった。ナチス支配下で行われた雇用対策と再軍備による景気回復は、年金保険の収入状況を改善し、積立金を増加させた。

年金保険の対象者の拡大や給付の拡充も行われた。保険加入義務のない者のうち四〇歳以下のものに年金保険への任意加入が認められるとともに、一九三八年に制定された手工業者保険法（Handwerkerversicherungsgesetz）により自営業者である手工業者が年金保険の強制被保険者とされた。また、年金受給者の医療保険や離婚した配偶者に対する遺族年金の導入なども行われた。

再び、期待権充足方式が復活されるとともに、保険者は積立金の半分を国債で保有しなければならないこととされ、(18) 増加した積立金の大部分は、一九三八年以降、軍備と戦争遂行のために投入されることになった。この積立金に関する年金保険者の国家に対する請求権は、最終的には、戦後の通貨改革によって取り消されることになった。このようにして、年金保険の積立金は、第一次大戦後のハイパーインフレーション、世界恐慌についで三度失われた。

第二節　戦後の発展

1　第二次世界大戦終了直後

一九四五年の敗戦とともに、年金保険は壊滅的な財政状態に陥った。積立金の多くは失われ、残された資産の大部分も、破壊と貨幣価値の減少による影響を蒙っていた。保険料収入は、大部分の経済活動が麻痺する中で僅かなものに止まった。それに加えて、戦争は、遺族年金や障害年金の受給者数を増加させたため、敗戦直後の年金支払いは、大量の公費投入により初めて可能となった。

このため、第二次世界大戦直後から、年金保険の機能を回復するための努力が行われた。一九四八年の通貨改革では、それまでのライヒマルクと新に導入されたドイツマルクとの交換比率が一〇対一とされたが、年金給付の算定に当たっては、過去にライヒマルクで払い込まれた保険料に対しては、一対一の比率でドイツマルクに換算することにより、年金額が高められた。このような措置は、積み立てられた資産を基に給付される積立方式ではなく、賦課方式の財政方式が採用されていたからこそ可能となったものである。また、それによって改めて、賦課方式は他のいかなる方式よりも危機に対応する能力のあることが示された。西側連合国の各占領地区では、一九四九年にドイツ連邦共和国が誕生し、新たな憲法である基本法（Grundgesetz）の下で社会保障制度の整備が進められることになった。一九五〇年には、既存の法律がそれぞれの占領地区ごとに修正を加えて適用されていた、いわゆる「法の分断」が克服され、再び年金保険に関する法の統一的な適用が確保された[19]。一九五三年には保険者の自主管理が復活し、また、職員保険を再建するために連邦職員保険庁が設立された。これと並行して、旧ドイツ帝国東部領土からの避難民及び追放者を年金保険の中に位置づけるなど戦争の影響への対応が行われた。

2　一九五七年の改革

通貨改革断行後の「奇跡の経済復興」（Wirtschaftswunder）によりもたらされた雇用の拡大と賃金の持続的な上昇は、年金保険の抱えていた問題を解決することに大きく寄与したが、一方では、それに伴う問題が発生した。実証的な調査からは、年金受給者世帯が貧困発生の中心となっていることが明らかとなった。しかも、その原因は当時の年金保険制度に存在した。年金額は、何年も、場合によっては何十年も前に納付された保険料を基に算定されていたため、そのような年金は、貨幣価値の減少により、購買力を大幅に喪失していた。経済復興に伴い急速に増加する賃金収入と年金収入の格差は拡大する一方であった。年金額を引き上げるための個別の給付改善は行われたものの、それは問題の一時的な解決策に過ぎなかった。

このような状況に対応して一九五五年に連邦労働・社会省（Bundesministerium für Arbeit und Sozialordnung）に設置された専門家グループにおいて、社会政策上のパラダイム転換をもたらす年金改革に関する基本構想についての検討が進められた。それは、従来のような生計の補完としての年金に代わって、現役時代の生活に応じた一定の生活水準を保障する年金を導入しようとするものであった。この準備作業は、アデナウアー連邦首相（キリスト教民主同盟　ＣＤＵ）が取り上げたシュライバー（カトリック企業経営者連盟事務局長）の改革構想（Schreiber-Plan）に沿ったものであった。野党の社会民主党（ＳＰＤ）は、当初、英国・北欧型の福祉国家概念をドイツに導入する考え方に立って、全国民を対象に租税を財源とする一律の国民年金を支給する構想などをもっていた。しかしながら、社会民主党も実現可能性の面からこのような構想を断念し、最終的には、従前の生活水準を保障する年金の導入を目的とした一九五七年年金改革法（Rentenreformgesetz 1957）が連邦議会の圧倒的多数で可決・成立した[20]。

　この改革の中心は、年金額の算定と財政方式について新たな基本原理を導入したことにある。グロス賃金の変化に応じた年金スライドの仕組みが導入されるとともに、年金算定方式から従来みられた基礎部分のような最低保障的な要素が取り除かれ、保険料に比例した年金給付という考え方により強く依拠したものへの転換が行われた。これによって、年金保険による保障の目的は、被保険者が送ってきた現役時代の生活に応じた生活水準を老後においても保障することとなった。つまり、年金給付は最低生活の保障ではなく、賃金代替的な機能を持つことになったわけである。一般的な年金給付の水準は、生存のために必要な最低限の水準を大きく上回るものとなり、年金は、老後における所得保障の中心的な柱となった。一方、最低限度の生活の保障は、年金保険ではなく、社会扶助の役割とされた。

　保険料は労働報酬に応じて算定されるため、このような保険料に比例した給付の仕組みにおいては、被保険者の現役時代の労働が退職後の年金額にまで反映されることになる。このため、このような「賃金・保険料に比例した年金給付」の仕組みは、就労に対するポジティブな誘因を与えるものである。戦後の西独においては、個人の能率や自由を尊重する社会的市場経済（soziale Marktwirtschaft）の考え方が、経済社会体制の基本理念となった。年金保険の新たな制度は、この社会的市場経済の考え方にも沿うものであったということができる。

このほかにも、女性及び失業者に対する老齢年金の六〇歳からの早期受給が認められることになった。もちろん、これらの給付改善は支出増加という代償を伴うものであった。年金保険の支出の国民総生産に対する割合は一九五〇年の四・〇％から一九六〇年には六・八％へと、三パーセントポイント近く上昇した。(21)

さらに、一九五七年年金改革法においては、職業不能年金と稼得不能年金から構成される新たな障害年金が導入され、障害年金に関して労働者と職員の間で存在していた相違点が解消されるなど、労働者年金と職員年金に適用される法の整合性が図られた。

財政面では、事実上は既に余儀なくされていた積立方式から賦課方式への転換が、一九五七年年金改革法において公式に認められた。これにより、一〇年間に生じる保険料その他の収入で、その期間に生じる給付の費用が賄え、かつ、その期間の末に最終年の年間支出額に相当する準備金が残る水準で保険料率を設定する期間充足方式（Abschnitsdeckungsverfahren）が導入された。

3　一九七二年の改革

一九五七年年金改革法以降一九七〇年代の初めに至るまでの時期においても年金保険に関する様々な改正が行われたが、これらは、一九五七年年金改革法により確立された年金保険の基本構造に本質的な変更を加えるものではなかった。ただし、期間充足方式の対象となった最初の一〇年間の終了とともにドイツ経済は戦後最初の不況に陥ったため、保険料率の引上げ、職員についての保険加入限度の撤廃などが行われた。また、一九六九年からは、年金財政の長期的な安定に資するものとして、各年の収入でその年の支出が賄える水準に保険料率が設定され、三ヵ月分の支出に相当する準備金を持つだけの純粋な賦課方式が適用されることになった。

年金制度にとって次の大きな節目となったのは、社会民主党と自由民主党（ＦＤＰ）による連立政権であるブラント政権の下で行われた一九七二年年金改革法（Rentenreformgesetz 1972）の制定である。一九六六・一九六七年の不況からの回復は急速に進み、再び高い経済成長の持続が予想されるとともに、一九六八年から三年連続で保険料率が引き上げられたこともあって、当時の予測では一九八六年には準備金残高が支出の一九ヵ月分にまで増加すると見込まれた。同法においては、このような財政的余裕を基に、次のように年金給付を改善する方向での改革が行われた。

ア　被保険者の範囲の拡大　　自営業者は、事業開始後二年以内に申請することにより、強制被保険者となることができることとされた。また一六歳以上の全ての者は、任意被保険者になることができることとされた。

イ　支給開始年齢の弾力化　　三五年以上の保険期間を有する長期被保険者に六三歳から、重度の障害がある者及び稼得能力の減少した者には六二歳からの老齢年金の早期受給が認められることになった。

ウ　最低収入による年金　　二五年以上の保険期間を有する者が納付した低額の義務保険料（一九七二年以前のものに限る。）を平均報酬の七五％の労働報酬に対応する義務保険料が納付されたものとみなすこととされた。これは、特に、賃金が相対的に低い水準にある女性の年金を改善する効果を持った。

エ　年金スライドの前倒し実施　　年金スライドは、従来の一月に代わって、七月に実施されることになった。これに伴い、一九七二年には、既に一月にスライドが実施されていたが、さらに、七月には二度目のスライドが実施された。

4　財政再建立法

一九七二年年金改革法により実施されたこのような改善措置は、第一次石油危機後の景気後退や人口構成の変化とあいまって、年金財政に過重な負担をもたらすこととなり、中長期的な財政基盤の不安定化を招いた。

（表２－１）　財政再建立法の概要

法律名（制定年）	主　な　内　容
第20次年金調整法（1977年）	・1977年７月に予定されていたスライドの実施を半年間延期 ・年金受給者の医療保険に対する年金保険からの支出を抑制 ・失業給付の受給者のために失業保険が年金保険料を負担 ・必要な準備金の水準を支出の３月分から１月分に緩和
第21次年金調整法（1978年）	・1981年から年金保険料を0.5％ポイント引上げ ・1979年から３年間に限りスライド率を賃金上昇率よりも抑制
雇用促進・再編法及び第二次財政構造法（1981年）	・リハビリ給付受給要件の厳格化 ・失業保険料率の引上げによる社会保険料率全体の上昇を緩和するための年金保険料率の引下げ（0.5％ポイント） ・兵役・兵役代替業務従事者のために連邦政府が負担する年金保険料の水準引下げ
1983年予算随伴法（1982年）	・1983年１月に予定されていたスライドの実施を半年間延期 ・年金受給者の医療保険に対する保険料本人負担の導入 ・1983年９月から年金保険料率を0.5％ポイント引上げ
1984年予算随伴法（1983年）	・過去１年間（従来は過去３年間）の賃金上昇率をスライドの基準とする ・クリスマス手当などの特別給に対する保険料賦課の強化 ・職業・稼得不能年金の受給要件の厳格化
雇用促進・年金保険改正法（1984年）	・1985年１月から年金保険料率を0.2％ポイント引上げ
年金保険財政基盤強化法（1985年）	・1985年６月から1986年12月まで年金保険料率を0.5％ポイント引上げ

これに対し、一九七七年の第二〇次年金調整法を皮切りに年金財政の再建に関する数多くの法律が制定されることになった（表2－1）。こうした財政再建立法は、準備金の取り崩しにとどまらず被保険者にも負担増を求めるものであった。支出の面では、スライド実施時期の延期及びスライド率の抑制が行われたほか、稼得・職業不能年金の受給要件が厳格化され、待機期間を満たすだけでなく、直近六〇月のうち三六月の義務保険料納付期間が必要とされた。また、それまでは年金保険者が全額負担していた年金受給者の医療保険に係る保険料の一部を年金受給者自身が負担することとされた[22]。また、収入の面では、年金保険料率の引上げ、保険料賦課ベースの拡大[23]などの保険料収入増加策が講じられた。さらに、これらを補完するものとして、法律上必要とされる変動準備金額の水準が支出の三ヵ月分から一ヵ月分に引き下げられた。このように、財政再建立法は、当面の財政上のやり繰りを行うために支出の抑制と保険料収入の増加を図ることを主な狙いとし

（表2－2）　労働者・職員年金の変動準備金額等の推移（1972-1987年）

年	変動準備金額（億マルク）	1カ月分の支出に対する割合	保険料率（%）
1972	348	9.3	17.0
73	399	9.4	18.0
74	443	8.6	18.0
75	430	7.4	18.0
76	358	5.3	18.0
77	253	3.3	18.0
78	181	2.2	18.0
79	164	1.9	18.0
80	187	2.1	18.0
81	217	2.4	18.5
82	205	2.1	18.0
83	150	1.5	18.5（9月以降）
84	98	0.9	18.5
85	112	1.0	18.7（6月以降19.2）
86	178	1.6	19.2
87	210	1.8	18.7

資料：Bundesministerium für Arbeit und Sozialordnung, Übersicht über das Sozialrecht, 3. Aufl., Bonn 1994により作成。

ていた。

このような時期においても、障害者及び芸術家を強制被保険者に含めること、配偶者を亡くした妻及び夫に対する遺族年金の支給要件を同等にすること、児童養育期間の制度を導入することなどの改善も行われた。

財政再建立法は、一九七〇年代の終わりには経済全体が回復を示すなかで一定の効果をあげた。この結果、一九八一年には、連邦補助が削減されたにもかかわらず、変動準備金の額は二一七億マルク（支出の二・四ヵ月分に相当）にまで積み上がった（表2－2）。しかしながら、一九八〇年代の初め以降、経済成長の停滞、失業の急増、不況に伴う賃金上昇率の鈍化、年金受給件数の増加[24]などの要因を背景として、年金財政は再び悪化した。変動準備金の額は、一九八一年から一九八四年までの間に一二〇億マルクも減少し、一九八四年には法律上必要とされる水準（支出の一ヵ月分）も下回った。加えて、不況下で債務が増加する国家財政にとっても、社会保険分野への支出を抑制する必要があった。このような状況の下で、一九八一年からは毎年のように法律改正が行われた。

第三節　小　括

以上概観したとおり、年金保険については、長年の間に様々な改正が行われてきた。年金保険は、労働者を中心に、それに所得の低い職員を加えたグループを対象にして始められた。その意味で、成立当初の年金保険は、いわば労働者強制保険としての性格を持っていた。しかしながら、一九六七年には、職員について設けられてきた保険加入限度額が撤廃され、保険加入義務が職員全体に拡大されたことにより、被用者強制保険へと変化した。手工業者などの例外を除けば、自営業者は今日に至るまで、被用者とは別個の取扱いとなっている。また、専業主婦のような就労していない世帯構成員については、被保険者が死亡した場合に、当該被保険者の年金から派生する遺族年金により保障される仕組みがとられており、このような者まで保険加入義務の対象とする普遍的な制度に転換しようとする動きはみられない。つまり、年金保険が従属的な就労を行う者を主な対象者とすることについては、大きな変化はみられない。

これに対して、年金額算定の考え方には、相当大きな変化がみられる。障害・老齢保険法により成立した年金保険における年金給付には、ビスマルクの当初の構想にあった一律の基礎給付を導入する考え方の残滓がみられた。すなわち、当時の年金給付は、国庫補助等に基づく一定の基礎部分と賃金等級に応じた賃金比例部分から構成されていた。また、職員保険法においては、保険料と年金給付との関連性がより強化された仕組みが採用されていたが、保険料に比例した年金給付となっていたわけではない。このような状況は第二次世界大戦後まで継続したが、アデナウアー政権下で制定された一九五七年年金改革法により、それまでの制度に見られた最低保障的な要素は全て取り除かれ、それに代わって、「賃金・保険料に比例した年金給付」の原則に則った制度が導入された。

年金保険の財政に関しては、当初から一貫して保険料と国庫補助による混合財政が採られてきた。しかしながら、財政方式に関しては、何度にもわたって、大きな変更が加えられてきた。特に、一九五七年年金改革法においては、法的にも、従来の積立方式から世代間契約を基礎とする賦課方式への転換が行われ、財政方式の根本的な変更が行われた。

このようにみていくと、多くの改正を経て今日に至っているドイツにおける年金保険の発展は、大きく二つの時期に区分することが可能であると考えられる。この区分のメルクマールとなるのは、年金保険による保障の目的にある。年金保険の成立から一九五七年年金改革法に至るまでの時期においては、年金保険の中にも、最低生活保障的な要素が残されていた。これに対して、それ以降の時期は、現役時代の生活水準に見合った生活水準の保障が年金保険の目的とされ、最低生活の保障は社会扶助に委ねられた。つまり、一九五七年年金改革法により、年金の実質価値を維持するための年金スライド及び「賃金・保険料に比例した年金給付」並びにそれを支える財政方式としての賦課方式の導入が行われ、まさに今日の年金保険の礎が築かれたということができる。

（1）　主として、年金保険の中心となる労働者年金及び職員年金を対象としている。
（2）　Ruland F., Die Rentenversicherung in Deutschland im Zeichen der Jahrhundertwende, Deutsche Rentenversicherung, 1-2/2000, S.24.
（3）　プロイセン一般営業条例及び登録扶助金庫法の詳細については、土田武史『ドイツ医療保険制度の成立』勁草書房一九九七年一六二頁以下及び二〇〇頁以下を参照されたい。
（4）　年金保険に関しては、医療保険や労災保険の場合とは異なり、手本となるような規定も、信頼の置ける保険数理的な資料もなしに、全く新たな事柄が取り扱われなければならなかった。このため、この法案は、時間のかかる準備作業の末、一八八八年になってようやく議会に提出され、多くの議論と修正が行われた上で、僅少差で可決・成立した。
（5）　Schulin B./Igl G., Sozialrecht, 7. Aufl., Düsseldorf 2002, S.255.
（6）　一マルク＝一〇〇ペニッヒである。
（7）　例えば、賃金等級二の者が三〇年間（年間四七週）保険料を納付した場合の老齢年金の額は、年一三四マルク（五〇＋〇・〇六×四七×三〇）、賃金等級二の被保険者が五年間保険料を納付した場合の障害年金の額は、年一二四マルク（五〇＋六〇＋〇・〇六×四七×五）となる。
（8）　Döring D., Grundlinien der langfristigen Systementwicklung der gesetzlichen Rentenversicherung, in: Fisch S./ Haerendel U.(Hrsg.), Geschichte und Gegenwart der Rentenversicherung in Deutschland, Berlin 2000, S.170.
（9）　Ruland F., a.a.O., S.25.
（10）　被保険者が死亡した場合に、当該被保険者が生前に給付を受けたことがないときは、遺族は、保険料の被保険者負担分の還付を求めることができた。

(11) Frerich J./Frey M., Historische Grundlagen der Rentenversicherung, in : Schulin B.(Hrsg.), Handbuch des Sozialversicherungsrechts, Bd. 3, München 1999, S.8.

(12) ibid., S.9.

(13) ibid., S.9.

(14) 職員保険においては、保険料の俸給に対する割合が平均で五・三%となっていた。

(15) 中間層の婦人に仕事に就くことを求めることはできないとの考え方があったことや、職員の子弟の場合には高い教育が必要であることなどが労働者の場合との違いにつながった。(Döring D., a.a.O., S.173ff.)

(16) 一九一八年末には、障害年金の受給件数は九二万一〇〇〇件、寡婦年金は六万件、遺児年金は三八万六〇〇〇件となっていた。(Köhler P., Entwicklungslinien der 100jahrigen Geschichte der gesetzlichen Rentenversicherung : Die Zeit von 1891-1957, in : VDR/Ruland F., Handbuch der gesetzlichen Rentenversicherung, Neuwied 1990, S.74)

(17) ibid., S.74.

(18) 第二次世界大戦終了時点では年金保険者の資産のおよそ四分の三が国債に投資されていた。

(19) ソ連占領地区では、全ての社会保険を一つに包括する統一社会保険が導入された。この詳細については、松本勝明『ドイツ社会保障論Ⅰ―医療保険―』信山社二〇〇三年二〇及び二一頁を参照されたい。

(20) 一九五七年年金改革法の制定経緯の詳細については、下和田功『ドイツ年金保険論』千倉書房一九九五年八七頁以下を参照されたい。

(21) VDR/Ruland F., Handbuch der gesetzlichen Rentenversicherung, Neuwied 1990, S.1155.

(22) 年金受給者の医療保険のための保険料については、それまで年金保険者が単独で年金支払い総額の一一・七%に相当する負担を行っていた。一九八三年からは、この割合が一一・八%に引き上げられるとともに、年金受給者にも年金額の一%に相当する負担が導入された(年金保険者の負担は年金支払い総額の一〇・八%)。年金受給者の負担割合はその後段階的に引き上げられ、一八八七年以降は両者の折半負担となった。

(23) 一九八四年予算随伴法により、休暇手当、クリスマス手当、ボーナスなどの特別給に対する保険料賦課の強化が図られた。

(24) 年金受給件数は、一九七二年の一、〇四〇万件から一九八五年には一、三九〇万件に増加した。(Verband Deutscher Rentenversicherungsträger, a.a.O., S.142.)

第三章　改革の動向

一九七〇年代の後半以降、多くの財政再建立法が行われた時期においても、年金保険の将来に影響を及ぼす問題が忘れ去られていたわけではない。少子高齢化の進展、教育期間の長期化、早期引退の増加、就労形態の多様化、家族構造の変化など、年金保険の将来に影響を及ぼす構造変化が明らかになる中で、これらに対応した抜本的な改革が必要であるとの認識が広がっていった。このため、一九八九年に制定された一九九二年年金改革法（Rentenreformgesetz 1992）を皮切りとして、少子高齢化を始めとする長期的な課題に対処するため、年金保険の構造的な改革が進められている。

この章では、一九九二年年金改革法以降の改革の動向について検討を行うことにより、その基本的な方向を明らかにしたい。

第一節　コール政権下の改革

1　一九九二年年金改革法

(1)　目的及び必要性

ドイツにおいても、出生率の低下と平均寿命の伸長により少子高齢化が進展している。年金保険においては、この影響が保険料負担者と年金受給者との比率の変化として現れる。保険料負担者一〇〇〇人当たりの年金受

（表３－１）　年金保険料率の将来見通し

（単位：%）

	1992年改革法制定時の推計(注１)		2001年改革時の推計	
年	改革なし	改革あり	改革なし	改革あり
2000	22.0	20.3	19.1(注２)	19.1(注２)
2005	23.6	21.2	19.1	18.7
2010	24.5	21.4	19.5	18.5
2020	28.1	22.8	20.6	19.6
2030	36.4	26.9	23.6	22.0

（注１）　旧西独地域のみの推計。
（注２）　2001年の保険料率。
資料：Sozialbeirat, Gutachten des Sozialbeirats zum Rentenversicherungsbericht 1998 及び BT-Drucksache 14/5146 により作成。

給者数は、一九八六年には四八一人であったが、二〇三〇年には一一二二人に増加すると見込まれた。(1) 高齢者世代の割合が増加することに加え、寿命の伸長、早期年金受給の増加、就労形態の変化などが、年金財政に大きな影響を与えるものと考えられた。このため、改革が行われない場合には、年金保険料率は、二〇一〇年には二四・五%、二〇三〇年には三六・四%になると予想された（表３－１）。

　このような状況を背景として、既に一九八一年には当時の連邦政府が「老齢保障制度に関する専門家委員会」(Sachverständigenkommission Alterssicherungssysteme) を設置し検討を開始した。一九八二年の秋には、社会民主党（SPD）及び自由民主党（FDP）から成るシュミット政権から、キリスト教民主・社会同盟（CDU・CSU）及び自由民主党から成るコール政権への政権交代が行われたが、その後も関係者間での議論が続けられた。その中で、各政党などからいくつもの改革案が提起されたが、その内容は現行制度の手直しに留まるものから現行制度を廃止し全く新たな制度に移行するものまで実に様々であった。特に議論を呼んだのは、現行の年金保険に代わって、全ての国民を対象に租税を財源とする一律の基礎年金（Grundrente）を導入する案であった。(2) 一方、社会民主党などからは、現行の年金保険を維持したままで、最低生活水準に満たない低額の年金受給者が社会扶助を申請しないために「隠れた貧困」に陥ることを防止するために、基礎保障（Grundsicherung）を導入することが提案された。年金保険の財政方式に関しても、将来の保険料率抑制のために現在の保険料を高めにして積立金を持つ案、資本集約的な企業により多くの財政負担を求めるために機械に対して保険料を賦課する案、被保険者の子の数に応じて保険料に差を設ける案などが提案された。

連邦政府は、一九八七年三月、当時の立法期間[3]である一九九〇年までに年金保険の構造改革を実施すること及びその際には広範な議論を行い合意が得られるよう努力する考えを明確にした。一九八八年一一月には連邦労働・社会省による改正原案が提出された。その後、幅広い合意の成立を目指すという年金改革に関する議論の伝統に沿って、与野党間で数ヵ月にわたる議論が行われた。この結果、一九八九年三月には一九九二年年金改革法の共同提案[4]がまとめられた。

その際、各政党は改革に関する次のような基本原則及び目標について合意した。この改革は、従来から確立されている年金保険の基本原理の上に立って、年金保険を将来においても確固たるものとすることを目的とする。人口構成の変化に伴って増加する財政負担を保険料負担者、年金受給者及び連邦の三者が共同で負う。「賃金・保険料に比例した年金給付」の原則及び労働報酬にのみ応じた保険料が維持され、租税を財源とする基礎年金や対象者の需要に応じた基礎保障の導入並びに機械に対する保険料及び子の数に応じた保険料の考え方は採用しない。さらに、財政方式については、現行の賦課方式を維持し、積立方式への変更は行わない。老後における適切な生活水準を保障するという年金保険の機能を引き続き維持する。

この法案は、最終的には一九八九年末に成立し、一九九二年から施行されることになった。

(2)　主な内容

この改革の中心は、少子高齢化の進展に伴う年金保険の支出の増大を抑制するとともに、それでもなお増加する負担を保険料負担者、年金受給者及び連邦の三者で適切に分担するシステムを構築することにあった。このため、連邦補助の見直し、ネット賃金スライドの導入、老齢年金の支給開始年齢の引上げなどが行われた。それと同時に、部分年金の導入、児童養育期間の延長等の家族政策的な措置の拡大などの改善措置も講じられた。当時は一八・七％の水準にあった保険料率は、この改革がなければ二〇一〇年までに六パーセントポイント近くも上昇するが、改革によりこの上昇幅が半分程度に抑えられ、二一・四％になると見込まれた。また、二〇三〇年の保険料率は、改革後の経済情勢の推移にもよるが二六・九％に抑えられると予想された（表３－１）。

なお、この法律により、労働者年金、職員年金及び鉱夫年金に関する規定が社会法典第六編（Sozialgesetzbuch VI）として一つにまとめられることになった。

①　連邦補助

従来、連邦補助はグロス平均賃金の上昇に応じて引き上げられてきた。しかしながら、保険料率が引き上げられることにより、保険料収入はグロス平均賃金の上昇率を上回って増加したため、連邦補助が年金保険の収入に占める割合は低下してきた。この改正では、連邦補助が、毎年、前年のグロス平均賃金の上昇率に保険料率の上昇率を加味して引き上げられることとされた(5)。年金支出に対する連邦補助の割合は、この改正がなければ相当に低下することになっていたが、この改革により二〇一〇年までは二〇％程度で安定的に推移し、長期的には上昇するものと見込まれた。

②　ネット賃金スライド

年金スライドの基準がグロス平均賃金からネット平均賃金の上昇率に切り替えられた。これにより、ネット標準年金(6)（Standardrente）はネット平均賃金の伸びに応じて引き上げられることになるため、ネット標準年金のネット平均賃金に対する割合であるネット年金水準（Nettorentenniveau）は一定水準に維持される。この方式においては、年金保険料率が上昇した場合には、スライド率は、その分だけ、グロス平均賃金の上昇率よりも

（図3－1）　老齢年金支給開始年齢の引上げ

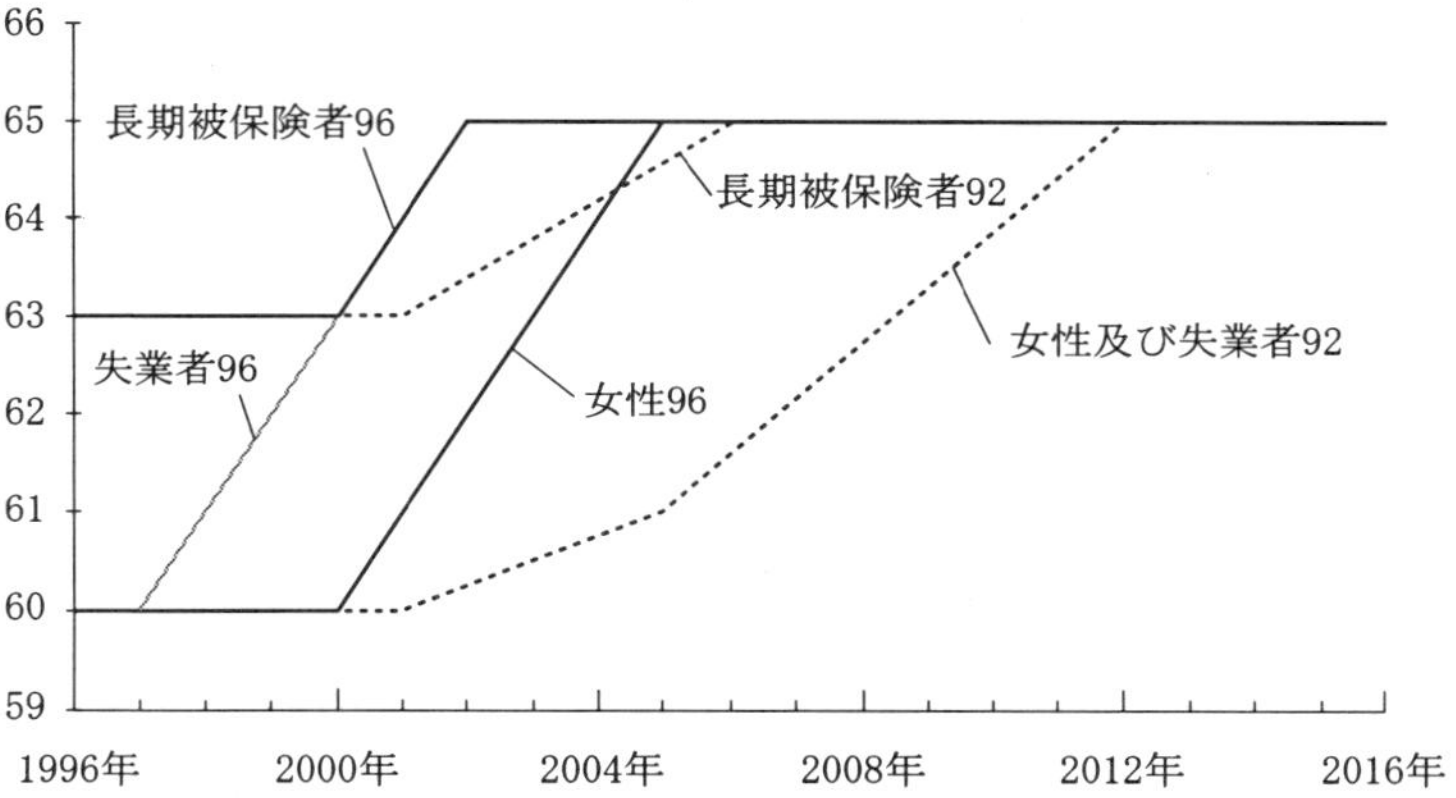

（注）「92」及び「96」は，それぞれ，1992年年金改革法及び経済成長・雇用拡大法（1996年）による改正後の支給開始年齢を示している。

低くなるので、少子高齢化の進展により増加する財政負担が保険料負担者のみならず年金受給者によっても分担されることになる。

③　支給開始年齢

従来、一定の要件を満たす者には、通常の支給開始年齢である六五歳よりも早期に、年金額が減額されることなしに、老齢年金を受給することが認められていた。この改正では、この六五歳よりも早期の支給開始年齢が六五歳にまで引き上げられることとされた。ただし、期待保護の観点から、この引上げは、二〇〇一年以降段階的に実施されることとされた。これにより、長期被保険者に係る支給開始年齢（六三歳）は二〇〇六年までに、女性及び失業者に係る支給開始年齢（六〇歳）は二〇一二年までに、六五歳に引き上げられることになった（図3－1）。ただし、重度の障害がある者に対する老齢年金の支給開始年齢（六〇歳）は引上げの対象とされなかった。

二〇〇一年以降も、これらの年金は、一定期間繰り上げて六五歳より前に受給することが認められたが、この場合には繰上期間一月当たり〇・三％だけ年金額が減額されることとされた。

④　部分年金

一九九二年以降、老齢年金の受給要件を満たす者は満額の年金の三分の一、二分の一又は三分の二に相当する部分年金の受給が可能とされた。これにより、個々の被保険者は、就労の一部を制限しつつ年金生活への段階的な移行を図ることが可能となった。受給する部分年金の割合が小さいほど当該年金受給者が年金に追加して稼ぐことが認められる収入の額である追加報酬限度は大きくなる。また、満額の年金の代わりに部分年金を繰上げ受給し、六五歳から満額の年金を受ける場合には、部分年金の割合が小さいほど繰上期間に応じた減額が少なくて済む。

⑤　保険料納付期間の見直し

保険料納付のない期間の取扱いについて、保険原理を強化する観点からの見直しが行われた。例えば、傷病手当金や失業手当などの賃金代替給付を受けている期間は、従前は脱落期間として位置づけられてきたが、改正後は当該給付の基礎となる労働報酬の八〇％に対応する保険料が納付される期間として位置づけられた。

併せて、保険料免除期間及び保険料減額納付期間についての総実績評価が導入されるとともに、従来は五五歳までとされていた加算期間が六〇歳までに延長された。

⑥　家族政策的な措置

子を養育する親に認められる児童養育期間が、一九九二年以降誕生した子については一年から三年に延長された。この期間は、年金額の算定に当たり、平均報酬の七五％の労働報酬に対応する保険料を納付した期間とみなされる。これによって、養育に当たる親に対する社会的な保障が強化された。これは、年金保険を担う次の世代の養育を支援するという意味で、将来を指向した対策であるということができる。

このほかにも、家族が職業としてではなく介護を行う場合にその者が納付する任意保険料を義務保険料とみなすこと(7)、一〇歳までの子の養育や職業としてではなく行われる介護に係る考慮期間を認めることなど、家族政策的な配慮が強化された(8)。

⑦　最低収入による年金

年金法上の期間が三五年以上ある者が一九七三年から一九九一年までの間に納付した低額の義務保険料に係る報酬点数が、実際の報酬点数の一・五倍（最高月〇・〇六二五）に評価されることになった。これにより、長年にわたりパートタイム労働などで低い報酬を得て就労した者の年金が改善されることになった。

(3)　評　価

ドイツにおいては、一九九二年年金改革法が制定される以前から、年金財政の負担を軽減し、保険料率の上昇を抑える方向での改革が行われてきたが、一九七〇年代後半から一九八〇年代前半にかけて行われた前述の財政再建立法は、景気の後退による年金財政及び連邦財政の悪化に対応し、年金財政の支出抑制と収入増加を図り、短期的な財政上の「やり繰り」を行うものであった。

これに対し、一九九二年年金改革法は、少子高齢化の進展を始めとする社会・経済の構造変化に対応し、幅広い合意に基づき、二一世紀を展望した長期的・抜本的な改革を行うものであった。この改革法が特に重要な意義を有する点は、少子高齢化に伴う年金保険料率の上昇を抑制するために支給開始年齢引上げなどの対策を講じるとともに、それでもなお増加すると見込まれる負担を保険料負担者、年金受給者及び連邦の三者が適切に分担するという考え方を打ち出したことにある。そのために、年金スライド、保険料率及び連邦補助の三者を相互に関連づける自動調整メカニズムが制度の中に組み込まれたことは、財政再建立法に見られたような立法者によるその時々の介入を極力排除し、制度の安定性及び透明性を向上させることにつながるものと評価できる。しかも、同法は、費用削減だけでなく、家族による介護や子供の養育に対する年金法上の配慮の拡大、年金生活への段階的な移行を可能にする部分年金の導入、最低収入による年金の適用など、被保険者の利益となる改善措置を講じている。こうした改革の内容が全体として政党の枠を越えた幅広い合意につながったものと考えられる。

2　東西ドイツの再統一と年金統合

(1)　概　要

連邦議会が一九九二年年金改革法を可決した一九八九年一一月九日にベルリンの壁が崩壊した。その後の東西ドイツ再統一の過程において、年金保険は、一九九二年年金改革法の施行と年金法に関する東西ドイツの分断を克服するという二つの大きな課題に直面することになった。年金保険についても、旧東独においては国家統制計画経済体制の下で独自の制度が存在した。再統一に伴い、旧東独地域にも旧西独地域と同様、「社会的市場経済」の考え方に立った包括的な社会保障システムの導入が図られた。年金保険に関しては、再統一の法的関係を定めた統一条約（Einigungsvertrag）により一九九二年一月から旧西独地域の年金法（社会法典第六編）が旧東独地域にも適用されることとなり、これに伴う経過措置などが、一九九一年六月に年金移行法（Rentenüberlei-tungsgesetz）として定められた。これにより、旧東独地域にも旧西独地域と同様に賃金・報酬に基礎を置いた年金保険が導入された。年金移行法を制定するに当たっては、特に、旧東独年金保険にあった社会付加金、最低年金などの最低保障的な要素をどのように取り扱うかが大きな争点となった。

社会法典第六編の旧東独地域への適用に伴う経過措置などの概要は次のとおりである。

①　年金水準

旧東独年金法では、老齢年金額は、勤務年数に応じた定額と過去二〇年間の平均報酬に応じた割増額から構成され、しかも、年金額の最低保障額が設けられていた。また、年金スライドは行われなかった。社会法典第六編の適用により、旧東独地域においても、年金額は基本的に個人の労働報酬に比例し、実質的な年金水準が維持されるようスライドが行われることとされた。ただし、両地域間で賃金及び生活水準の格差が存在する間は、年金額の算定及びスライドはそれぞれの地域ごとに行うこととされた。

② 支給開始年齢

旧東独地域においても社会法典第六編に規定する支給開始年齢が適用されることとされた。これにより、従来よりも早期の年金受給が可能となった（例えば、長期被保険者については、従来の六五歳が六三歳となった）。

③ 稼得能力の減少を理由とする年金

旧西独地域と同様、職業不能年金及び稼得不能年金から構成される「稼得能力の減少を理由とする年金」が導入された。また、旧西独地域と同様に、被保険者の健康上の支障だけでなく労働市場の個別の事情が考慮される具体的考察方法が採用されることにより、一〇万件程度の新たな申請が出てくるものと予想された(9)。

④ 寡婦（夫）年金及び障害年金

一九八五年以降に妻が死亡した夫には、従前のようにその者が死亡した妻により主として扶養されていた場合でなくても、寡夫年金が支給されることとされた。また、受給者の年齢に関する要件（寡婦六〇歳以上及び寡夫六五歳以上）も廃止された。

⑤ 児童養育期間

一九二七年以降に生まれた者には、旧西独地域と同様、一九九一年以前に生まれた子一人につき一年間の児童養育期間が認められた。なお、旧東独年金法では三人以上の子を養育する場合には、子一人につき三年間の児童養育期間が認められていたが、これを引き継がないことに批判があった(10)。

⑥ 期待保護

既に支給されている年金は、一九九二年一月現在で、社会法典第六編に基づきそれぞれの者の被保険者期間及び納付した保険料額に応じた年金額に置き換えられた。ただし、置き換えられた額が従来の年金額よりも低い場合はその差額が支給されることになった。ただし、この差額支給は一九九六年以降段階的に廃止することとされた。

また、一九九二年及び一九九三年に支給を開始する者については、新たに算定した年金額が旧東独年金法に基づき一九九一年末現在で算定した年金額よりも低い場合には、その差額が支給されることになった。この差額支給も、一九九六年以降段階的に廃止することとされた。

さらに、一九九四年から一九九六年までに支給を開始する者についても、同様に差額が支給されることになったが、この差額支給額は支給開始後の年金スライドにより年金額が増加することに伴い減少することとされた。

⑦　社会付加金

一九九〇年七月以降、旧東独地域における低額の年金を嵩上げしてきた社会付加金（Sozialzuschlag）は、一九九三年末までに受給を開始する者に対し一九九六年末まで支給することとされた。社会付加金は、年金額との合計額が、単身者の場合には月六〇〇マルク、既婚者の場合には月九六〇マルクとなるよう支給することとされた。また、この額は、社会扶助基準額に合わせて引き上げることとされた。

⑧　付加・特別年金の移行措置

医師、技術者、社会主義統一党（SED）党員、軍人などのための付加・特別年金の対象者のうち、旧東独国家体制の指導層であった者などについては、新制度への移行に伴い、給付額を制限するための措置が講じられた。

⑨　財政統合

両地域の年金制度の統一による給付の改善に伴い、旧東独地域では年金保険の支出が収入を上回ることになった。この差額は、東西ドイツ再統一に伴う費用として国庫により補塡されたのではなく、一九九二年以降、両独年金財政が統合されることによって、結果的には、旧西独地域の年金保険の収入により賄われることになった。

(2) 評　価

東西ドイツ間の異なる年金制度は、社会法典第六編の適用を旧東独地域にも拡大することにより統一が図られた。その際には、従来の両年金制度の違いによる様々な問題があったが、結果的にはうまくこれを乗り越えることができた。すなわち、年金受給者の生活に配慮した措置を経過的には設けつつも、最低保障的な要素を制度として受け入れることは認めず、「賃金・保険料に比例した年金給付」の考え方を始め、旧西独地域の年金保険が立脚してきた従来からの基本原理を維持することに成功した。

一九九一年末には、旧東独地域の四〇〇万件にも及ぶ既存年金が新たな制度に基づくものへと切り替えられ、数ヵ月のうちに運営管理組織も整備された。年金保険が賦課方式に基づくものでなかったとしたならば、このような課題をうまく克服することは不可能であったと考えられる。仮に、年金保険が積立方式であったとしたならば、旧東独地域においても旧西独地域と同程度の水準の年金給付を実現するためには相当の積立期間が必要であったわけで、一九九二年からの両年金制度の統一といったことは考えられなかったであろう。旧東独地域の年金受給者は、東西ドイツ再統一により利益を受けたグループに属しているということができる。一九九〇年六月三〇日現在では、旧東独地域の標準年金は六〇二マルクで旧西独地域の水準の三七％に過ぎなかったが、一九九九年には、この割合は八七％にまで上昇した。[11] このように、再統一に伴う年金制度の統合は、賦課方式の年金保険が社会・経済の大きな変動への対応能力を有することを改めて示す結果となった。

3　一九九六年の改正

一九九二年年金改革法により、年金保険料率が将来において現状の二倍もの水準になるような事態は回避された。それにもかかわらず、一九九〇年代の中頃には、年金保険を巡る議論は再び活発化した。その背景として、まず第一に、ドイツにおける「立地問題」(Standortproblem) の存在を指摘することができる。経済の国際化の進展とともに、産業の立地場所としてのドイツは、生産コスト、特に租税負担や社会保険料の水準が高いためにその魅力を失いつつある。これでは、たとえ景気が回復しても、ドイツ企業の国外での投資が増加するだけで、国内投資は増加せず、大量失業の解消にはつながらないとの懸念が広がった。このような問題に対処するため、政府・与党は、一九九六年四月に、経済成長と雇用拡大のための総合的な対策として経済成長・雇用拡大プログラム (Programm für mehr Wachstum und Beschäftigung) を打ち出した。[12] このプログラムでは、企業の設立促進、雇用促進的な税制への改革、解雇制限の緩和などの労働法制の改革などと並んで、社会保障関係予算を削減すること及び社会保険料率を二〇〇〇年までに四〇%以下へ引き下げることが目標となった。このことは、一九九二年年金改革法により大幅に縮小された年金保険料率の上昇ですら、もはや受け入れられないことを意味していた。第二には、マーストリヒト条約に定められた欧州通貨統合の条件である財政収れん基準をクリアするために、財政支出を抑制し、公的債務を削減する必要に迫られたことがあげられる。

このため、一九九六年においては、経済成長・雇用拡大プログラムに基づき、ドイツ企業の国際競争力を強化し、国内雇用を拡大するための対策として、社会保険料率の抑制などを目的とする一連の法律改正が行われた。その一環として、年金保険に関しても、年金生活円滑移行促進法 (Gesetz zur Förderung eines gleitenden Übergangs in den Ruhestand) 及び経済成長・雇用拡大法 (Wachstums- und Beschäftigungsförderungsgesetz) が制定された。

(1)　年金生活円滑移行促進法

①　目的

多くの大企業では、人員の縮小、若返りを図るために、高齢の従業員を通常の老齢年金の支給開始年齢（六五歳）よりも前に退職させることが慣行となっている。早期に退職した者は、通常は失業者として失業給付を受給し、さらに六〇歳に達すると「失業を理由とする老齢年金」を受給することになる。この場合には、老齢年金の受給期間が通常よりも五年間長くなるとともに、その期間における年金保険料収入も減少するため、このような慣行は年金保険及び失業保険に大きな負担をかける効果を持つ(13)。

年金生活円滑移行促進法の目的は、早期年金受給以外の選択肢として高齢者の短時間労働の機会を作り出し、年金生活への円滑な移行を図るとともに、社会保険に負担をかけることなく企業における人員構成の調整を可能にすることにあった。

②　主な内容

ア　高齢短時間労働の促進　　年金生活への移行期間において短時間労働を行う高齢者の賃金の低下などを補うため、この法律の施行後五年の間において、五五歳以降に労働時間を通常の半分に短縮する高齢短時間労働を開始した者に対し、それぞれ五年間、高齢短時間労働の場合のグロス賃金に二〇％の上乗せ（ただし、上乗せ後のネット賃金が従前のネット賃金の七〇％に満たない場合には、七〇％となるように更に上乗せが行われる。）を行い、かつ、高齢短時間労働に従事する者の年金保険料が従前の賃金に基づく保険料の九〇％となるように上乗せを行う場合、使用者は、これらの上乗せに必要な費用について、失業保険の保険者である連邦雇用庁（Bundesanstalt für Arbeit）からの助成を受けることができることとされた。ただし、この助成は、高齢短時間労働によって空いた職が失業者又は養成訓練修了者によって埋められることが条件となる。

イ　年金法の改正　　早期に退職し、失業手当を受給する者には、六〇歳から「失業を理由とする老齢年金」が支給されることとのバランスをとるため、早期退職をせずに二四月以上高齢短時間労働を行う者にも、従来の「失業を理由とする老齢年金」に相当する年金が支給されることとされた。ただし、この「失業を理由とする又は高齢短時間労働の後の老齢年金」についても、年金保険の負担を軽減するため、支給開始年齢が一九九七年から一九九九年までの間に六〇歳から六三歳にまで段階的に引き上げられることとされた。支給開始年齢の引上げ開始後も、引き続き六〇歳からの繰上受給が可能とされたが、この場合には繰上期間一月当たり〇・三％だけ年金額が減額される。

(2)　経済成長・雇用拡大法

①　目的

景気の低迷及び失業の大量発生は、年金財政に支出の増大と収入の減少をもたらした。一九九六年においては変動準備金を取り崩すことによりその埋合せを行うことは可能であったが、このままの状況では一九九七年以降に年金保険料率の相当の引上げが必要になると予想された。この法律は、保険料率の安定を図るために、経済成長・雇用拡大プログラムに基づき、支給開始年齢の引上げの前倒し、保険料納付に基づかない給付の縮減、リハビリテーション給付の抑制及び保険者資産の活用を目的とした改正を行うものであった。

②　主な内容

ア　支給開始年齢の引上げ　一九九二年年金改革法で定められていた老齢年金の支給開始年齢の引上げが早期かつ経過期間を短縮して実施されることになった。「女性に対する老齢年金」の支給開始年齢は、二〇〇一年から二〇一二年までに六〇歳から六五歳に段階的に引き上げられることになっていたが、これを前倒し、二〇〇〇年から二〇〇四年までの間に毎月一月ずつ引き上げられることとされた(16)(図３－１)。「長期被保険者に対する老齢年金」の支給開始年齢は、二〇〇一年から二〇〇六年までの間に六三歳から六五歳に段階的に引き上げられることになっていたが、これを前倒し、二〇〇〇年及び二〇〇一年において毎月一月ずつ引き上げられることとされた。また、年金生活円滑移行促進法により六三歳まで引き上げられることとされた「失業を理由とする又は高齢短時間労働の後の老齢年金」の支給開始年齢も、更に六五歳まで引き上げられることとされた(図3-1)。

なお、これらの年金については、引き続き六〇歳(長期被保険者の場合は六三歳)以降の繰上受給が可能とされるが、この場合には繰上期間一月当たり〇・三%だけ年金額が減額される。

イ　保険料納付に基づかない年金給付の縮減　算入期間として認められる大学等での教育期間を「一六歳以降で最長七年まで」から「一七歳以降で最長三年まで」に短縮すること、僅少労働の限度額を超える労働報酬のある学生に加入義務を課すこと、職業養成訓練期間及び失業給付を受けない失業期間についての年金法上の効果を縮小することなど、保険料納付に基づかない年金給付の縮減が行われた。

ウ　リハビリテーション給付の抑制　増大するリハビリテーション給付の費用を抑制するため、自己負担を引き上げること、入院リハビリテーションの期間を最長三週間に限定すること、給付請求の間隔を三年から四年へ拡大することなどの改正が行われた。

エ　保険者資産の活用　年金保険者の任務の遂行にとって不必要な資産を処分し、保険料率の上昇を抑えるために活用できるようにされた。

(3)　評　価

一九九六年の改正が必要となった理由は、一九九二年年金改革法による改革に問題があったというよりも、むしろ、それ以降の経済、雇用情勢の変化にあったということができる。つまり、国際的な競争環境の変化に対応して、企業の生産コスト削減に対する圧力が一層高まっており、年金保険料の追加的な削減が強く求められるようになった。一方、年金保険においては、失業の増大とそれに伴う早期年金受給の急速な拡大による負担増が保険料率の上昇をもたらすことが懸念された。そのために、年金保険における支出抑制のための更なる対策が必要となったわけである。

この改正は、保険料と年金給付との関連性の強化など、年金保険の基本的な考え方にかかわる事項を含んでいるものの、全体としてみれば、一九九二年年金改革法で既に決定されていた支給開始年齢引上げの前倒し実施や、リハビリテーション給付の抑制などによる支出抑制が中心となっており、長期的な視点に立った改革を新たに実施するものではなかった。

一九九六年の改正を巡っては、「女性に対する老齢年金」の支給開始年齢の引上げなどに関して与野党の間に激しい意見の対立が生じ、双方の妥協点が見い出せないまま連立与党のみの賛成で法案が可決・成立した。年金保険に関しては、一九五七年年金改革法以降の大きな改革は、幅広い社会的な合意に基づき行われてきたが、経済成長・雇用拡大法によりこのような伝統が打ち破られることになってしまった。これは、年金保険を巡る問題が、今まで以上に、内政上の争いの種となっていくことを意味していた。

4　一九九九年年金改革法

(1)　目的及び必要性

一九九六年の改正は、中長期的な保険料率の上昇に対しても一定の抑制効果を持つものであったが、少子高齢化の影響がより強く現れる二〇一〇年以降において年金保険料率だけで二六%にもなる事態を避けるためには、さらに長期的な対策が必要となった。このため、一九九六年の夏以降、連邦政府及び政党において、年金制度の長期的な問題について検討するための委員会が設置され議論が進められた。

その際には、年金保険の将来に関わる二つの基本的な方向を巡る議論が行われた。つまり、年金保険のシステムそのものの変更を行うのか、あるいは現行システムの枠内で必要な改正を行うのかが問題となった。システムの変更を支持する立場からは、全ての者に租税を財源として一律の給付を行う基礎年金を導入することや、財政方式を賦課方式から積立方式へ転換することが必要であると主張された。

連邦政府の年金委員会[17]（以下「委員会」という。）は、一九九六年七月以後、議論を重ね、一九九七年一月に提言を取りまとめた。委員会は次のような基本方針に立って具体的な対策を提案した[18]。

① 年金の賃金・保険料との関連性の維持

「賃金・保険料に比例した年金給付」の原則を維持する。租税を財源とした一律の基礎年金への転換は、それによって相当長期間にわたり克服しがたい問題が生じることを別にしても、貢献原則に反するとともに保険料を支払った人々の財産権[19]を没収することになるので考慮に値しない。

② 保険原理の強化

連帯原則に基づく負担調整（再分配）の機能を放棄することなく、年金保険における保険原理を強化する必要がある。あらかじめの貢献（保険料納付）と反対給付（年金給付）との関係を強調することは、年金保険が、リスクの調整という本来の機能を越えて再分配効果を発揮するために生じる負担を軽減することにつながる。

③ 賦課方式の維持

賦課方式は、政治的、経済的及び人口学的な変化に柔軟に対応することが可能である。仮に積立方式に転換するとすれば、勤労世代は、長期にわたる移行期間において、賦課方式による現行制度の財政的な負担を行うと同時に、自らの老後保障のために積立をしなければならないという二重負担が発生する。

④ 積立方式への反対

現在の年金及び年金期待権を保証するために必要な積立金の規模は一〇兆マルク(約七〇〇兆円)にものぼる。積立方式への移行により、積立金は著しく増加し、確実かつ収益を生むように運用することが可能な範囲を超え、国民経済上のゆがみを生じさせる恐れがある。また、このことは、経済的な権限の集中を防ぎ、民営化と規制緩和により国の影響力を抑制しようとする国の政策の基本的な方向にも反する。

その後、この提言を踏まえた検討が進められ、一九九七年六月には連邦政府の一九九九年年金改革法(Rentenreformgesetz 1999) 案が連邦議会に提出された。連邦政府は、一九九二年年金改革法の際と同様に政党の枠を越えた幅広い合意を得ることに努力し、年金受給者や保険料負担者に対しできるだけ早く改革内容を示せるよう、年内にも改革法案を成立させることを目標とした。同法案は、一九九七年一二月に可決・成立したが、議会における幅広い合意の成立は見なかった。それどころか、与野党が、部分的には激しく敵対する結果となってしまった。

(2)　主な内容

①　人口学的要素の導入

寿命の伸長に伴う負担の増大が保険料負担者だけでなく年金受給者によっても適切に分担される仕組みを作り出すため、年金スライドに人口学的要素が導入されることになった。これにより、各受給者の受け取る年金額が減少するのではなく、スライド率が六五歳の者に係る平均余命の伸び（一九九〇年以降）の二分の一に相当する分だけネット平均賃金の伸びよりも緩やかになり、ネット年金水準が長期的に低下することになった。ただし、平均的には、納付した保険料に対する反対給付としての年金受給額の総額が減少するわけではなく、より長期の年金受給期間に配分されることになる。

ただし、保険料を負担する側の年金保険への信頼を確保するためには、中長期的に見込まれる保険料率の上昇が抑えられるとともに、老齢保障の主柱としての年金保険の機能が維持され、国民に広く受け入れられる年金水準が確保される必要があった。この場合に、将来の年金水準を設定する上では、社会扶助の水準との関係が重要なポイントになると考えられた。なぜならば、年金給付は、強制拠出の保険料を財源として行われる給付である以上、その水準は事前の保険料拠出を伴わない社会扶助の水準との比較において納得のいくものでなければならないからである。このため、人口学的要素の導入によるネット年金水準の低下は、最低でも六四％までに止めることとされた。

② 家族政策的な措置

一九九六年三月の憲法裁判所判決を受け、子のいる家族と子のいない家族との間の負担調整機能を強化する観点から、児童養育期間の評価の引上げが行われた。従来、子を養育する親はその子の誕生から三年間は保険料を支払うことなく平均報酬の七五％の労働報酬に対応する保険料を納付したものとみなされた。この改正により、児童養育期間の評価が段階的に引き上げられ、一九九八年七月からは平均報酬の八五％、一九九九年七月からは平均報酬の九〇％、二〇〇〇年七月からは平均報酬の一〇〇％の労働報酬に対応する保険料が納付されたものとみなされることになった。

③ 稼得能力の減少を理由とする年金

職業不能又は稼得不能の状態にあるかどうかの判定は、連邦社会裁判所の判決に従い、当該被保険者の健康上の支障のみならず、労働市場の個別の状況にも依拠して行われてきた（具体的考察方法）。つまり、健康状態からみるとなお一日六ないし七時間の就労が可能な場合であっても、現実にそれに対応する短時間労働の職場がないときは、稼得不能年金が支給されることとされていた。このような仕組みでは、特に失業率の高い時期においては、本来は失業保険の対象となるべき者が稼得不能であるとして年金保険による給付を受けることになってしまう。実際、一九九五年における職業・稼得不能年金の新規受給ケースの約三分の一は労働市場の状況に関連するものであった。(20)

このため、被保険者の健康状態にのみ依拠して稼得能力の減少について判断する抽象的考察法を採用することにより、年金保険と失業保険との間の適切な役割分担が行われることとされた。また、職業不能年金及び稼得不能年金の区分についても、実施上及び法律上の様々な問題があるためこれを廃止し、一般的な労働市場における通常の条件の下で就労可能な時間によって二つの段階に区分された「稼得能力の部分的な減少を理由とする年金」（就労可能時間一日三時間以上六時間未満）及び「稼得能力の全面的な減少を理由とする年金」（就労可能時間一日三時間未満）が導入された。

また、「稼得能力の減少を理由とする年金」を六三歳よりも早期に受給する場合にも年金額を減額する仕組みが導入され、その額が繰上受給される老齢年金の額よりも高くならないような調整が行われることになった。この調整が導入された理由は、そうしなければ「稼得能力の減少を理由とする年金」が老齢年金の繰上受給に伴う年金額の減額を逃れるための抜け道になってしまう恐れがあったからである。

④　支給開始年齢の引上げ

一九九二年年金改革法及び一九九六年の改正において引上げの対象とならなかった「重度の障害がある者に対する老齢年金」の支給開始年齢（六〇歳）が、二〇〇〇年から二〇〇二年までの間に六三歳に引き上げられることとされた。

また、従来、支給開始年齢が引き上げられた老齢年金について認められてきた年金額の減額を伴う繰上受給も、一定期間の経過後は認められないこととされた。

⑤　連邦補助

この法案についての両院協議会での協議の結果、一九九八年四月以降、付加価値税率を一五％から一六％に引き上げることにより得られる収入が、労働者及び職員年金に対する追加的な連邦補助に充てられることになった。これにより、二〇・三％の水準にあった年金保険料率を一九九八年から二一％へ引き上げることが回避された。

(3)　評　価

一九九九年年金改革法は、国際的な競争の一層の進展、大量の失業者の発生などに対応し、年金保険料率の上昇を抑制するための中長期的な対応を行おうとするものであった。この法案の立案に当たっては、政府・与党内部だけでなく、様々な関連分野の専門家による議論が行われ、その結果、現行システムの変更ではなく、現行システムの基本原理である「賃金・保険料に比例した年金給付」及び賦課方式を維持しつつ、その枠内で必要な改革を行っていくことが改めて確認されたことは、今後の改革の基本方向を定める上で重要な意味を持っている。

一方、この法律の最大の問題点は、極めて対立的な議論の末に、主だった政党間での合意を見ることなしに制定されたことにある。しかも、その原因は、年金保険の将来にかかわる重要問題である年金水準のあり方を巡る意見の対立にあった。この法律による改革の中心は、人口学的要素の導入による年金水準の引下げにあったわけであるが、正にこの点において、年金水準の引下げではなく、総合的な経済、労働市場及び社会政策により雇用を拡大し保険料負担者を増加させるための長期的な対策が必要であるとする社会民主党の考え方[21]と真っ向から対立することになってしまった。

年金保険の改革が避けて通れない課題であることは、いずれの政党も認めるところであったにもかかわらず、改革の中心的な内容について合意が成立しなかったことは、その後の年金保険の改革に大きな影響を及ぼすことになった。

第二節　シュレーダー政権下の改革

1　一九九九年年金改革法の凍結

一九九八年秋に行われた連邦議会選挙の結果は、社会民主党による勝利に終わり、従来のキリスト教民主・

社会同盟及び自由民主党による連立政権に代わって、社会民主党のシュレーダー氏を首相とする社会民主党及び同盟九〇・緑の党（BÜNDNIS 90/DIE GRÜNEN）による連立政権が誕生した。新たな政権においては、両党間の連立協定[22]において合意されたとおり、老後における適切な生活水準を保障する年金保険の確立が目標とされ、その第一歩として、一九九八年一二月に「社会保険における修正及び労働者の権利の確保に関する法律」(Gesetz zu Korrekturen in der Sozialversicherung und zur Sicherung der Arbeitnehmerrechte 以下「社会保険修正法」という。）が制定された。これにより、一九九九年年金改革法において予定されていた年金水準の引下げ及び「稼得能力の減少を理由とする年金」に関する改正規定の施行は、新たな年金改革の実施が予定される二〇〇一年一月まで凍結された。

これは、いわば選挙民に対する選挙公約の実現を図ったに過ぎないものであり、少子高齢化の進展を始めとする社会・経済の構造変化によって引き起こされる問題について、一九九九年年金改革法が予定した改革に代わる具体的な案が用意されていたわけではなかった。[23]

2　「稼得能力の減少を理由とする年金」の改革

社会保険修正法により凍結された「稼得能力の減少を理由とする年金」の改革に関しては、一九九九年年金改革法により予定されていた規定に代えて、二〇〇〇年一二月に「稼得能力の減少を理由とする年金の改革に関する法律」が制定され、二〇〇一年一月から施行されることになった。この法律においては、一九九九年年金改革法と同様に、一般的な労働市場における通常の条件の下で就労可能な時間によって二つの段階がつけられた「稼得能力の減少を理由とする年金」が導入されることになったが、大量の失業が発生している労働市場の状況等を勘案して、被保険者の健康上の支障だけでなく、労働市場の個別の事情も考慮して「稼得能力の減少を理由とする年金」の支給が判断される具体的考察方法が従来どおり維持されることになった。また、これにより年金保険が労働市場のリスクを引き受けることに伴う財政的な影響を緩和するため、失業保険の保険者から年金保険の保険者に対する財政補塡が行われることになった。さらに、老齢年金を繰上受給することにより年金額が減額されることから逃れようとして「稼得能力の減少を理由とする年金」の受給が申請されることを防ぐために、一九九九年年金改革法と同様に、「稼得能力の減少を理由とする年金」を六三歳よりも早期に受給する場合の減額措置が導入された。

3　二〇〇一年の改革法

(1)　目的及び必要性

一九九九年年金改革法に代わる新政権の新たな改革法については、二〇〇〇年九月に連邦労働・社会省から議論のための案が提示され、制定に向けた議論が進められた。この改革においては、保険料率の上昇を現役世代にとって負担可能な範囲内に抑えるとともに、年金受給者にとって適切な生活水準が保障される制度を維持することが第一の目的となった。年金保険についての抜本的な改革が行われず、給付水準がそのままで維持された場合には、出生率の低下及び寿命の伸長に伴い、年金保険料率は二〇三〇年には二四％近くにまで上昇するものと見込まれた（表３－１）。このような状況に対処して、年金保険への信頼を確保するためには、保険料率が一定の水準を越えないことを現在及び将来の保険料負担者に明確に示すことが不可欠であると考えられた。一方、保険料率の上昇を抑制するために年金水準の長期的な引下げが行われることに対応し、それを補うものとして、私的老齢保障の普及を図ることが必要であると考えられた。

これらの改革と併せて、長年議論されてきた課題への対応を行うことも、この改革の目的となった。そのようなものとしては、子の養育などのために男性に比べて低い水準となっている女性の年金を改善すること、年金給付等では必要な収入が確保できないにもかかわらず社会扶助の申請を行わないために生じる「隠れた貧困」

を防止することなどが挙げられる。

この改革を行うための政府・与党の法案である老齢資産法（Altersvermögensgesetz）案は二〇〇〇年一一月に提出された。その後の連邦議会での審議の過程で、この法案は、連邦参議院の同意を要しない規定で構成される老齢資産補完法（Altersvermögensergänzungsgesetz）案及び連邦参議院の同意を要する規定で構成される老齢資産法案に分離され、最終的には、それぞれ二〇〇一年三月及び六月に成立し、二〇〇二年一月から施行されることになった。この間、この法案を巡っては多くの議論が行われたが、一九九九年年金改革法の場合と同様に、幅広い合意の成立を見ることはできなかった。

(2)　主な内容

①　年金スライド方式の変更

年金保険料率の上昇を抑制するため、年金スライド方式を変更することにより、年金水準の引下げが行われることになった。新たな年金スライドは、基本的にグロス平均賃金の伸びを基礎として行われ、そこから、年金保険料率及び老齢保障割合の変化に対応してスライド率が差し引かれることとされた。従来のネット賃金スライドとは異なり、この場合の年金保険料率の変化は、本人負担分だけでなく使用者負担分も含めて考慮されるため、保険料率の上昇によるスライド抑制効果はそれだけ大きくなる。また、老齢保障割合は、税制による奨励の対象となる私的老齢保障のための保険料の賃金に対する割合が上昇することを年金保険料率の場合と同様に年金スライドにおいて考慮したものであり、二〇〇二年から毎年〇・五パーセントポイントずつ引き上げられ、二〇〇九年には四％となる。二〇一一年以降は、グロス平均賃金の一〇〇％ではなく九〇％から年金保険料率が差し引かれるため、年金保険料率の上昇によるスライド抑制効果がより一層大きくなる。このように、年金スライド方式は、従来のネット賃金スライドから、「修正グロス賃金スライド」と呼ぶべきものに転換したこの年金スライド方式の変更により、ネット年金水準は現状の七〇％から低下することになるが、二〇三〇年においてもなお、六七％を超える水準が維持されるものと予想されている（後掲第五章表５－４）。ただし、ネット年金水準が六七％を下回る恐れがある場合には、立法府に対して適切な対策を提案することが連邦政府に義務づけられた。（後掲第五章式５－３）。

② 私的老齢保障の奨励

年金水準の引下げを埋め合わせるため、私的老齢保障の奨励が行われることになった。これにより、年金保険の強制被保険者などは、生命保険会社などが提供する私的老齢保障で、一定の要件に該当するとして認証を受けたものに加入した場合には、その保険料について税制上の控除又は加給金の支給が受けられることとされた。また、一定の企業老齢保障についても同様の奨励の対象とされた。年金水準の引下げが行われるものの、私的老齢保障による給付が行われることにより、両方を合わせた全体としての給付水準は現状よりも上昇することになると見込まれている。

③ 女性の年金

ア　考慮期間の評価　子の養育を行いながらパートタイム労働に従事する者の状況を改善するとともに、児童養育期間終了後の速やかな職場復帰を促すため、二五年以上の年金法上の期間を有する者に対し、一〇歳未満の子の養育を理由とする考慮期間における報酬点数に加算が行われることとされた。これにより、各月において納付された義務保険料に基づく報酬点数は実際の点数の一・五倍にみなされる。ただし、加算後の値は〇・〇八三三（年一・〇に相当）が限度とされる。また、一八歳未満の介護を要する子を職業としてではなく介護する期間についても同様の加算が行われることとされた。

イ　遺族年金の改正　大寡婦（夫）年金の金額が、死亡した被保険者が受け取ることができた年金額の六〇%から五五%に引き下げられた。一方、大寡婦（夫）年金を受給する者が三歳に達するまでの子を養育した期間に応じた報酬点数の加算（養育期間が通算三六月までは一月当たり〇・一〇一〇、それ以降は一月当たり〇・〇五〇五）が行われることとされた。一方、四五歳未満で、稼得能力の減少がなく、かつ、子を養育していない寡婦（夫）に支給される小寡婦（夫）年金の支給期間が二四月に限定された。その理由は、それらの者は、この経過期間終了後には、生計を自ら維持することが可能であると考えられたためである。

さらに、遺族年金から差し引かれる収入の範囲が、資産収入、利子収入、企業年金給付、私的年金給付など、稼得収入及びそれを代替する公法上の給付以外の収入にも拡大された。

ウ　年金分割　遺族年金に代わる選択肢として、離婚時だけでなく、夫婦の間でも年金期待権の分割を行うことが認められた。夫婦間の年金分割が認められるのは、夫婦ともに老齢年金の請求権を取得したときなどとされた。また、夫婦のどちらか一方が死亡した場合には、残された者に直ちに年金分割を行うことが認められた。ただし、いずれの場合にも、夫婦ともに、あるいは残された者が、年金分割を請求する権利が発生する時点で二五年以上の年金法上の期間を有することが要件とされた。

年金分割は、夫婦が共同で、あるいは残された者が単独で、年金保険者に意思表示を行うことにより実施される。年金分割により、婚姻締結時から分割請求権発生時までの間に夫婦それぞれが獲得した年金保険の報酬点数の差の二分の一がより多くの報酬点数を獲得した者から他方の者に移し替えられる。これによって、その期間に獲得した報酬点数がより小さい者は、配偶者による扶養又は遺族年金に代わって、自らの固有の年金の受給を選択することが可能となった。

④　基礎保障の導入

高齢者又は稼得能力の減少が継続する者であって、年金給付などでは必要な収入が確保できないものが、子又は親による扶養が求められることを恐れて社会扶助の申請を行わないためにいわゆる「隠れた貧困」に陥ることを防止するため、年金保険とは独立した新たな制度として基礎保障が導入された。

基礎保障は、対象者が自分自身の収入や資産では最低限度の生活を維持するための基礎的な需要が満たせない場合に、社会扶助に相当する給付を行うものであるが、社会扶助の場合とは異なり、子又は親の収入が一定限度を超えない限りは、子又は親による扶養が求められない。

この基礎保障は、年金保険者ではなく、郡及び市により実施され、それに必要な費用は一般的な租税収入により賄われる。

4　その他の改正

①　就労形態の多様化への対応

年金保険は、生涯にわたってフルタイム労働を行う被用者を前提に制度が構築されている。しかしながら、近年においては、このような伝統的な就労形態に代わって、パートタイム労働、僅少労働、新たな形態の自営業など多様な就労形態が出現している。このような多様な就労が年金保険の対象にならないために、被保険者期間が中断され、年金による老後生活の保障が十分に機能しないことや、そのような就労形態をとることにより年金保険料の負担を免れようとすることを防止するため、強制被保険者の範囲の見直しなどが行われた。具体的には、僅少労働に係る使用者保険料の導入、「見かけ上の自営業者」及び「被用者に類似した自営業者」への年金保険の適用関係に関する改正が行われた。

②　連邦補助の拡大

一九九九年に導入されたいわゆる環境税を基に、労働者及び職員年金の財政に対して追加的な連邦補助の上乗せなどが行われることになった。

以上のことから、前政権下での改革との比較におけるシュレーダー政権下での改革の特徴として、次の点を挙げることができる（表3－2）。

5　前政権下での改革との比較

まず、改革の目的及び必要性については、両者の間での多くの共通点を見い出すことができる。年金保険にとって、寿命の伸長及び出生率の低下による少子高齢化の進展は極めて重大な影響をもたらすものであり、それに対する対応を行うことが最大の政策課題となっている。それに加えて、教育期間の長期化及び早期年金受給の増加など将来の年金財政の負担増につながる変化が進展している。このような変化がもたらす負担増を保険料率の引上げにより賄うことは、既に高水準にある賃金付随コストを更に上昇させ、国際的な競争の中でのドイツの立場を弱め、国内雇用を減少させることが懸念されている。一方、年金水準の大幅な引下げを行うことは、老後における適切な生活水準の保障を目的とする年金保険が本来の使命を果たせないことになる恐れがある。このような状況に直面し、いずれの政権においても、保険料率の上昇を抑制するとともに、将来においても適切な生活水準が保障される給付を確保することが改革の中心的な目的となっている。

年金保険の改革について考えるに当たっては、その方向として、現行の年金保険システムの枠内で必要な改革を行うのか、あるいは、システムそのものの変更を行うのかが問題となる。このように基本問題を巡っては、長年にわたり議論が行われてきたが、いずれの政権下の改革においても、租税を財源として全ての者に一律の給付を行う基礎年金を導入することや年金保険の財政方式を賦課方式から積立方式に転換することなどの提案は、現実的な改革の選択肢とは考えられていない。つまり、現実の改革においては、「賃金・保険料に比例した年金給付」の原則や賦課方式の財政方式など、従来から確立されている基本原理の上に立って、年金保険を将来においても確固たる制度とすることが目的となっている。

このような目的を達成するための方策についても、少子高齢化などがもたらす負担増を保険料負担者にだけ

第二節　シュレーダー政権下の改革

(表3－2) 前政権下と現政権下（シュレーダー政権）における改革の比較

項目	前政権	現政権
目的	保険料率上昇の抑制 適切な生活水準の保障	保険料率上昇の抑制 適切な生活水準の保障
基本的方向	現行制度の枠内での改革 ・賃金・保険料に比例した年金給付 ・賦課方式	現行制度の枠内での改革 ・賃金・保険料に比例した年金給付 ・賦課方式
年金水準	人口学的要素により64％まで引下げ	修正グロス賃金スライドにより67％まで引下げ
保険料率 (2030年)	23.5％ (1999年改革後)	22.0％ (2001年改革後)
私的老齢保障	—	税制上の奨励
支給開始年齢	65歳に段階的に引上げ	引上げを維持
連邦補助	賃金上昇に保険料率上昇を加味した引上げ方式，付加価値税による「追加的な連邦補助」の導入	環境税による「追加的な連邦補助」の上乗せなど
女性の年金	児童養育期間の拡充など	児童養育期間の拡充など 遺族年金の改正 夫婦間の年金分割の導入
就労形態の変化への対応	高齢短時間労働の促進，部分年金の導入	僅少労働，「見かけ上の自営業者」，「被用者に類似した自営業者」についての保険料賦課及び保険加入義務の見直し
稼得能力減少年金	二段階の稼得能力減少年金 抽象的考察方法への転換	二段階の稼得能力減少年金 具体的考察方法の維持

負わせるのではなく、年金受給者及び連邦によっても適切に分担される仕組みを作り出そうとする点において、両者は共通性を有している。ただし、一九九九年年金改革法の制定の際に見られたように、ネット賃金スライドに人口学的要素を導入することにより、ネット年金水準を引き下げ年金受給者に一層の負担を求めることについては、与野党間での大きな意見の対立が見られた。そのことが、政権交代直後に、同法に基づく改正規定が施行前に凍結されることにもつながった。しかしながら、前政権における改革に代わるものとして制定された二〇〇一年の改革法においても、結局は、改めてネット年金水準の引き下げが規定されることとなった。これは、現在の年金保険を取り巻く厳しい状況の下では、保険料率の上昇を抑えるための年金水準の引下げはどうしても避けて通れないものになっていることを端的に示している。

前政権下における改革との大きな違いは、この年金水準の引下げを補うものとして、積立方式による私的老齢保障の普及を強力に推進することを打ち出した点にある。これが予定通りに進めば、年金保険と私的老齢保障による給付を合わせた全体としての給付水準はむしろ現状よりも上昇すると期待されている。このことは、老齢保障における年金保険と私的老齢保障のバランスがその分だけ変化することを意味している。しかしながら、年金水準の引下げにより、現役時代の生活水準に見合った適切な水準の生活を保障するという年金保険の目的が放棄され、年金が老齢等により減少する収入を補完するに過ぎないものとなったわけではない。年金水準については、あくまでも、保険料率の上昇が抑制されるとともに、適切な老後生活の水準が保障され、社会扶助の水準との関係からも納得の得られる範囲内での見直しが行われた結果、このように引き下げられることになったわけである。したがって、これをもって、ドイツにおける老齢保障の中心的な柱としての年金保険の位置づけが根本的に変化したということはできない。

保険料率の上昇を抑制するための対策として、前政権下の改革では、人口学的要素の導入のほかに、老齢年金支給開始年齢の引上げや連邦補助の引上げが行われた。二〇〇一年の改革では、老齢年金支給開始年齢の更なる引上げは行われなかったが、これは、大量の失業者が発生している労働市場の現状に配慮したものであり、それが将来にわたって排除されたとみるべきではない。また、連邦補助については、前政権下で導入された追加的な連邦補助に、更に上乗せが行われるなど、拡充を図る方向が継続している。同盟九〇・緑の党が加わっている現政権の性格が現れているのは、そのための財源として環境税が用いられていることにある。これによって、エネルギー消費の抑制による環境保護と賃金付随コストの削減による雇用拡大という二つの目的が同時に追求されている。

女性の年金の改善及び労働市場の変化への対応という面では、現政権下の改革において大きな進展が見られた。前政権下でも、児童養育期間の延長及び評価の引上げ、早期の引退及び年金受給の増加に対応した対策などが行われてきたが、現政権下では、家族構造の変化（女性の就労機会の増加、夫婦間の関係の変化など）及び就労形態の多様化（パートタイム労働、僅少労働の増加など）に対する年金保険における対応が一層本格的に進められた。

両政権での政策の違いが顕著に現れているのは、「稼得能力の減少を理由とする年金」の改革及び基礎保障の導入にある。これらに関しては、現政権下では、現状の厳しい雇用情勢の下で稼得能力の減少した被保険者が置かれた状況や、受給できる年金額が最低生活水準に満たないにもかかわらず社会扶助を受けようとしない者の存在に、より配慮した改革が行われている。

以上のように、両政権の下で現実に行われた改革を見る限りにおいて、基本的な方向性において大きな違いが見出されるわけではない。しかしながら、個別の改革法の制定過程では、両者の意見が鋭く対立し、最後まで合意を見ないままに法案が成立する事態が発生している。年金保険のように長期間の保険料拠出に基づき給付を受けるような制度においては、制度に対する被保険者の信頼感を確保することが極めて重要であると考えられる。このような観点からは、政権交代が行われるたびに前政権の政策を打ち消すような法律改正が行われることは、決して好ましいものとはいえない。

（1）Verband Deutscher Rentenversicherungsträger, Zur langfristigen Entwicklung der gesetzlichen Rentenversicherung, 1987.
（2）自由民主党の元党首であったバンゲマン氏による提案（Bangemann-Modell）が代表的なものである。
（3）連邦議会選挙が行われてから次の連邦議会選挙が行われるまでの期間（通常は四年間）をいう。
（4）BT-Drucksache 11/4124.
（5）この改正に先行して、一九九〇年には三億マルク、一九九一年には二三億マルクの連邦補助の増額が行われるとともに、児童養育期間に関連した支出についての連邦の負担（一九九一年四八億）が連邦補助に組み込まれた。
（6）四五年間平均報酬に相当する労働報酬を得て就労した者が受給する通常の老齢年金をいう。
（7）この措置は、「稼得能力の減少を理由とする年金」の受給に必要な「直近五年間に三年以上の義務保険料納付期間を有する」との要件を満たすことに貢献する。
（8）職業としてではなく行われる介護に関し任意保険料を義務保険料とみなす措置及び考慮期間を認めることは、介護保険法（社会法典第一一編）の施行に伴い、職業としてではなく在宅の要介護者を週一四時間以上介護する期間にある者が、年金保険の強制被保険者とされ、その者のために介護保険が年金保険の保険料を負担することに変更された。
（9）Frerich J./Frey M., a.a.O., S.53.
（10）ibid., S.54.
（11）Ruland F., a.a.O., S.30.
（12）このプログラムの詳細については、松本勝明「経済・社会システムの構造改革」古瀬徹・塩野谷祐一編『先進諸国の社会保障④ドイツ』東京大学出版会一九九九年三〇五頁以下を参照されたい。
（13）男性の新規老齢年金受給者に占める「失業を理由とする老齢年金」受給者の割合は、一九九二年の約二一%から一九九四年には四〇%にまで上昇した。また、絶対数では四万七、〇〇〇人から一九万人に増加した。一〇万人の被用者が五八歳から二年間失業給付を受給し、「長期被保険者に係る老齢年金」の支給開始年齢である六三歳の代わりに六〇歳から「失業を理由とする老齢年金」を受給した場合には、失業保険に九二億マルク、年金保険に一二七億マルクの負担増が生じた（BT-Druksache 13/4336, S. 14）。

(14)　具体的な時間の割振りは法律上定められていないので、毎日の労働時間を半分にするか、一週間の労働日を半分にするかなどの選択が可能である。

(15)　この二〇%の上乗せ分には税・社会保険料が賦課されないので、上乗せ後の賃金は通常は従前のネット賃金の七〇%に達するものと考えられる。さらに上乗せが必要となるのは、賃金が低く税・社会保険料の割合が小さい階層である（Presse- und Informationsamt der Bundesregierung, Sozialpolitische Umschau, 25/1996, S. 16）。

(16)　当初の法律案では一九九七年から二〇〇一年までの間に毎月一ヵ月ずつ引き上げることになっていた。しかしながら、このように早急な実施は、被保険者の期待保護の観点から基本法に抵触するとの議論があり、連邦議会の審議の過程で実施時期の修正が行われた（Süddeutsche Zeitung Nr.133 vom 12. Juni 1996, Nr.134 vom 13. Juni 1996, BR-Drucksache 459/96）。

(17)　この委員会は、ブリューム労働・社会大臣を委員長とし、関係審議会メンバー、年金保険者の代表者、経済・財政学者等の一五名の専門家から構成された。

(18)　この提案の内容等は、田中耕太郎「ドイツの経済構造改革の中での年金制度改革を巡る動向とその将来像」山口県立大学社会福祉学部紀要第三号（一九九七年三月）に詳しく報告されている。

(19)　連邦憲法裁判所は、一九八五年の判決（E69, 272）において、基本法第一四条第一項に基づく財産権保護の対象となるためには、排他的権利として、個人の利用のために権利者に属している財産的価値のある法的地位であることが前提条件になるとしている。また、この地位は、被保険者自身の少なからぬ固有の貢献に基づき、かつ、その者の生存を確保するために用いられる場合には、財産権保護の下に置かれるとしており、保険料を負担することにより獲得される年金給付に対する期待権は財産権保護のもとに置かれる。

(20) Presse- und Informationsamt der Bundesregierung, Renten sichern, S.4.

(21) SPD, Strukturreform statt Leistungskürzung 4.Mai 1997, S. 4.

(22) Koalitionsvereinbarung zwischen der Sozialdemokratischen Partei Deutschlands und Bündnis 90/Die Grünen vom 20. Oktober 1998, VI. Soziale Sicherheit und Modernisierung des Sozialstaates.

(23) Reinhard H.-J., Demographischer Wandel und Alterssicherung in Deutschland, in : Reinhard H.-J. (Hrsg.), Demographischer Wandel und Alterssicherung, Baden-Baden 2001, S.37.

第四章　財政問題

ドイツの年金保険は、他の先進諸国と同様に大きな財政問題に直面している。年金保険の保険料率は、少子高齢化などの影響により、将来にわたって上昇していくものと予想されている。保険料率が上昇することは、国際的にみても既に高い水準にある賃金付随コストを更に上昇させ、ドイツ経済の国際競争力を弱め、国内雇用を減少させる恐れがあると考えられている。また、世代間の公平な負担の観点からも、このような年金財政の負担増を保険料負担者にだけ負わせることは決して認められない。このため、年金財政の収支均衡を維持し、保険料率の安定を確保することは、年金保険に関する政策の最重要課題となっている。

この章では、このような財政問題をもたらしている要因を分析し、今後予想される保険料率の上昇を抑制するための方策について検討を行う。

第一節　年金財政の基本構造

1　財政方式

年金保険の財政方式としては、社会法典第六編第一五三条第一項に基づき、いわゆる賦課方式が採用されている。同項の規定によれば、年金保険における各暦年の支出は、その年の収入により賄われなければならないこととされている。労働者及び職員年金の保険料率は、毎年、連邦補助を含めた年間の収入によって、その年に予想される年金給付費その他の支出が賄われるとともに、その年の末に所要の変動準備金が維持できる水準に設定される（同編第一五八条第一項）。したがって、積立方式の場合のような将来の年金給付の財源に充てるための積立金は存在せず、保険者には、短期的な流動性資金の不足に備えるために、一月分の支出の五〇％に相当する変動準備金（Schwankungsreserve）の保有が義務づけられているにすぎない。一方、鉱夫年金の保険料率は、その財政収支の状況にかかわりなく、労働者及び職員年金の保険料率の改定率に応じて改定される。このために鉱夫年金に発生する収支差は連邦補助によって補塡される。

このような賦課方式の年金保険の下では、それぞれの時代において、高齢者世代の所得は現役世代の所得の一部を移転することによって確保されることになる。この方式の基礎には、今日の被保険者は、その労働報酬などの収入から徴収される保険料により現在の年金給付のための費用を負担するのと引き換えに、自らの老後において将来の現役世代の負担に基づく年金給付を求める権利を獲得するという世代間契約の考え方が存在する。つまり、保険料負担者は、自分が将来に受け取る年金のための費用を負担しているのではなく、現在の年金給付のために保険料を支払っている。しかしながら、保険料を支払った者は、将来において年金給付を求める権利を手に入れることができるわけである。

保険料納付の反対給付としての年金給付の請求権及び期待権については、連邦憲法裁判所（Bundesverfassungsgericht）の判決において、基本法第一四条に定める財産権保護の対象になるとされている。この権利は、絶対的な金額として存在するのではなく、相対的な価値としてのみ存在する。つまり、賦課方式の年金保険においては、一定の年金額又は年金水準についての権利が存在するわけではなく、その時々の現役世代からの拠出に対して、それぞれが負担した保険料の相対価値に応じた配分を求める権利が存在する。（1）

2　収入

(1) 保険料

年金保険は、社会保険の仕組みに基づくものであり、その収入の大部分は保険料収入によって占められている。保険料収入は、二〇〇一年で一、六五〇億ユーロとなっており、年金保険の収入全体の七五%を占めている（表4－1）。被用者である強制被保険者の場合の保険料は、保険料算定限度額までのグロス労働報酬に保険料率を乗じて得られる額であり、被保険者及び使用者により折半負担される。労働報酬のうち保険料算定限度額を超える部分は、保険料賦課の対象にならないため、労働報酬が保険料算定限度額を超える者[2]は、労働報酬が低い者に比べて、労働報酬に対する保険料の割合が相対的に小さくなる。もちろん、年金額の算定においても、保険料算定限度額以下の労働報酬だけが考慮されるので、保険料算定限度額は、年金額に対しても一定の上限を設ける効果を持つ。このことは、労働報酬が保険料算定限度額を超える者に私的老齢保障への加入を促すとともに企業老齢保障（企業年金）が導入される誘因にもなっている。

（表4－1） 年金保険の収支（2001年）

（単位：10億ユーロ）

年金保険計		労働者年金	職員年金	鉱夫年金
保険料	165	68	96	1
連邦補助	53	38	8	7
その他	2	0	2	0
財政調整		8		△6
収入計	220	114	106	14
年金給付	196	97	86	12
医療・介護保険料	15	7	6	1
リハビリテーション	5	3	2	0
その他	4	3	2	1
財政調整		△4	8＋△2	
支出計	220	114	106	14

資料：Verband Deutscher Rentenversicherungsträger, Rentenversicherung in Zeitreihen, Ausgabe 2002 を基に作成。

注：矢印は，財政調整による移転を示したものである。

(2) 連邦補助

年金保険の財政は、医療保険や介護保険の場合とは異なり、保険料のほかに、租税を財源と

（表４－２）　年金保険財政収入（1995年以降）

（単位：100万ユーロ）

年	収入計	保険料	連邦補助	追加的な連邦補助
1995	179,303	139,921	37,470	—
1996	188,014	146,160	39,454	—
1997	197,240	153,658	42,229	—
1998	204,286	153,763	44,306	4,908
1999	211,848	160,506	41,846	7,976
2000	214,566	163,367	40,717	9,078
2001	220,320	164,695	41,165	12,177

追加的連邦補助(付加価値税率1%)

追加的連邦補助の上乗せ(環境税)

資料：表４－１と同じ。

する連邦補助によって賄われている。連邦補助は、年金保険において、本来は社会全体が担うべき責務が果たされていることに配慮したものである。このような責務としては、例えば、保険料が支払われていない兵役期間に対応する年金のような戦争の結果発生する負担や、児童養育期間に対応する年金のような家族間の負担調整のための負担などが挙げられる。因みに、ドイツ年金保険者連盟のルーラント教授の推計によると、労働者及び職員年金において、一九九三年では、連邦補助額が約五〇〇億マルクであったのに対して、保険料納付に基づかない年金給付の総額は約八五〇億マルクとなっており、現実には連邦補助によりそのような給付のための費用が全て賄われているというわけではない(3)。連邦補助の金額は、一九九二年以降、少子高齢化の進展により増加する年金財政の負担を保険料負担者、年金受給者及び連邦の三者で適切に分担するため、賃金水準だけではなく、保険料率の上昇も考慮して改定されており、二〇〇一年では総額四一二億ユーロとなっている。

このような通常の連邦補助に加え、一九九八年には付加価値税率一%に相当する追加的な連邦補助が行われることになり、さらに、二〇〇〇年には環境税収入の一部を財源として追加的な連邦補助への上乗せが行われることになった（表4-2）。これらの補助は、賃金付随コストを抑制することにより、国際競争の中でのドイツ経済の立場を強化し、国内雇用を拡大する観点から、少子高齢化の進展などに伴う保険料率の上昇を抑えるために必要と考えられたものである。

この結果、現状では、以上の三種類の連邦補助に、連邦鉱夫組合に対する赤字補填のための補助を加えた四種類の連邦補助が存在し（図4－1）、それぞれ異なった考え方で金額の改定等が行われている。

3　支出

年金保険の支出の太宗を占めているのは、もちろん、年金給付費である。年金給付費は、二〇〇一年で一九六〇億ユーロとなっており、支出総額のほぼ九割を占めている。このため、年金保険の支出は、この年金給付費の動向により大きく左右されることになる。このほかの支出としては、年金受給者の医療保険及び介護保険のための保険料負担、リハビリテーション給付費、事務費などがある。年金財政に年金受給者の医療保険及び介護保険のための保険料負担が生じる理由は、医療保険及び介護保険において年金受給者は強制被保険者となっており、年金額に保険料率を乗じて得られた保険料額を年金受給者と年金保険者が折半で負担する仕組みとなっているためである。

年金給付費の国民総生産に対する割合（旧西独地域）をみると、この割合は過去数十年間で必ずしも大きく上昇しているわけではない。すなわち、一九七五年の

（図4－1）　連邦から年金保険への支払い

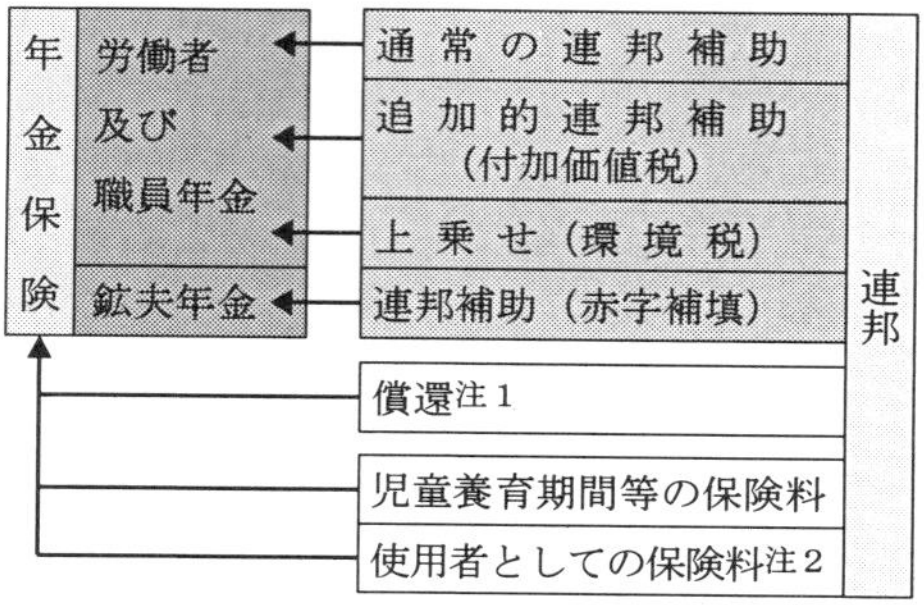

（注1）　連邦は、東西ドイツの再統一に伴う一定の給付に要する費用などを年金保険者に補填している。

（注2）　連邦が官吏に該当しない公務労働者の使用者として負担する年金保険料。

資料：Henke K.-D./Schmähl W., Finanzierungsverflechtung in der Sozialen Sicherung, Baden-Baden 2001 に基づき作成。

九・八％から、一九七七年には一〇・五％に上昇したが、反対に一九九四年には九・一％へと低下した。つまり、年金保険は、その大きな給付費の規模により、国民経済全体から見ても重要な意味を持っているが、その支出額が経済全般の拡大と比較して突出した伸びを示しているわけではない(4)。

4　財政調整

年金保険は、複数の保険者によって運営されている。その主なものは、労働者年金の保険者で全国に二二存在する州保険庁、職員年金の保険者である連邦職員保険庁及び鉱夫年金の保険者である連邦鉱夫組合である。年金保険の被保険者は、その者が社会保険法上、職員及び労働者のいずれに分類されるか、あるいは鉱山業務に従事するか、さらに、労働者の場合には、いずれの地域に居住するかによって、その所属する保険者が定められる。このため、就労状況が変われば、各保険者への被保険者の加入状況も変化することになる。しかも、保険料負担者が同時に給付受給者となる医療保険の場合とは異なり、年金保険の場合には保険料負担と給付受給との間に時間的なずれがある。このため、就労状況の変化は、各保険者における年金受給者の保険料負担者に対する割合などを変化させることにつながる。

賦課方式を採用している年金保険の下では、各保険者において、保険料負担者に対する年金受給者の割合や平均年金額に対する平均賃金の割合が変化することは、それぞれの保険者の財政に大きな影響を及ぼすことになる。労働者及び職員年金では、各保険者に共通の給付法と保険料率が適用されているが、各保険者における年金受給者の保険料負担者に対する割合、平均賃金及び平均年金額が異なるため、保険者によって赤字または黒字が発生することになる。このような状況に鑑み、保険者間の財政調整が実施され、就労状況、賃金構造、年金額などの違いが個々の保険者の財政に与える影響が緩和されている（表4－1・図4－2）。

労働者年金の保険者である州保険庁の間では、地域的な格差を調整するため、全保険者の年金給付等のため

(図4－2)　年金保険者間の財政調整

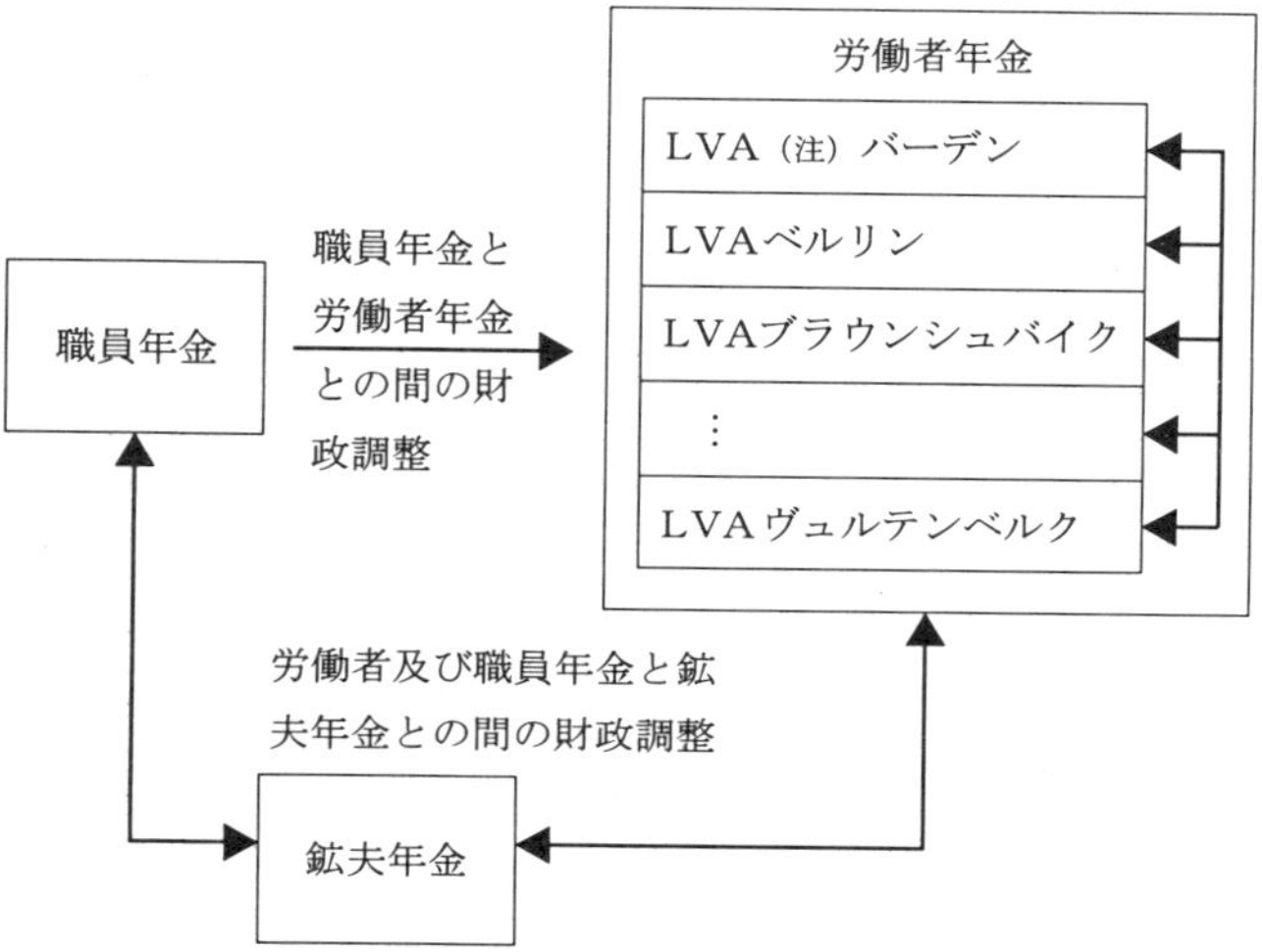

(注)　ＬＶＡは州保険庁（Landesversicherungsanstalt）
資料：図4－1と同じ。

の支出が各保険者の保険料収入に応じて分担される共同負担方式（Gemeinlastverfahren）が採用されている。この場合、労働者年金に対する連邦補助は、保険料収入に応じて各保険者に配分される。

また、職員年金と労働者年金との間では、就労状況の変化に伴い、職員年金の被保険者が増加する一方で、労働者年金の被保険者が減少していることに対応した財政調整が行われている。これにより、年末において州保険庁の変動準備金の合計額が一月分の平均支出額の合計額の二五％に満たない場合には、職員年金の保険者である連邦職員保険庁が不足分の補塡を行うこととされている。

さらに、労働者及び職員年金の保険者と連邦鉱夫組合との間でも、被保険者が鉱夫年金から労働者及び職員年金に移動することによる保険料収入の減少などに対応し、労働者及び職員年金の保険者から連邦鉱夫組合への財政移転が行われている。

第二節　財政方式の変遷

1　年金保険の成立から第二次世界大戦終了まで

年金財政に関しては、一八八九年に制定された障害・老齢保険法による年金保険の成立から今日に至るまで、被保険者及び使用者の負担する保険料だけでなく、国からの補助によっても賄われる混合財政方式がとられている点に大きな特徴がある。また、保険料の負担割合も、当初から、被保険者と使用者による折半負担となっていた。(5) 一方、財政方式に関しては、この間に相反する方向への動きを含め、大きな変化が見られた。

まず、年金保険の成立時には、民間保険の手法に準じて、積立方式を志向した財政方式が採用された。具体的には、一〇年間の期間における事務費、準備金、保険料還付及びこの期間に支給が認められると予想される年金の年金現価をカバーできる水準に保険料が定められることとされた。実際には、最初の一〇年間は、保険料収入に対して支出がわずかな額に止まったため、年金保険者は、この最初の一〇年間の終わりには、給付費支出の一〇年分以上に相当する資産を保有することになった。

一九〇〇年から施行された障害保険法により、年金保険の財政方式は、それまで以上に積立方式の方向に向かうことになった。すなわち、単にそれぞれの時期に見込まれる分だけでなく、全ての年金の年金現価をカバーできる水準に保険料が定められる期待権充足方式がとられることになった。これにより、一九一三年には、年金保険者の総資産額は、給付費支出の一四年分を超える二七〇億マルクにまで拡大した。

しかしながら、第一次大戦後のインフレーションは、このような資産の価値を大きく減価させることになった。同時に、通貨価値の減少に対応して、極めて大幅な年金額の引上げ及び年金加給金の支払いが必要になった。年金のための資金が十分に調達できないため、一九二一年には、援助を必要とする年金受給者に対し、公費による援助給付が行われることになった。このような状況を背景として、年金保険の財政方式は、五年間に見込まれる年金給付費を基に保険料を算定する方式へと改められ、賦課方式の方向に踏み出すことになった。

年金財政は、一九二〇年代においてとりあえずの安定を取り戻したが、一九二九年に始まった世界恐慌による賃金の低下と大量失業の発生が保険料収入を急激に減少させたため、再び、大きな困難に直面することになった。ナチスが権力を掌握した一九三三年の年金保険の純資産額は、一二億ライヒスマルクで、保険計算上の全ての期待権に対応する資産額には一九〇億ライヒスマルクも不足していた。それにもかかわらず、ナチスの意向に沿って、年金財政は再び積立方式に変更された。このような資産額の不足を補うため、帝国補助の拡大と保険料率の引上げが予定されたが、保険料率の引上げは、当面、行われなかった。その後の雇用情勢の回復に伴い、年金保険においても、財政状況は好転し、純資産額は一九三九年末までに四〇億ライヒスマルクを超える水準となった。戦費調達のため、一九三八年以降、年金保険者は資産の半分以上を国債で保有することが義務づけられた。第二次世界大戦の終了時点では、年金保険者の資産のおよそ四分の三が国債に投資されていたが、これらはナチスによる第三帝国の崩壊とともに無価値のものになってしまった。

以上のように、戦前の年金財政については、積立方式の方向を目指した努力が行われてきたが、社会・経済の大規模な変動や政治的な介入の前に、三〇年の間に三度にもわたって崩壊した。

2　一九五七年年金改革法以降

一九五七年年金改革法においては、事実上既に存在していなかった積立方式からの最終的な決別がなされ、世代間契約の考え方に基づく賦課方式への転換が行われた。この考え方に沿って、具体的には、いわゆる期間充足方式が導入された。この方式においては、一〇年間を単位として、その期間の保険料その他の収入で、その期間に生じる給付が賄え、かつ、その期間の末に最終年の年間支出に相当する準備金が残るような水準で、保険料率が設定された。一九五七年には一四％の保険料率が設定され、その後の一〇年間、保険料率を引き上げることなく、全ての支出を行った上で、なお、一九六六年末には一年分の支出に相当する準備金を保有することができた。

しかしながら、この一〇年間の終了とともに、ドイツ経済が戦後初の不況に陥る一方で、一九七〇年代には人口構成の変化により、保険料負担者に対する年金受給者の割合が増加することが予想されたために、この方式を続けた場合には、次の一〇年間に適用する保険料率を一気に引き上げなければならなかった。このような状況を背景として、財政方式の変更が行われ、一九六九年以降、保険料率は、各年の収入で、当該年の支出が賄える水準で設定されることとされ、準備金は、収入・支出の変動による短期的な流動性資金の不足に備えるためにのみ保有される本来の賦課方式に移行することになった。この結果、保険料率は、一九六九年には一六％、一九七〇年には一七％へと引き上げられた。

その後、この方式自体に大きな変更はないが、この準備金の最低水準については、引下げが行われてきている。すなわち、一九六九年には三月分の支出に相当する金額されたが、その後、一九七七年には一月分の支出に相当する金額に、二〇〇二年には一月分の支出の八〇％に相当する金額に引き下げられた。さらに、二〇〇三年からは、一月分の支出の五〇％に相当する金額に引き下げられた。

第三節　年金財政に影響を及ぼす要因

いうまでもなく、財政問題は、収入と支出の均衡が取れなくなった場合に発生する。連邦財政から直接支出される官吏恩給の場合とは異なり、年金保険の場合には、保険料収入及び連邦補助により賄われる独立した財政となっているため、収支の不均衡は財政赤字として明確に現れる。この不均衡は、過去において繰り返し行われてきたように、保険料率を引き上げることにより解消することが可能である。しかしながら、保険料率を現状から更に引き上げることは、国際的に見て既に高い水準にあるドイツの賃金付随コストを一層上昇させることにより、国際競争の中でのドイツ経済の競争力を低下させ、国内雇用を減少させることが危惧されている。また、世代間の負担の公平の観点からも、保険料率の上昇を抑制することが求められている。したがって、年金財政においては、保険料率の水準を維持しつつ、いかにして収支の均衡を保つかが問題となる。

このような課題について検討するためには、まず、年金財政の収入及び支出に影響を及ぼす要因についての分析が必要となる。年金財政は、前述のような賦課方式を採用しており、短期的な変動に備えるための僅かな準備金を保有しているにすぎない。したがって、年金財政の収入には、保険料収入と連邦補助の変化が直接的な影響を与えることになる。保険料の中心になるのは、保険加入義務のある就労に関して、労働報酬を基礎として賦課される保険料である。したがって、保険料収入の額は、所与の保険料率の下では、主として保険加入義務のある就労を行う者の数及びその平均労働報酬額により決定される。さらに、平均労働報酬額は、時間当たりの報酬額と平均労働時間によって左右される。このため、保険加入義務のある就労を行う者の数並びに賃金水準及び労働時間に影響を及ぼすような就労状況等の変化が保険料収入の額に直接的な影響を与える（表4－3）。

一方、年金財政の支出は、主として年金給付費による影響を受ける。年金給付費は、年金受給者数及びその平均年金額により決定される。個々の年金受給者が受け取る年金の額は、個人報酬点数に年金種別係数及び年金現在価値を掛けたものである。この場合、個人報酬点数は、各被保険者の納付した保険料の基礎となる労働報酬の額に基づき計算される。また、老齢年金を本来の支給開始年齢よりも繰り上げ又は繰り下げて受給する場合には、その期間に応じた個人報酬点数の増減が行われる。また、年金現在価値は、全ての年金に統一的に適用される値であり、年金スライドにより、賃金上昇率等に応じて年々改定される。このため、年金給付費に

（表４－３）　年金財政に影響を及ぼす要因

保険料収入	保険加入義務のある就労者数	・人口構成（現役世代の割合） ・就労状況（教育期間の長さ，女性の就労率，退職年齢） ・保険加入義務のある就労の範囲（保険加入義務のない就労を行っている者の数，保険加入義務のない就労に移動する者の数，自営業の範囲） ・雇用水準（雇用数，失業者数，ワークシェアリングの状況） ・ヤミ就労を含む保険料納付への抵抗
	平均労働報酬額	・就労者１人当たり平均労働時間（フルタイム及びパートタイム労働の割合） ・時間当たり労働報酬額
年金給付費	年金受給者数	・人口構成（高齢者世代の割合），平均寿命 ・支給開始年齢 ・年金の受給要件(年金受給に必要な保険料納付期間など)
	平均年金額	・個人報酬点数（被保険者期間の長さ，労働報酬の水準など） ・受給開始係数（実際に受給を開始する年齢） ・年金現在価値（スライド率） ・年金額の算定方式

対しては、高齢者数の増加や平均寿命の伸長などの年金受給者数に影響を及ぼす要因のほかに、現役時代の就労状況、年金の受給を開始する年齢、スライド率などが直接的な影響を持つ（表４－３）。

年金財政の収支に影響を与えるこれらの要因のうち、「平均年金額」は、年金スライドが行われることを通じて、「平均労働報酬額」の上昇に応じて増加する。したがって、年金財政の均衡を維持する上で特に重要な意味を持つのは、残された要因である「保険加入義務のある就労者数」と「年金受給者数」が相対的にどう変化するかにある。これには、出生、死亡、移民などの人口学的な変化だけでなく、雇用者数、失業者数などの労働市場の状況が大きくかかわっている。また、人口学的な変化と労働市場の状況は、互いに影響を及ぼしあうものである。

ドイツにおいても、出生率の低下と平均

寿命の伸長による少子高齢化の進展が、現役世代に対する高齢者世代の割合を更に上昇させるものと予想されている。このような傾向は、二〇一〇年ないしは一五年頃から顕著になり、特に二〇二〇年から二〇三〇年の間は、この割合が急激に上昇すると見込まれている。しかしながら、この割合の変化と、保険加入義務のある就労者に対する年金受給者の割合（年金受給者割合）の変化とは必ずしも同一視すべきではない。なぜならば、年金受給者割合の場合に問題となるのは、現役世代及び高齢者世代の数ではなく、実際に保険加入義務のある就労を行う者及び年金を受給する者の数だからである。このため、年金受給者割合の上昇は、純粋な人口構成の変化よりも緩やかなものになる可能がある。例えば、旧西独地域では、女性が就労する割合は国際的にみて依然として低い状況にある。女性の就労意欲は高まってきていることから、女性の就労機会の拡大や、就労と家庭との両立を妨げる問題の解決が進めば、中長期的には女性の就労を北欧並みに拡大することも可能である。また、長期的には、少子高齢化に伴う労働力の減少が進む中で、適切な労働条件などが整備されれば、高齢者の就労が拡大する可能性もある。なお、この他にも移民による影響が考えられる。ただし、移民の状況は、移民の受け入れに関する国内及びEUレベルでの政治的な決定、EU加盟国の拡大、母国及び移民先の国の経済情勢などによって左右されるため、どの程度の規模の移民があり、それが年金財政にどのような影響を及ぼすかは予想しがたいところがある。

一方、近年の労働市場の状況は、年金財政の収支両面にわたって、大きな影響を及ぼしている。特に、大量の失業者の発生は、保険加入義務のある就労者の減少を通じて保険料収入を減少させるだけでなく(6)、「失業を理由とする老齢年金」の受給を通じ、本来の支給開始年齢である六五歳よりも早期の年金受給を増加させる効果を持つ(7)。早期に引退し、年金受給を開始することは、保険料納付期間を短縮させるとともに年金受給期間を伸長させることにより、年金財政に二重の負担をもたらす。これにより、失業者は、労働市場から退出し、失業手当の代わりに「失業を理由とする老齢年金」を受け取ることになる。見方を変えれば、年金保険は、本来、失業保険が負うべき労働市場のリスクを肩代わりし、失業保険財政の負担軽減に寄与していることになる。[8]また、失業以外にも、僅少労働など、従来の通常の就労形態に当てはまらない新たな雇用形態であって、保険加入義務を伴わないのものが増加することも、保険料収入を減少させる効果を持つ。

第四節　財政問題への対応

次に、年金保険における保険料率の上昇を避けるための方策について検討を行うこととする。まず、単純化のために、年金財政の収入は保険料（B）及び連邦補助（BZ）から、支出は年金給付費（R）からのみ構成されているとする。

まず、賦課方式の年金財政においては、年間の収入と支出が均衡する必要があるから、

$$B + BZ = R$$

となる。

保険料収入は、保険料率（b）に保険加入義務のある就労者数（ZB）及びそれらの者の平均労働報酬額（L^d）を掛けたものであるので、それらの関係は次の式により示される。

$$B = b\,(ZB \cdot L^d)$$

同様に、年金給付費（R）は、年金受給者数（ZR）に平均年金額（R^d）を掛けたものであるから

$$R = ZR \cdot R^d$$

となる。

さらに、連邦補助の年金給付費に対する割合（以下「連邦補助割合」という。）をaとすると、

$$BZ = a \cdot R$$

（図４－３）　年金財政の収支均衡を保つための方策

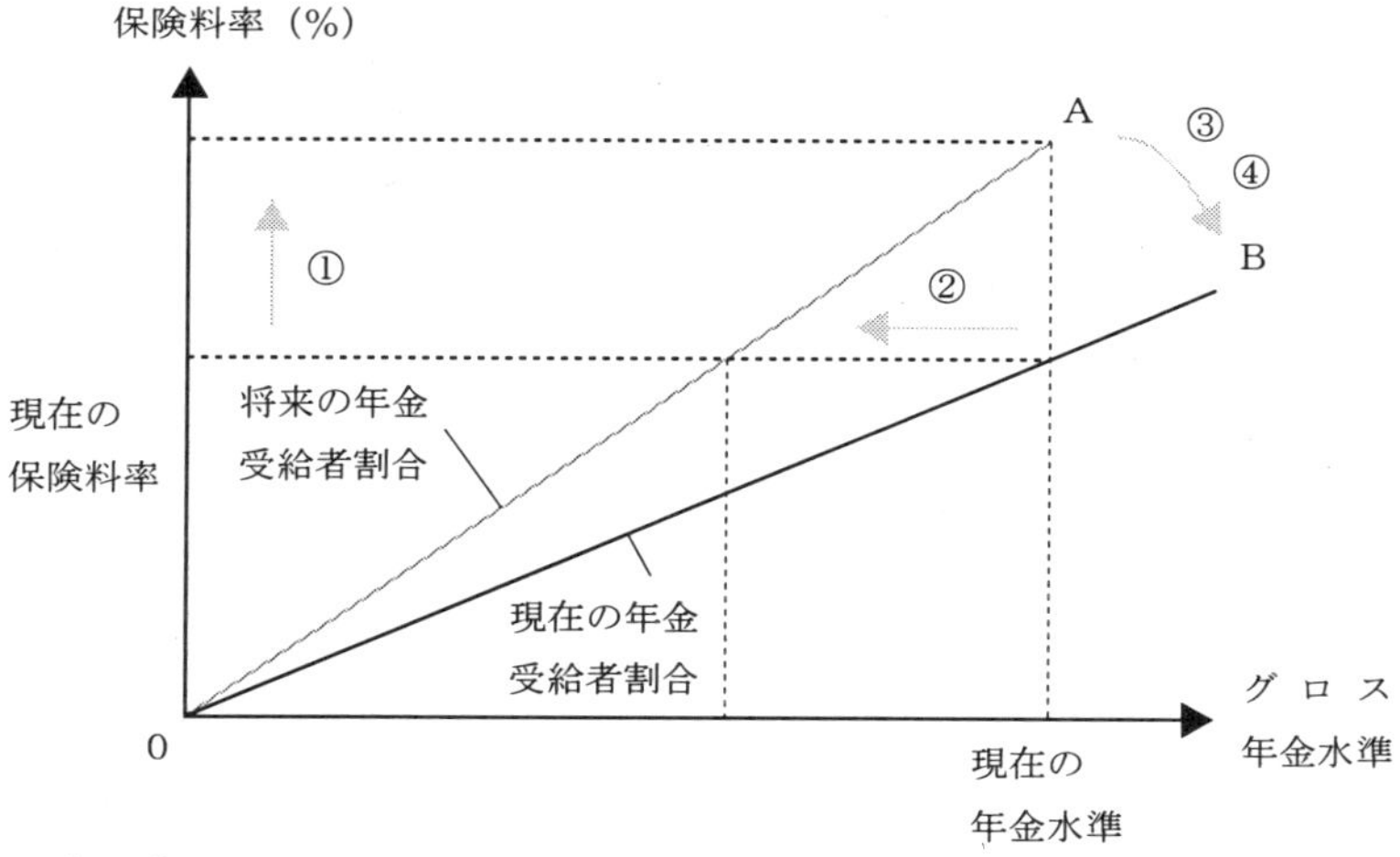

［方策］

① 保険料率の引上げ

② 年金水準の引下げ

③ 連邦補助割合の引上げ

④ 年金受給者割合の引下げ

資料：Scmähl W./Ulrich V. (Hrsg.), Soziale Sicherungssysteme und demographische Herausforderungen, Tübingen 2001 に基づき作成。

となる。

以上の関係を整理すると、保険料率(b)は次ように規定されることになる。

$$b = \frac{ZR}{ZB} \cdot \frac{R^d}{L^d} \cdot (1 - a)$$

$\frac{ZR}{ZB}$ は年金受給者割合、$\frac{R^d}{L^d}$ は年金水準を意味するから、この式に基づき、一定の年金受給者割合及び連邦補助割合の下で、年金水準と保険料率との関係を示すと、図４－３のようになる。この図において、直線OAは、直線OBよりも高い年金受給者比率を前提としている。一定の年金水準の下では、少子高齢化の進展などにより年金受給者割合が上昇することにより、保険料率を引き上げることが必要になる。しかし、現実には、賃金付随コストの上昇につながる保険料率の大幅な上昇は、国内雇用を確保する観点から、決して容認されない状況にある。このため、年金財政の収支均衡を維持するための方策としては、①保険料率の引上げを除けば、②年金水準の引下げ、③連邦補助割合の引上げ及び④年金受給者割合の引下げが基本的な選択肢となる。前述のとおり、年金水準及び年金受給者割合には、様々な要因が影響を及ぼしうる。したがって、それぞれの選択肢ごとにそれを実現するための具体的な対策についても様々なものが考えられる。

一九八〇年代の終わりに制定された一九九二年年金改革法以降、現実の政策においては、年金財政が前述のような財政問題に直面するなかで、年金財政の収支均衡を回復するために、主に次のような対策が講じられてきた。年金水準の引下げに関しては、年金スライド方式に変更を加え、年金現在価値の改定幅を抑制する方策が講じられている。また、連邦補助に関しては、通常の連邦補助に係る連邦補助割合が安定的に維持されるような算定方法に改められるとともに、付加価値税や環境税を財源とする追加的な連邦補助が新たに導入されている。さらに、年金受給者割合の引下げに関しては、年金受給者数を抑えるために年金支給開始年齢の六五歳への引上げが行われるとともに、僅少労働及び自営業の保険加入義務に関する規定の改正などにより保険料負担者の範囲を拡大する対策がとられている。なお、支給開始年齢の引上げ開始後も老齢年金を繰り上げて受給することが認められているが、この場合には年金額の減額が行われる。したがって、このような場合には、支給開始年齢の引上げは、被保険者が実際に年金の受給を開始する時期を遅らせるわけではないが、従来よりも年金額を引き下げる効果も持つことになる。

第五節　財政方式の転換

前述のような対策が講じられてきているものの、賦課方式に基づく年金保険が少子高齢化の一層の進展に対応出来ないことを懸念する声がある。また、このような立場からは、賦課方式に基づく年金保険よりも、積立方式に基づく老齢保障の方が効率的であり、かつ、経済成長にとっても有利であるとの理由から、現行システムを根本的に転換させることが求められている。さらに、財政方式を巡る議論は、国が老齢保障において果たすべき役割との関連において行われている。すなわち、強制加入の公的な年金保険は最低限のものに限定することにより、公的な制度による所得再分配の役割を縮小すべきであるとの主張が行われている。このような考え方に基づく代表的な提案は、現行の賦課方式に基づく「賃金・保険料に比例した年金給付」から、租税により賄われる一律の基礎年金とそれを補完する私的老齢保障とで構成されるシステムへと転換させることである。(9)

1　租税を財源とする基礎年金の導入

租税を財源とする基礎年金の構想は、現在の年金保険をそれに置き換えることを前提としている。この場合、基礎年金の請求権は、事前の就労状況や基礎年金以外の収入の状況などとは無関係に、ある一定年齢に達した場合に発生する。この基礎年金の水準は、社会的・文化的な生存を保障する最低限のものであり、社会扶助の水準と同等におかれる。このように、年金保険の目的は基礎的な保障を行うことに限定され、基礎年金を超える給付を行うことは、もはや公的な責務ではなく、市場において提供される私的老齢保障に委ねられる。もちろん、このような私的老齢保障への加入義務はなく、各個人は加入するかどうかを自由に選択することができる。

このような提案に対しては、次のような問題点が指摘されている。まず、基礎年金の導入は、公的財政に対して大きな負担増をもたらすことになる。具体的に提案されている基礎年金の水準（一九九七年現在で月約一、二〇〇マルク）で計算すると、二〇三〇年には年金保険料率二五％に相当する財源が必要になる。(10)この財源は、基本的に租税を大幅に引き上げることにより確保するしかない。

また、基礎年金導入の過渡期において、現役世代は、年金受給者のために賃金・保険料比例の年金給付のための財源を拠出しなければならない。なぜならば、現在支給されている年金の受給権及び年金期待権は、基本法に定める財産権保護の下に置かれるため、これらの権利を奪い取ってしまうことはできないからである。一方、その間の現役世代は、このような拠出を行っても、将来において受け取ることができるのは一律の基礎年金だけになってしまう。それに加え、現役世代は付加的な私的老齢保障のために保険料を負担する必要も出てくる。

さらに、事前拠出とは無関係に所得調査もなしに給付される基礎年金は、勤労者の労働意欲ひいては労働生産性に対してネガティブな影響を及ぼすことなども懸念されている。

2　賦課方式から積立方式への転換

積立方式を支持する立場からは、次のような点がその長所として挙げられている。すなわち、積立方式においては、各個人が負担した保険料と将来の給付との関係が明確であること、少子高齢化の進展や労働市場の状況による影響を受けにくいこと、政治的な介入を受けにくいこと、個人のより大きな自由と自己責任が伴うことなどが指摘されている。(11) しかしながら、積立方式も決して少子高齢化による影響を受けないわけではない。そのようなことが成り立つのは、資産価値や利子が人口構成の変化による影響を受けない場合である。通常、積立方式の下で積み立てられた資金は、株式や債券などの資産を購入することにより運用される。しかしながら、人口構成の変化により、多くの高齢者に年金給付を行うために、購入された資産が取り崩され現金化されるのに対して、より少ない現役世代が、将来の年金給付のための積立を行い、資産を購入することになる。この結果、多くの資産が売却される一方で、購入される資産は相対的に少なくなるため、資産価値が減少する恐れが大きくなる。[12] また、積立方式が政治の影響を受けにくいとする点についても、ドイツにおける歴史は、むしろ、積立金が大きくなればなるほど、それを政治的に利用する魅力が増すことを示している。さらに、自己責任が徹底されるという点に関しても、実際には私的老齢保障のために拠出を行える状況にない者も多数いることから、自己責任の拡大は、老後所得のより大きな格差につながることが予想される。このほかにも、賦課方式から積立方式への移行に伴う過渡期においては、現在の年金受給者のための保険料負担と自分の将来の年金のための積立との二重負担が生じることが問題とされている。

積立方式が資本市場において収益が生み出されることに信頼を置く制度であるのに対して、賦課方式は労働によって収入が生み出されることに信頼を置く制度であるということができる。[13] 賦課方式は、それぞれの時代において労働によって生み出される収入と結びついているために、インフレなどによる目減りの問題がなく、また、社会・経済の変動に対して大きな柔軟性を有した制度であることは、長期の安定性が求められる年金保険にとって特に重要な意味を持つと考えられている。ドイツにおいては、積立方式の年金保険が、第一次世界大戦後のハイパーインフレーション、世界恐慌及び第二次世界大戦における敗戦により三度にもわたり瓦解したことは歴史的な事実である。一方、第二次世界大戦後及び東西ドイツの再統一後に長期の積立期間なしに年金給付を財政的に賄うことができたのは、世代間の所得移転に基づく賦課方式の財政方式が採られていたからにほかならない。

第六節　考　察

年金保険のシステムの変更に関する前述のような議論はあるものの、ドイツでは、「賃金・保険料に比例した年金給付」の考え方や賦課方式の財政方式に基づく現行の年金保険を廃止し、全く新たなシステムに転換することが、広く国民の支持を得るような状況にはない。そのことは、二〇〇二年秋に行われた直近の連邦議会選挙においても、与党である社会民主党及び野党であるキリスト教民主・社会同盟のいずれもが年金保険のシステムそのものの変更を公約としていないことにも明確に現れている。その背景には、これまでの歴史的な経験等のなかで培われてきた賦課方式の年金保険に対する信頼感があると考えられる。また、金融機関や金融市場の安定性よりも、立法を通じて民主的にコントロールされる公的な制度に対する信頼が厚いことも影響している。

しかしながら、そのことは、少子高齢化の進展に伴う負担増を保険料負担者である現役世代だけに負わせることを認めるものではない。つまり、賦課方式に基づく賃金・保険料比例の年金保険を中心とする現行の老齢保障システムの枠組みのなかで、将来の高齢者世代にも適切な水準の年金給付を保障しつつ、世代間の公平な負担を実現する観点から保険料率の上昇を抑えるために必要な改革を行うことが、ドイツの年金保険に関する政策の基本的な方向となっている。

賦課方式の年金保険においては、現役世代の負担する保険料によって、そのときの高齢者世代に対する年金給付が賄われることから、将来の財政負担にとっては人口構成の変化が重要な意味を持つことは間違いない。しかしながら、現役世代に対する高齢者世代の比率で示されるような人口構成の変化がそのまま年金保険料の上昇として現れるわけではない。前述のとおり、その影響を政策的に緩和することは可能であり、現実の政策においても、そのために様々な対策が講じられている。そのような手段のひとつは、高齢者世代の受け取る年金給付の水準を引き下げることにある。このため、ドイツにおいては、年金保険料率の上昇などを年金スライドの中で考慮することにより、年金スライド率を賃金上昇率よりも低く抑え、年金水準を長期的に引き下げる方法がとられている。一方、賦課方式の年金財政は、労働市場の状況によっても大きな影響を受ける。なぜならば、保険料負担者の数は、現役世代の数だけでなく、現役世代の就労率によっても左右されるからである。

現に、ドイツにおいては一九六〇年代以降六〇歳から六五歳までの者の就労率が低下し、その結果、早期年金受給の増加と年金受給期間の長期化がもたらされている。したがって、法律に定めた受給開始年齢の引上げによりこのような動きを反転させることができれば、それだけ、年金財政の負担を軽減することが可能となる。

以上のような考え方に立って、ドイツにおいては、一九八〇年代の終わりから、様々な改革が行われてきた。少子高齢化の進展などに伴い、年金保険の保険料率は、一九九二年年金改革法制定前の状況では、二〇三〇年には、三六%にまで上昇すると見込まれたが、これらの改革が行われた結果、二二%程度に留まるものと見込まれている（表3－1）。このことは、賦課方式の年金保険の枠内でも、少子高齢化への対応が可能であることを現に示すものである。しかしながら、それは、積立方式に基づく私的老齢保障が年金保険を補完する役割を担うこと何ら排除するものではない。実際に、二〇〇一年の改革法においては、年金水準の引下げを補うものとして、私的老齢保障に対する奨励策が導入されたところである。

もちろん、これら改革によって、年金保険の財政問題が最終的に解決されたわけではない。社会・経済の構造変化に対応した改革を行い、年金財政の安定を確保することは、将来的にも年金保険に関する政策の中心的な課題であり続けると考えられる。

（1）Bäcker G./ Bispinck R./ Hofemann K. /Naegele G., a.a.O., S. 291.

（2）労働報酬が保険料算定限度額を超える被保険者の割合は、一九九七年現在、男性の一二%、女性の二%となっている。その大部分は、旧西独地域の職員年金の被保険者である。(ibid., S. 292.)

（3）Ruland F., Versicherungsfremde Leistungen in der gesetzlichen Rentenversicherung Deutsche Rentenversicherung 1/1995, S.38.

（4）Schmidt W./Thiede R., Grundlagen und System, in: Schulin B.(Hrsg.), Handbuch des Sozialversicherungsrechts, Bd. 3, München 1999, S.1054ff.

(5) これに対して、医療保険の場合には、保険料のみにより賄われるのが基本となっている。また、被保険者と使用者の保険料の負担割合は当初二対一となっていたが、一九四九年に制定された社会保険調整法により労使折半負担に改められた。

(6) 失業手当受給者の場合には、失業保険がその者のために年金保険料を負担するが、保険料算定の基礎となる収入は従前の労働報酬よりも低くなるため、保険料の金額も減少する。また、失業手当を受けない失業者の場合には、その分の年金保険料収入がなくなってしまう。

(7) 「失業を理由とする老齢年金」に係る六〇歳の支給開始年齢は、一九九七年から段階的に引き上げられ、二〇〇一年までに通常の老齢年金の支給開始年齢と同じ六五歳となった。

(8) 連邦雇用庁の労働市場・職業研究所 (Institut für Arbeitsmarkt- und Berufsforschung) によれば、失業による年金保険の収入減及び支出増は、一九九七年だけで合計一六〇億マルクに上った。

(9) Ruland F., Die Rentenreform unter besonderer Berücksichtigung der staatlich geförderten zusätzlichen Altersvorsorge, Neue Zeitschrift für Sozialrecht 10/2002, S.507.

(10) Bäcker G./Bispinck R./Hofemann K./Naegele G., a.a.O., S.317.

(11) Fasshauer S., Grundfragen der Finanzierung der Alterssicherung: Umlageverfahren vs. Kapitaldeckungsverfahren, Deutsche Rentenversicherung 10-11/2001, S.633.

(12) Ruland F., a.a.O., S.508.

(13) Rürup B., Umlageverfahren versus Kapitaldeckung, in: Cramer J.E./Förster W./Ruland F., Handbuch zur Altersversorgung, Frankfurt am Main 1998, S.784.

第五章　少子高齢化に対応した改革

ドイツにおいても、出生率の低下及び平均寿命の伸長により少子高齢化が進んでいる。このような少子高齢化の進展は、年金保険の将来に重大な影響を及ぼすものと考えられている。このため、一九九二年年金改革法以降の改革においては、少子高齢化に対応して長期的に安定的な年金保険制度を構築することが第一の目的となっている。

この章では、少子高齢化による影響及びドイツの年金保険において行われている少子高齢化への対応策について検討を行う。

第一節　少子高齢化による影響

少子高齢化をもたらしている最大の要因は出生率の低下にある。一九六五年には、一人の女性が一生に産む子供の数は二・五人であったが、一九七〇年代半ば以降は、概ね一・二ないし一・四人程度となっている（表5－1）。ドイツにおける出生率は、世界的にみても低い水準にあり、過去三〇年間、人口を維持するのに必要な水準を大きく下回っている。また、今後も、このような状況が根本的に変化するとは見込まれず、人口の減少と高齢化が一層進むものと考えられている。また、出生率の低下に加え、平均寿命の伸びも続いている。平均寿命は、一九七〇年代の初め以降で七年程度延びており（表5－2）、二〇三〇年までに更に二年程度伸びるもの

（表５－１）　合計特殊出生率の推移

年	合計特殊出生率
1960	2.36
1965	2.50
1970	2.01
1975	1.45
1980	1.44
1985	1.28
1990	1.45
1995	1.25
1996	1.32
1997	1.37
1998	1.36
1999	1.36
2000	1.38
2001	1.35

注：1990年までは旧西独地域のみの数値である。
資料：Statistisches Bundesamt.

と予想されている。(1) こうした出生率の低下と平均寿命の伸長に伴う少子高齢化の進展により、現役世代（二〇歳―五九歳）に対する高齢者世代の割合（老齢比率）は、今後更に上昇することが予想されている。特に二〇二〇年から二〇三〇年の間はこの比率が急激に上昇すると見込まれている（図５－１）。

（表５－２）　平均寿命の推移

生命表(年)	男性	女性
1960/1962	66.86	72.39
1970/1972	67.41	73.83
1986/1988	71.70	78.03
1995/1997	73.62	79.98
1996/1998	74.04	80.27
1997/1999	74.44	80.57
1998/2000	74.48	80.82

注：1970／72年までは旧西独地域のみの数値である。
資料：表５－1と同じ。

一方、実際に老齢年金の受給を開始する年齢は、顕著に低くなっている。一九六〇年には、六〇歳から六五歳までの者の六六％が就労していたが、その後の平均寿命の伸長にもかかわらず、この割合は今や二〇％程度にまで低下している。(2) この背景には、法律改正により、六五歳とされていた老齢年金の支給開始年齢が変更されたことがある。すなわち、一九五七年年金改革法により、女性及び失業者に対する支給開始年齢が六〇歳とされ、更に一九七二年年金改革法により、三五年以上の長期被保険者に対する支給開始年齢が六三歳とされるとともに、重度の障害がある者及び稼得能力が減少した者に対する支給開始年齢が六二歳とされた。また、近年のドイツ労働市場における大量の失業者の発生は、「失業を理由とする老齢年金」の受給を通じて、本来の支給開始年齢よりも早期の年金受給を増加させる効果を持つものであった。

今日、高齢期には、退職して年金で生活するのが普通の姿となったことは、年金保険を始めとする社会保障

（図５－１）　人口比率の推移

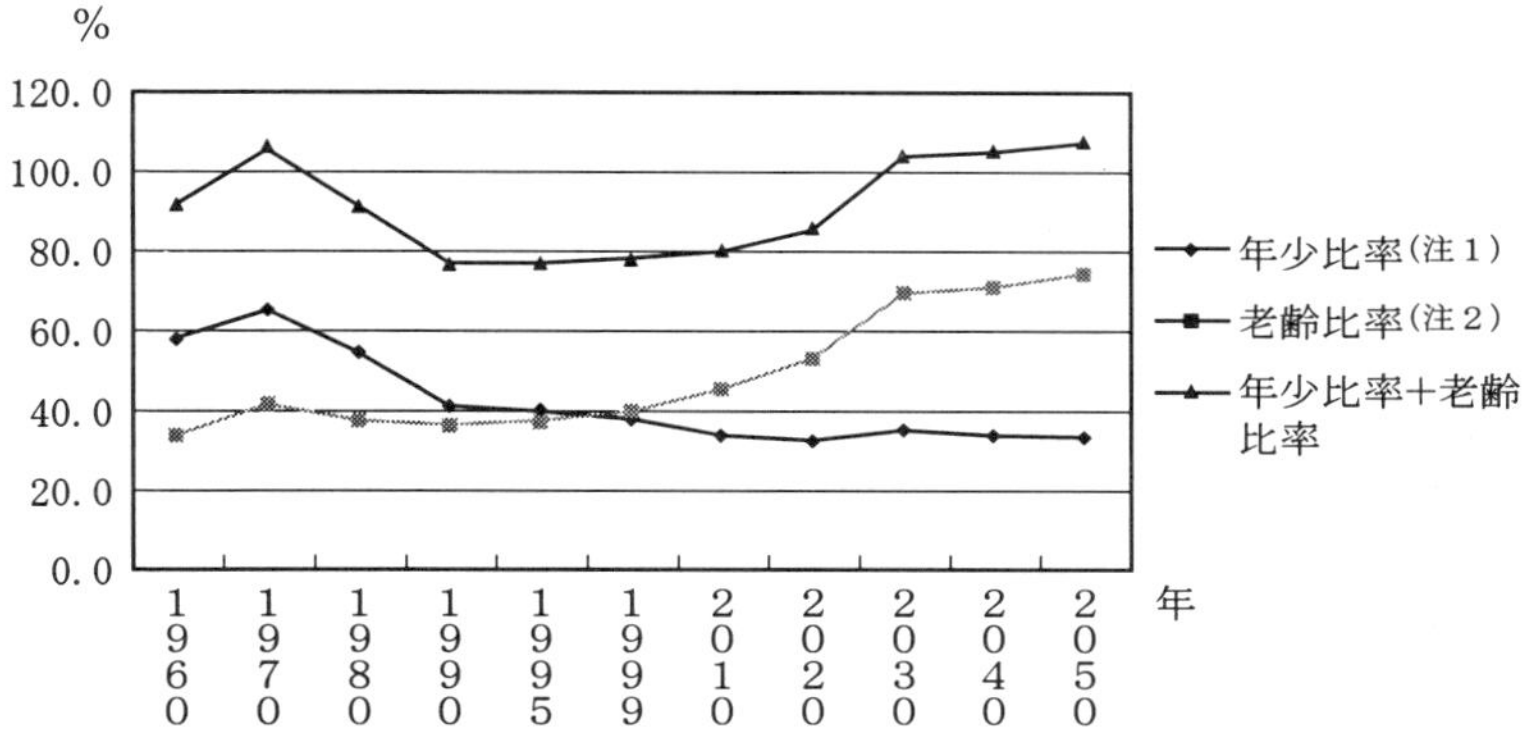

（注１）老齢比率＝$\frac{\text{60歳以上人口}}{\text{20歳以上60歳未満人口}}$

（注２）年少比率＝$\frac{\text{20歳未満人口}}{\text{20歳以上60歳未満人口}}$

資料：Statistiches Bundesamt, Statistisches Jahrbuch 2001 und Ergebnisse der 9. koordinierten Bevölkerungsvorausberechnung により作成。

制度が拡充された成果でもある。高齢期の貧困は減少し、今や、退職後の生活は、人生において、人々が出来るだけ長く楽しむために、出来るだけ早く手に入れようと努力する対象となっている。

しかしながら、このような変化は、一方では、年金保険に対して大きな影響を及ぼすことになる。高齢者の増加は、年金保険から見れば、支給開始年齢に到達する者の数が増加し、それによって年金給付の受給者が増加することを意味している。同時に、早期年金受給の増加と平均寿命の伸長により、年金受給期間はますます長くなる。また、出生率の低下により現役世代が減少するとともに、教育期間の長期化と早期年金受給の増加により勤労期間が短くなる（図５－２）。このような変化への対応としては、現役世代がより多くの保険料を負担するか、あるいは、年金給付の水準を引き下げることが考えられる。二〇〇一年の改革法検討時の推計では、保険料率の引上げのみにより対応する場合には、一九・三％（二〇〇〇年）の水準にある保険料率は二〇三〇年までに二六％に上昇すると予想された[3]。一方、保険料率をそのままで維持する場合には、

（図５－２）　人口構成の変化等による影響

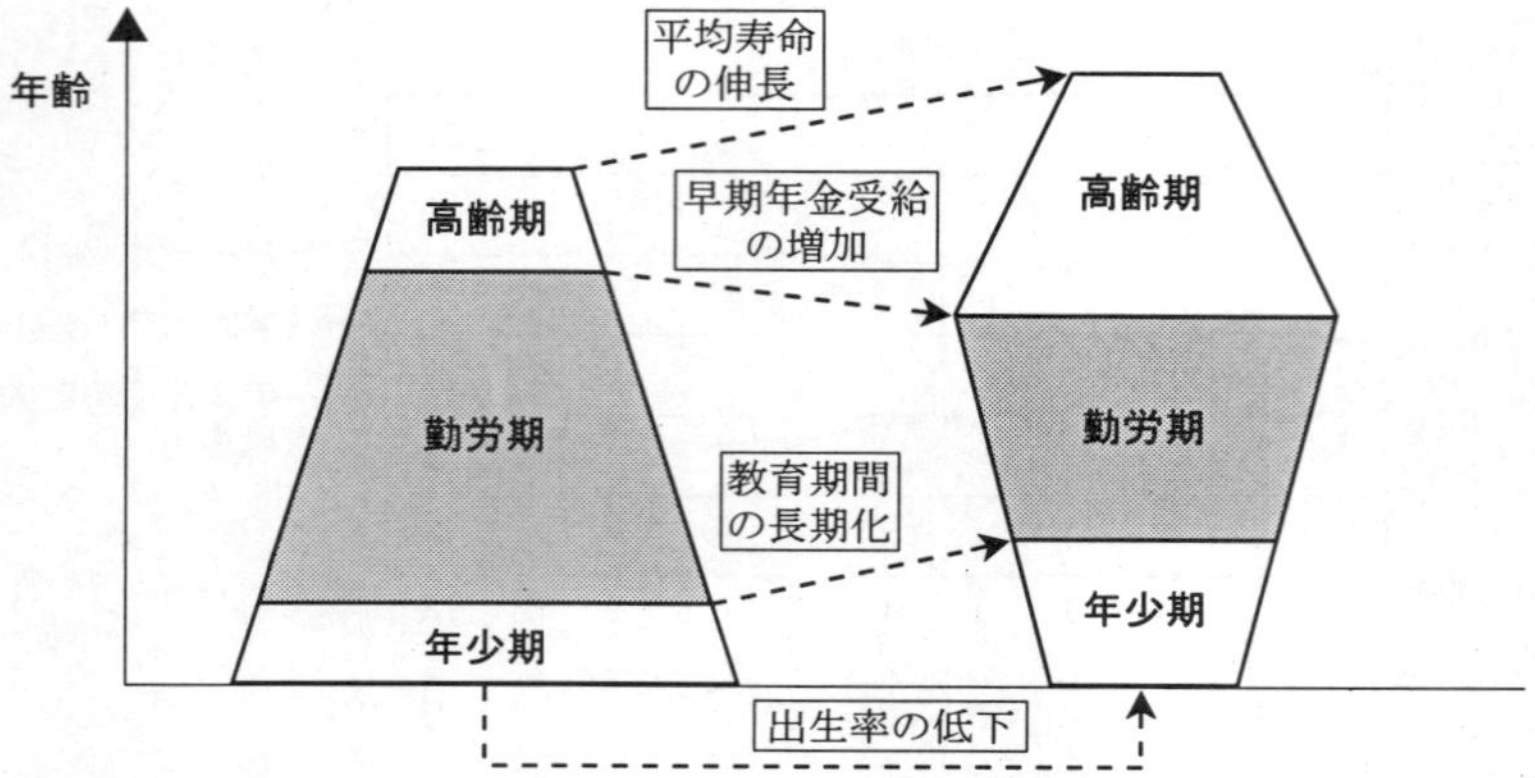

資料：Schmähl W., Alterssicherung in Deutschland an der Jahrtausendwende, Deutsche Rentenversicherung, 1-2/2000に基づき作成。

年金水準の大幅な引下げを行わなければならないと考えられた。しかしながら、保険料率の上昇は、既に高水準にある賃金付随コストを更に増加させ、国際的な競争の中でのドイツの立場を弱め、国内雇用を減少させることが懸念される。一方、年金水準の大幅な引下げは、老後においても現役時代の生活水準に見合った適切な水準の生活を保障するという年金保険の存在理由を危うくする恐れがある。

第二節　少子高齢化への対応策

社会・経済の構造変化がもたらす問題に対応するため、一九八九年に一九九二年年金改革法が制定されて以来、いくつもの改革が行われてきた。これらの改革において少子高齢化に対応するために講じられた中心的な対策としては、年金スライド方式の変更、支給開始年齢の引上げ及び連邦補助の見直しを挙げることができる。

１　年金スライド方式の変更

(1)　グロス賃金スライドの導入

ドイツにおいては、一九五七年年金改革法によって、初めて、賃金の変化に合わせて年金額の調整を行う年金スライドが導入された。このスライドの具体的な方式としては、グロス年金額がグロス賃金の伸びに従うグロス賃金スライドが採用された。年金に賦課される税・社会保険料は、賃金に賦課される税・社会保険料よりも相当に少ないため、この方式では、税・社会保険料控除後のネット年金額はネット賃金の伸びを上回って増加することになった。ネット標準年金のネット平均賃金に対する割合を示すネット年金水準は一九六二年には五九・〇%であったが、この方式は、ネット年金水準を政策目標であった七〇%に向けて引き上げていくことに効果を発揮した。

(2) ネット賃金スライドへの転換

ネット年金水準は、一九九二年年金改革法が制定された一九八九年では、七〇・七%にまで上昇していた。[(4)]現役世代の保険料負担が今後一層増大すると見込まれるなかで、引き続きグロス賃金スライドを維持することは、財政的に困難であり、また、世代間の公平の観点からも決して望ましいものとはいえなかった。そこで、一九九二年年金改革法においては、グロス賃金スライドからネット賃金スライドへの転換が行われることになった。これにより、四五年間、平均報酬に対応する保険料が納付された場合(報酬点数四五・〇に相当)に支給される通常の老齢年金である標準年金から年金受給者の医療保険に係る保険料(被保険者負担分のみ)並びに年金に賦課される税を差し引いたネット標準年金が、ネット平均賃金の伸びに応じて引き上げられ、ネット年金水準が現状の七〇%程度の水準に維持されるよう、毎年七月に年金現在価値の改定(スライド)が行われることとされた(式5-1)。

ネット賃金スライドへの転換が行われたことにより、今後は、賃金及び年金のいずれに賦課される税・社会保険料が変化しても、ネット年金水準が維持されることになった。また、ネット賃金スライドの下では、少子高齢化による年金保険料率の上昇はそれに対応した年金スライド率の抑制につながることから、これにより、

（式５－１）

$$AR_t = AR_{t-1} \times \frac{BE_{t-1}}{BE_{t-2}} \times \frac{NQ_{t-1}}{NQ_{t-2}} \times \frac{RQ_{t-2}}{RQ_{t-1}}$$

（式５－２）

$$ARt = AR_{t-1} \times \frac{BE_{t-1}}{BE_{t-2}} \times \frac{NQ_{t-1}}{NQ_{t-2}} \times \frac{RQ_{t-2}}{RQ_{t-1}} \times \left(\frac{(LER_{t-9}/LER_{t-8})-1}{2}+1\right)$$

AR_t　＝　スライド後の年金現在価値
AR_{t-1}　＝　スライド前の年金現在価値
BE_{t-1}　＝　前年のグロス平均賃金
BE_{t-2}　＝　前々年のグロス平均賃金
NQ_{t-1}　＝　前年の賃金ネット比率
NQ_{t-2}　＝　前々年の賃金ネット比率
RQ_{t-1}　＝　前年の年金ネット比率
RQ_{t-2}　＝　前々年の年金ネット比率
LER_{t-9}　＝　９年前における65歳の者の平均余命
LER_{t-8}　＝　８年前における65歳の者の平均余命

注：賃金ネット比率＝$\frac{\text{ネット平均賃金}}{\text{グロス平均賃金}}$

年金ネット比率＝$\frac{\text{ネット標準年金}}{\text{グロス標準年金}}$

年金給付費の増加による負担増が一方的に現役世代に負わされるのではなく、現役世代と高齢者世代によって分担される仕組みが制度の中に組み込まれたことになる。

(3)　人口学的要素の導入

さらに、一九九九年年金改革法においては、ネット賃金スライドに人口学的要素（demographischer Faktor）が導入されることになった。この仕組みは、年金受給期間の長期化につながる平均余命の伸びがあった場合には、スライド率を平均余命の伸びの五〇％だけ引き下げるものである（式５－２）。具体的には、一九九二年年金改革法制定以降における六五歳の者の男女を区別しない平均余命の伸びがその基準となった。平均余命の伸びの五〇%だけを考慮することとした理由は、これを一〇〇%考慮した場合には、二〇三〇年のネット年金水準が六一%にまで下ってしまうためである。つまり、年金スライド方式への人口学的要素の導入に当たっては、二〇三〇年の年金水準を六四%にするという政策目標を達成するため、それが可能となるように具体的な内容が定められた[5]。

人口学的要素の導入により、ネット年金額は、減少するのではなく、平均余命の伸びに応じてネット賃金の伸びよりも緩やかにスライドし、その結果、ネット年金水準は長期的に低下することになる。つまり、この改正は、平均余命の伸びによる年金財政の負担増を現役世代と高齢者世代との間で分担することにより、世代間の負担の公平を図ろうとするものであった。人口学的要素の導入に当たっては、受給期間が延びることにより、それに対応する年金水準の引下げが行われても、被保険者が保険料負担の反対給付として生涯において受給する平均的な年金総額は減少しないことがその理由づけとなった[6]。

通常の老齢年金に係る実際の報酬点数は、一九九五年七月現在で、男性では四二%、女性では九四%が四〇未満となっていた[7]。繰上支給を受ける場合には、年金額は繰上期間一月につき〇・三%減額されるため、個人報酬点数四〇の者が六〇歳から受給すると、ネット年金水準が七〇%の場合にはネット年金額はネット平均賃金の五一%に相当する額となる。この割合は、ネット年金水準が六四%に引き下げられた場合には四六・六%に低下する。さらに、ネット年金水準が六〇%にまで引き下げられた場合には四三・七%にまで低下し（表5－3）、社会扶助の水準であるネット平均賃金の四〇%に近づくことになる。図5－3は、社会扶助に相当するネット年金を受けるために必要な年数と労働報酬（平均報酬に対する割合）との関係を異なるネット年金水準の場合について示したものである。この図からも分かるとおり、ネット年金水準が六〇%にまで引き下げられた場合には、平均報酬に相当する労働報酬を得て就労する者であっても、三〇年間働きつづけてようやく社会扶助と同水準の年金を受給することが可能になる。

（表5－3）　ネット年金額のネット平均賃金に対する割合

支給開始年齢		ネット平均賃金に対する割合(%)					
	A	70%		64%		60%	
	B	45	40	45	40	45	40
65歳		70.0	62.2	64.0	56.9	60.0	53.3
60歳		57.4	51.0	52.5	46.6	49.2	43.7

A：ネット年金水準
B：個人報酬点数

（図5－3）　社会扶助に相当するネット年金を受けるために必要な年数と労働報酬額との関係

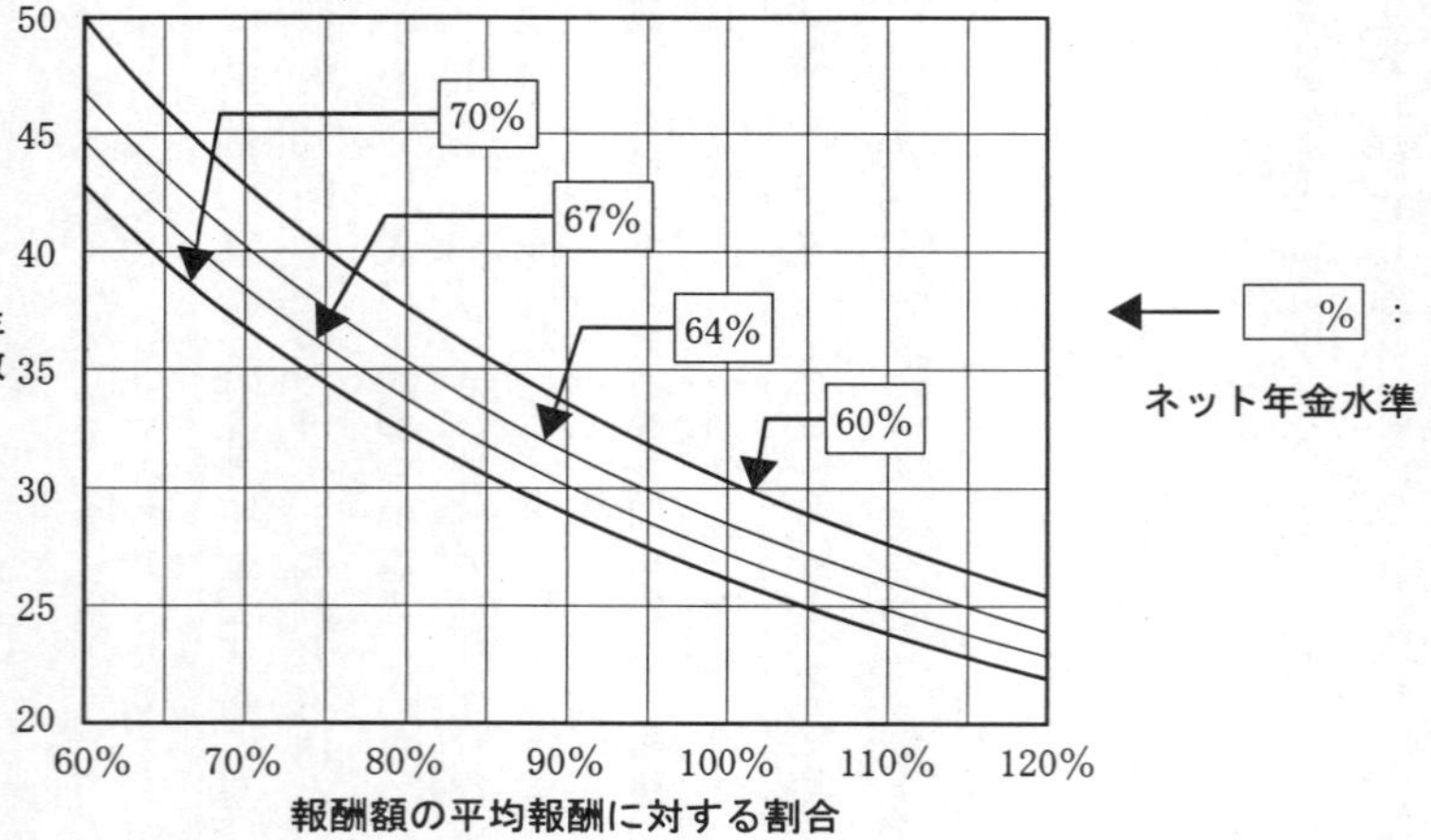

資料：図5－2と同じ。

このため、平均余命の伸長に伴うネット年金水準の引下げには、最低保障条項が設けられ、ネット年金水準が六四％を下回るような場合には、人口学的要素は適用されないこととされた。この改正が行われたことにより、二〇三〇年までの間、年金額の伸びはそれが行われなかった場合に比べて五・二％だけ小さくなるものと見込まれた。同時に、平均余命の伸長により、年金の受給期間は更に二年程度長くなると考えられた(8)。

(4)　ネット賃金スライドの見直し

①　人口学的要素の廃止

ネット賃金スライドに人口

学的要素を導入することによりネット年金水準を長期的に六四％にまで引き下げることは、一九九八年秋の連邦議会選挙における大きな争点となった。この選挙の結果は、それまで野党であった社会民主党及び同盟九〇・緑の党の勝利に終わり、両党による連立政権が発足することになったが、このような年金水準の引下げは受け入れられないとする両党の主張がその勝因の一つであったと考えられている。(9) この選挙公約を実行するため、新政権発足直後の一九九八年一二月に制定された社会保険修正法により、二〇〇〇年末までの間は人口学的要素が適用されないこととされた。ただし、新政権にも、少子高齢化に伴う問題を解決するため、それに代わる具体的な案があったわけではなく、その間に新たな方式を検討することとしたにすぎない。

② 暫定的な物価スライド

一九九九年一二月に制定された財政再建法（Haushaltssanierungsgesetz）により、二〇〇〇年及び二〇〇一年においては、ネット賃金スライド自体の適用が停止され、年金スライドは、旧西独地域及び旧東独地域共通に全ドイツの物価上昇率に連動して行われることになった。これにより、一九五七年以来続けられてきた「公的年金の給付は賃金の伸びに応じてスライドさせる」という原則が破られた。このような異例の措置は、新政権において実施された減税との関連においてとられたものである。つまり、家族政策的な観点から行われる減税がネット賃金を上昇させ、それが、ネット賃金スライドの仕組みを通じて年金スライド率を高め、結果的に年金保険料の負担を一層増加させることを防ごうとしたものであった。

(5) 二〇〇一年の改革法

① 政府・与党案

新政権においても、年金保険料率の上昇を抑制するため、結局は、年金水準の引下げが行われることになった。政府・与党の案では、この引下げの具体的な方法として、二〇一一年以降、新規に支給される年金の算定式に調整要素（Ausgleichsfaktor）を導入することが考えられた[10]。この調整要素の導入により、二〇一一年に支給が開始される年金についてはネット年金水準が〇・三パーセントポイント引き下げられ、その後二〇三〇年までの各年に支給が開始される年金についてのネット年金水準が一年につき〇・三パーセントポイントずつ引き下げられ、二〇三〇年に支給が開始される年金については、ネット年金水準が六四％にまで引き下げられることとされていた。この方式が採用されていたならば、個人報酬点数、受給を開始する年齢などの条件が同じ者であっても、何年から受給を開始したかによって年金額が異なることになった。このような方式が考えられた背景には、受給を開始する年が後の者ほど、年金額の引下げを補うために私的老齢保障への保険料の拠出を行うことができる期間が長くなり、それから、より多くの給付が得られると考えられたからである[11]。

しかしながら、この提案に対しては、年金保険者などから大きな反対があった。その理由としては、年金水準の引下げに当たっては、新規年金受給者だけでなく、既に年金を受給している者に対しても、同様に適用される方式を採用することにより、統一的な年金水準が確保されるべきであること、この方式では、保険料負担が重くなる後の世代ほど支給される年金の水準が低くなることなどが挙げられた[12]。

②　新たなスライド方式

前述のような議論を経て最終的に成立した二〇〇一年の改革法においては、年金スライド方式が二段階で改正されることになった。第一段階の改正は、二〇〇一年七月から二〇一〇年七月までの年金スライドに適用される[13]。更に、第二段階の改正が二〇一一年七月以降の年金スライドに適用されることになる。両段階を通じて、年金スライドの基礎となるのは、グロス平均賃金の伸びである。ただし、そこから、年金保険の保険料率（被保険者負担分及び使用者負担分）及び老齢保障割合（Altersvorsorgeanteil）が上昇した分だけスライド率が差し引かれる（式５‐３）。

このうち、老齢保障割合は、二〇〇二年以降、毎年〇・五パーセントポイントずつ引き上げられ、二〇〇九年には四%になる。年金スライド方式において、この老齢保障割合の引上げは一年遅れで反映されるので、二〇〇三年の年金スライドから二〇一〇年の年金スライドに影響を与えることになる。老齢保障割合は、税制による奨励の対象となる私的老齢保障のための保険料負担を年金スライドにおいて考慮したものである[(14)]。また、従来のネット賃金スライドでは、年金保険の保険料率は被保険者負担分だけが考慮されたが、新たな方式においては、被保険者負担分と使用者負担分を合わせた全体としての保険料率が考慮されるため、年金保険料率の上昇がスライド率の抑制につながる効果がそれだけ大きくなる。

第二段階の改正が行われる二〇一一年以降のスライド方式においては、グロス平均賃金の一〇〇%ではなく九〇%から年金保険料率が差し引かれることになるため、年金保険料率の上昇がスライド率を抑制する効果は一層大きくなる[(15)]。また、従来の方式とは異なり、新たな方式では、スライド率は、税負担の変化や、医療保険、介護保険などの他の社会保険における保険料負担の変化による影響を受けない。したがって、この新たな方式はもはや本来の意味でのネット賃金スライドとは大きく異なるものとなっている。

この改正により、ネット年金水準は、新規受給者だけでなく既に年金を受給している者についても同様に低下することになるが、連

（式５－３）

1．2001年から2010年まで

$$AR_t = AR_{t-1} \times \frac{BE_{t-1}}{BE_{t-2}} \times \frac{100\% - AVA_{t-1} - RVB_{t-1}}{100\% - AVA_{t-2} - RVB_{t-2}}$$

2．2011年以降

$$AR_t = AR_{t-1} \times \frac{BE_{t-1}}{BE_{t-2}} \times \frac{90\% - AVA_{2009} - RVB_{t-1}}{90\% - AVA_{2009} - RVB_{t-2}}$$

AR_t ＝ スライド後の年金現在価値
AR_{t-1} ＝ スライド前の年金現在価値
BE_{t-1} ＝ 前年のグロス平均賃金
BE_{t-2} ＝ 前々年のグロス平均賃金
AVA_{t-1} ＝ 前年の老齢保障割合
AVA_{t-2} ＝ 前々年の老齢保障割合
RVB_{t-1} ＝ 前年の平均年金保険料率
RVB_{t-2} ＝ 前々年の平均年金保険料率
AVA_{2009} ＝ 2009年の老齢保障割合（＝４％）

（表５－４）　年金水準等の見通し

年	保険料率	グロス標準年金	ネット年金水準	私的老齢保障給付	給付合計	
	%	マルク・月額	%	マルク・月額	マルク・月額	%
2001	19.1	2230.20	69.1	0.00	2230.20	69.1
2002	19.1	2271.60	70.0	2.13	2273.73	70.1
2003	18.8	2316.15	69.3	4.37	2320.52	69.4
2004	18.9	2370.60	70.6	8.95	2379.55	70.8
2005	18.7	2413.80	68.3	13.79	2427.59	68.7
2010	18.5	2720.70	69.0	63.94	2784.64	70.6
2015	19.1	3145.05	69.8	140.05	3285.10	72.9
2020	19.6	3608.55	69.1	242.89	3851.44	73.8
2025	20.6	4133.25	68.3	378.36	4511.61	74.5
2030	22.0	4675.05	67.9	549.86	5224.91	75.8

前提：1)私的老齢保障に拠出する保険料の料率は，2002年の１％から２年ごとに１パーセントポイントずつ引き上げられ，2008年以降は４％となる。
2)私的老齢保障の積立金運用利率は年４％。
資料：BT-Drucksache 14/5146により作成。

邦政府の想定によれば、二〇三〇年においてもなお六七％を超える水準が確保される（表５－４）。また、私的老齢保障による給付と合せた全体としての給付水準はむしろ現在よりも上昇する。ただし、この想定においては、被保険者が奨励の対象となる私的老齢保障の保険料を負担することにより、その分だけネット賃金が減少することが前提となっている。それがない場合には、ネット年金水準は六四％にまで低下することになる。したがって、私的老齢保障の普及が十分に進まない場合には、ネット年金水準が六七％よりも低くなる可能性がある。このため、二〇〇一年の改革法においては、年金保険報告(Rentenversicherungsbericht)[16]の一五年先までの中位推計において、ネット年金水準が六七％を下回ることが予測される場合には、連邦政府は立法府に対して適切な対策を提案することが法律上義務づけられた。

③　私的老齢保障の奨励

年金水準の引下げは、積立方式に基づく私的老齢保障を奨励することにより埋め合わせられることとされた。この私的老齢保障の奨励は、二〇〇一年の改革法による改革の中心をなすものであり、この法律の名称が「老齢資産法」となった所以もそこにある。この奨励を受けることができる者は、年金保険の強制被保険者などに該当する者である。また、奨励を受けるためには、生命保険会社などの提供する私的老齢保障が、老齢保障契約認証法（Altersvorsorgeverträge-Zertifizierungsgesetz）第一条に定める要件を満たすとして予め連邦保険監督庁（Bundesaufsichtsamt für das Versicherungswesen）の認証を受けた商品であることが条件となる。この認証を受けるためには、契約者が六〇歳になるか、又は年金保険による老齢年金の受給を開始するまでは給付を行わないこと、払い込んだ保険料の払い戻しを約束するものであることなどが重要な要件となっている。支給開始後の給付額は、維持されるか又は増加される必要があるとされているが、スライドを行うことは認証のための要件にはなっていない。このほかに、一定の企業老齢保障も、この奨励の対象となっている。

対象者は、これらの私的老齢保障等に対する保険料について、税制上の特別支出控除（Sonderausgabenabzug）を受けることができる。その対象となるのは、二〇〇二年では五二五ユーロまでの保険料支払額である。この額は、二〇〇四年には一、〇五〇ユーロ、二〇〇六年には一、五七五ユーロ、二〇〇八年には二、一〇〇ユーロに引き上げられる。対象者は、控除の代わりに加給金（Zulage）を受けることもできる。このいずれを選択する方が有利かは、対象者の所得額及び子供の数によって異なる。加給金には、基礎加給金と子供の数に応じて付加される児童加給金がある。基礎加給金の額は、二〇〇二年では年額三八ユーロであり、二〇〇四年、二〇〇六年及び二〇〇八年に引き上げられ、一五四ユーロになる。児童加給金は、同様に、子供一人当たり年額四六ユーロから一八五ユーロに引き上

（表５－５）　特別支出控除及び加給金の額

（単位：ユーロ）

年	特別支出控除	基礎加給金	児童加給金
2002-	525	38	46
2004-	1,050	76	92
2006-	1,575	114	138
2008-	2,100	154	185

げられる（表5－5）。

2　支給開始年齢の引上げ

(1)　一九九二年年金改革法

通常の老齢年金の支給開始年齢は六五歳とされているが、一九五七年年金改革法及び一九七二年年金改革法により、一定の場合には減額を伴わない老齢年金を六五歳前に受給することが認められた。一九八〇年代に入ってからは、実際にこうした早期受給の請求が行われるケースが増加していった。この結果、老齢年金の受給を実際に開始する平均年齢（旧西独地域の労働者及び職員年金の場合）は、一九六〇年には男性六五・二歳、女性六三・九歳であったが、一九九六年ではそれぞれ六二・五歳、六三・〇歳へと低下した。(17) 早期年金受給の増加と併せて、この時期には、平均余命の伸長もみられたことから、これらを通じて老齢年金の受給期間は顕著に長くなった。

これに対して、一九九二年年金改革法では、法律上認められた六五歳よりも早期の支給開始年齢が六五歳にまで引き上げられるとともに、年金生活への円滑な移行を図るために部分年金が導入されるなどの改正が行われた。ただし、支給開始年齢の引上げは、期待保護の観点から、二〇〇一年以降段階的に行われることになった。これにより、長期被保険者に対する支給開始年齢（六三歳）は二〇〇六年までに、女性及び失業者に対する支給開始年齢（六〇歳）は二〇一二年までに六五歳に引き上げられることとされた（図3－1）。ただし、重度の障害がある者等に対する支給開始年齢（六〇歳）の引上げは行われないこととされた。支給開始年齢が引き上げられる老齢年金については、二〇〇一年以降も一定期間の繰上受給が認められたが、この場合には、繰上期間一月当たり〇・三％の年金額の減額が行われる。つまり、平均余命の伸長に伴う受給期間の長期化が年金財政の負担増につながることがないよう、年金受給者の受け取る年金額を減少させることにより調整が行われることになったわけである。

一方、年金生活への円滑な移行を促進するための年金保険における取組みとして、部分年金が導入された。これにより、一九九二年以降、老齢年金の受給要件を満たす者は満額の年金の三分の一、二分の一又は三分の二に相当する部分年金の受給が認められることになった。この制度を活用することにより、個々の被保険者は、就労の一部を制限しつつ年金生活への段階的な移行を図ることが可能となった。満額の年金の代わりに部分年金を繰上受給し、六五歳になってから満額の年金を受給する場合には、繰上受給する部分年金の割合が小さいほど繰上期間に応じた減額が少なくなる。

(2) 一九九六年の改正

一九九二年年金改革法による支給開始年齢の引上げは、二〇一二年までの期間をかけて実施されるため、直ちに年金財政への負担軽減効果を持つものではなかった。それどころか、実際には、経済情勢の悪化、失業の増大などにより、早期年金受給の傾向に更に拍車がかかることになった。男性が受給を開始した老齢年金のうち「失業を理由とする老齢年金」の割合は、一九九三年の二六・一%から一九九五年には五〇・二%へと急増した(18)。また、企業経営上も人員削減を行わなければならず、早期退職を進める圧力が高まった。このため、一九九六年に制定された経済成長・雇用拡大法及び年金生活円滑移行促進法においては、一九九二年年金改革法で定められたスケジュールを大幅に前倒しして支給開始年齢の引上げが行われることになった。これにより、「長期被保険者に対する老齢年金」及び「失業を理由とする老齢年金」の場合は二〇〇一年までに、「女性に対する老齢年金」の場合は二〇〇四年までに、それぞれの支給開始年齢が段階的に六五歳に引き上げられることとされた(図3-1)。

(3)　一九九九年年金改革法

一九九九年年金改革法を巡る議論においては、年金スライド方式に人口学的要素を導入することに対する代替案として、支給開始年齢全般の引上げについても検討が行われた。しかし、これに対しては様々な批判があった。例えば、この方法により所要の節約効果を得るためには、支給開始年齢を急激に六五歳にまで引き上げる必要があるが、支給開始年齢に近い世代の期待を保護する観点から、どうしても一定の経過期間が必要であるとの意見があった。また、支給開始年齢の引上げは、高齢者の中でも、特に、健康上の理由で働けない者及び失業中の者、並びにそれらの者の家族に対してより大きな影響を与えることになるので、それよりは、全般的な年金水準の引下げの方が良いとの意見もあった。[19]

このため、一九九九年年金改革法では、それまでは支給開始年齢引上げの対象外とされてきた「重度の障害がある者に対する老齢年金」の支給開始年齢（六〇歳）[20]を二〇〇〇年から二〇〇二年までに六三歳に引き上げるなどの個別的な対応が行われるに止まった。

3　**連邦補助の見直し**

(1)　経　緯

労働者及び職員年金に対する今日のような連邦補助は、一九五七年年金改革法により始められた。[21]すなわち、一九五七年の連邦補助総額が法律上定められ、労働者年金に対して約二七億三、〇〇〇万マルク、職員年金に対して約六億八、〇〇〇万マルクの連邦補助が行われることになった。[22]この連邦補助の総額は、労働者及び職員年金の年金給付費の約三二％に相当した。この額は、その後のグロス平均賃金の延びに応じて改定されることとされたが、年金給付費の増加は考慮されなかった。

この規定は、連邦の財政事情にかかわりなく、年金保険に対する連邦補助を安定的に確保しようとするものであったが、それを長く維持することはできなかった。むしろ、一九六四年以降は、その時々の財政事情に応じて、年金保険に対する連邦補助の削減、支払猶予などの措置が講じられた。また、平均寿命の伸長や給付の改善により、年金給付費はグロス平均賃金の延びを上回って増加した。このため、一九五七年以降、旧西独地域においては、労働者及び職員年金の年金給付費に対する連邦補助の割合は低下し、一九九〇年には一六・九％となった（表5－6）。連邦補助の割合が低下したことは、年金保険の財政力を低下させただけではなく、社会全体として担うべき責務を年金保険の保険料負担者に転化し、過大な負担を負わせたことになる。

(2) 見直し

一九九二年年金改革法では、連邦補助に関しても改正が行われ、その額は、グロス平均賃金の伸びだけでなく、保険料率の変化にも応じて改定されることとされた。これにより、連邦も少子高齢化などによる年金財政の負担増を適切に分担する仕組みが作り出された。さらに、児童養育期間などに関連した支出に対応して、それまでは別途行われていた連邦による費用負担が連邦補助の一部として組み入れられることになった。[23] このような改正が行われた結果、年金支出に対する連邦補助の割合は、一九九七年には二一・七％に達した。

（表5－6）　年金給付費に対する連邦補助の割合
（旧西独地域，労働者及び職員年金）

年	割合(%)
1957	31.9
1960	28.8
1965	26.1
1970	18.6
1975	18.3
1980	19.3
1985	17.8
1990	16.9
1992	19.7
1995	20.2
1996	20.6
1997	21.7
1998	25.1
1999	24.8
2000	23.9
2001	25.1
2002	26.0

資料：Verband Deutscher Rentenversicherungsträger Rentenversicherug in Zeitreihen 2003により作成。

（表５－７） 過去20年間の年金保険料率の推移
（旧西独地域，労働者及び職員年金）

年	保険料率
1982	18.0
1983	18.5[a]
1984	|
1985	18.7
	19.2[b]
1986	|
1987	18.7
1988	|
1989	|
1990	|
1991	17.7[c]
1992	|
1993	17.5
1994	19.2
1995	18.6
1996	19.2
1997	20.3
1998	|
1999	19.5[c]
2000	19.3
2001	19.1
2002	|
2003	19.5

（注）　a：９月から　b：６月から　c：4月から

こうした通常の連邦補助(Regelbundeszuschuss)に加えて、一九九八年四月には、付加価値税率が一五％から一六％に引き上げられ、付加価値税率一パーセントポイントに相当する追加的な連邦補助（zusätzlicher Bundeszuschuss）が行われることになった。この追加的な連邦補助は、国際的な競争が進む中で国内雇用を確保するために、企業が負担する賃金付随コストを抑制する観点から必要とされたものであり、これによって、年金保険の保険料率を二〇・三％から二一％に引き上げることが避けられた（表5－7）。この追加的な連邦補助の額は、一九九八年は九六億マルク、一九九九年は一五六億マルクとされ、さらに二〇〇〇年以降は、付加価値税収の伸びに応じて改定されることと定められた。ただし、財政再建法により、二〇〇〇年から二〇〇三年までの間は、連邦の財政負担を軽減するため、法律に定められた金額(24)が差し引かれることとされた。

一九九九年には、環境保護的な税制改革による増収分（以下「環境税」という。(25)）を基に、連邦が児童養育期間のための保険料を負担することになり、これによって、保険料率の二〇・三％から一九・五％への引下げが可能となった。さらに、環境税の段階的な引上げがもたらす財源により、二〇〇〇年からは追加的な連邦補助の上乗せが行われることになった。この上乗せの金額は、二〇〇〇年から二〇〇三年までは法律において定められているが、[26] 二〇〇四年以降はグロス賃金の伸びに応じて改定されることとされている。

以上の結果、労働者及び職員年金に対する連邦補助は、二〇〇一年で総額約九〇〇億マルクとなっている。

第三節　考　察

過去一〇年以上にわたり繰り返し行われてきた年金保険の改革においては、少子高齢化による負担増が保険料負担者である現役世代にとって容認しがたいほどの水準になることを避ける一方で、高齢者世代には老後の生活を保障する適切な水準の年金給付を確保するため、その間のバランスを見出すための努力が重ねられてきたということができる。

そのための具体的な方法としては、年金スライド方式の変更、支給開始年齢の引上げ、連邦補助の引上げなどが採用されてきた。なかでも、年金スライド方式は、常に、改革を巡る議論の中心的なテーマとなってきた。その理由は、請求権及び期待権保護の観点から給付の引下げには一定の経過期間を設けることが不可欠であり、年金給付のための支出を直ちに抑制しようとするのであれば、給付の引下げではなく、給付の伸びを抑制するために年金スライド方式に手をつけることが避けられないからである。

その場合に重要となるのは、個々の被保険者が自ら将来受給できる年金額を予想できるようにするために、確固たる年金スライド方式を定めることである。経済の国際化が進む中で、政策の方向としては、今後とも、直接税から付加価値税や環境税などの間接税へのシフトが進むものと予想される。直接税等の負担の軽減があるたびに二〇〇〇年に行われたような年金スライド方式への一時的な介入が行われることになれば、制度に対する信頼は大きく損なわれる恐れがある。また、年金課税の取扱いを巡る問題は憲法裁判所で係争中であった

（図5－4）　私的老齢保障契約の締結状況（アンケート調査結果）

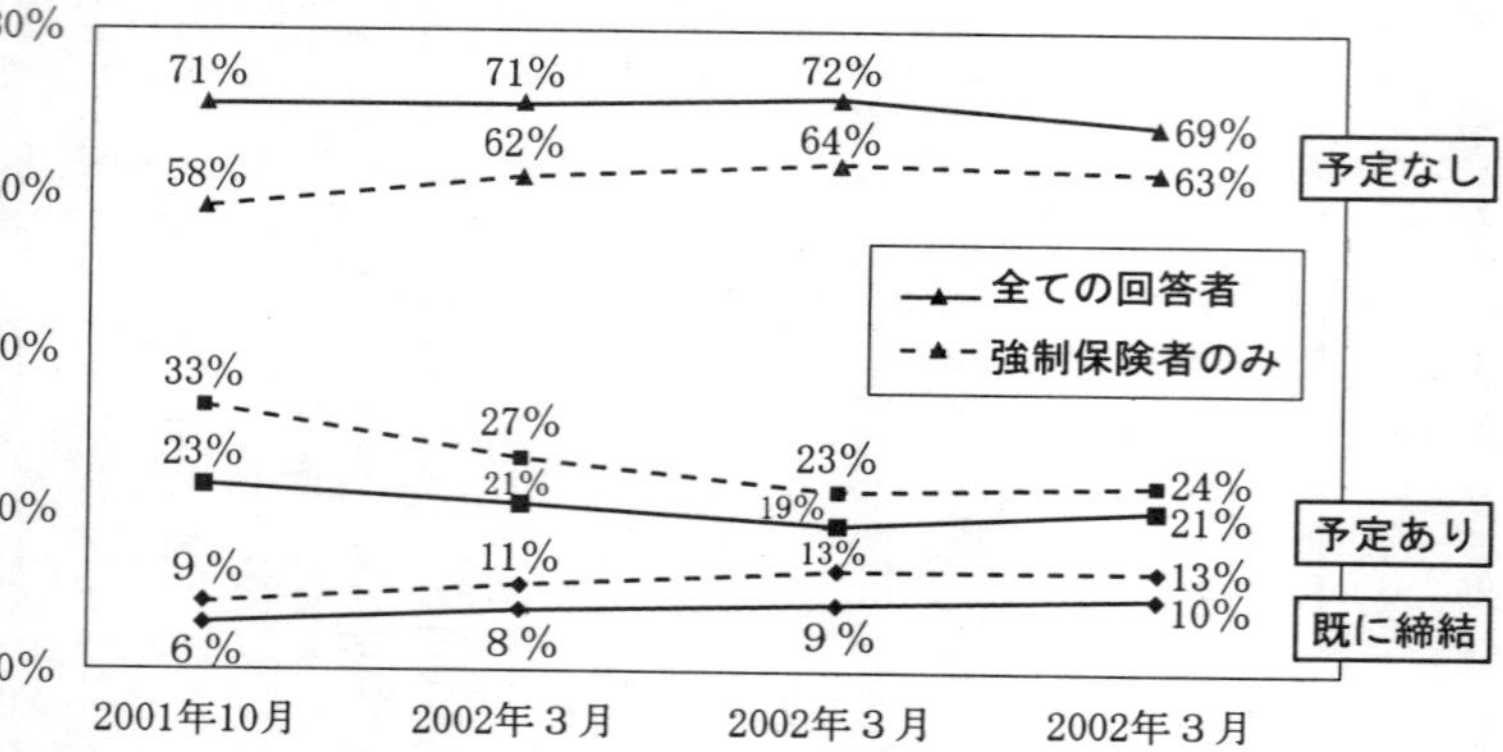

資料：Deutsches Institut für Altersvorsorge, Das DIA-Rentenbarometer により作成。

ため、年金スライドが年金課税と結びついている限りは、不透明さが残ることになってしまった。その意味で、二〇〇一年の改革法において、グロス賃金の伸びを基本とし、年金保険料負担の変化によってのみ修正する新たな方式が採用されたことは、スライド方式を単純化し、透明性を高めることにつながるものと考えられる。

賃金・保険料に比例した年金給付を行う制度においては、年金スライド方式の変更により年金水準を引き下げるとしても、納得のいく最低水準を設けることが、制度の正当性を確保する上で重要な意味を持つと考えられる。二〇〇一年の改革法では、年金スライド方式の変更後も、二〇三〇年におけるネット年金水準は六七％を下回らないと見込まれている。ただし、この試算どおり行くかどうかは、私的老齢保障がどこまで普及するかにかかっている。これまでの状況を見る限りにおいては、私的老齢保障への加入は低調なものに止まっている（図5－4）。その背景には、奨励を受けるための手続きが複雑であること、被保険者にとっては、様々な商品の内容を理解し、相互に比較した上で、加入を決定できるような状況にないことなどが指摘されている。しかしながら、より本質的な問題は、好調な株式市場の状況に伴って膨らんだ積立方式の給付に対する一時の熱狂が株価の下落とともに覚めたことにある。また、ドイツ国内の状況に止まらず、積立方式の給付が、その範とされた英国において株価の下落により大きな問題に直面していることも影響している。今や、積立方式の給付に対する信頼の喪失が私的老齢保障への極めて慎重な姿勢につながっている。

次に、支給開始年齢の引上げは、平均寿命が伸びると同時に早期年金受給が増加することによる財政負担の増加を緩和し、大幅な給付の削減や保険料率の上昇を避ける上で、大きな効果がある。仮に、支給開始年齢を一年引き上げれば、一〇〇億ユーロの費用削減効果があるといわれている。[27]平均寿命の伸長による受給期間の長期化に対しては、いかなる財政方式を採用しようとも、つまり賦課方式の場合だけでなく、積立方式の場合にも保険料負担の引上げあるいは給付水準の引下げによって対処せざるを得ない。スウェーデンの場合には、年金の受給を開始する際に獲得した年金期待権に平均寿命の要素を加味することにより、支給開始年齢は維持したままで、平均寿命が伸びた分だけ年金額が引き下げられる。これに対して、ドイツの場合には、平均寿命の伸長に対して、減額なしに年金が受給できる年齢（支給開始年齢）を引き上げ、その年齢よりも早期に年金を受給する場合には、その繰上期間に応じた年金額の減額を行うことにより、対応が行われているわけである。もちろん、支給開始年齢の引上げは、現在のように大量の失業者が発生している労働市場に対してはネガティブな効果を及ぼすことになる。したがって、二〇〇一年の改革法では支給開始年齢の引上げが対策には含まれなかったように、少なくとも当面は、更なる引上げを行う状況にはないと考えられる。

連邦補助は、児童養育期間や兵役期間に対応する年金などのように、社会全体の責務に基づき行われる給付のための費用は、保険料ではなく、租税により賄われるべきであるとの考え方に基づき行われてきた。しかしながら、最近では、雇用政策的な観点からの理由づけに重心が移ってきている。すなわち、失業の増加と国際競争の進展の中で、賃金付随コストとしての保険料負担を抑えるために、通常の連邦補助に加えて、追加的な連邦補助及びその上乗せを行うための連邦補助が導入され、その財源が付加価値税や環境税のような間接税に求められるようになってきている。年金保険の安定性及び信頼性を確保する上では、収入の構造が分かりやすく、かつ、今後の収入額の推移が予測可能なものであることが重要であると考えられる。しかしながら、この三種類の連邦補助は、年々の補助額の改定方法なども様々であり、連邦財政の状況により一時的な減額が行われるなどの問題がある。また、追加的な連邦補助の財源を付加価値税や環境税に求めることにより、所得に対する消費の割合が大きい中低所得者の負担を相対的に増加させることも懸念されている。さらに、環境税を財源とした連邦補助は、地球温暖化の原因となる二酸化炭素の排出量を抑制することによる環境保護と同時に、年金保険への連邦補助の増額による賃金付随コストの抑制を狙ったものであるが、環境税によるエネルギー消費の削減は連邦補助の財源となる環境税収入の減少につながるという矛盾を含んでいる。

（1）Ruland F., Die Rentenreform unter besonderer Berücksichtigung der staatlich geförderten zusätzlichen Altersvorsorge, Neue Zeitschrift für Sozialrecht, S.505.

（2）ibid., S.505.

（3）Bundesministerium für Arbeit und Sozialordnung, Die Rentenreform 2000 : Ein mutiger Schritt zu mehr Sicherheit, Stand: Augst 2000, S.3.

（4）Verband Deutscher Rentenversicherungsträger, Rentenversicherung in Zeitreihen, Ausgabe 2002, Frankfurt am Main, S.238.

（5）Schmähl W., Umlagefinanzierte Rentenversicherung in Deutschland, in : Schmähl W./Ulrich V. (Hrsg.), Soziale Sicherungssysteme und demographishe Herausforderungen, Tübingen 2001, S.130.

（6）Niemeyer W., Die Rentenreform 1999, Neue Zeitschrift für Sozialrecht, 3/1998, S.105.

（7）Bundesregierung, Rentenversicherungsbericht 1996, Üersicht Ⅰ 9.

（8）Reinhard H.-J., a.a.O., S.34.

（9）ibid., S.18.

(10) Rentenreform 2000 : Ein mutiger Schritt zu mehr Sicherheit, Das Konzeptpapier vom 18. 7. 2000.

(11) Döring D., Die Zukunft der Alterssicherung, Frankfurt am Main 2002, S.100 ff.

(12) Stahl H., in: Hauk K., SGB Ⅵ Gesetzliche Rentenversicherung, Kommentar, Loseblatt, K 68 Rdnr. 14.

(13) 財政再建法に基づく二年間の物価スライドは、結局、二〇〇〇年においてのみ実施された。

(14) ただし、老齢保障割合は、税制による奨励の対象となる私的老齢保障の保険料や私的老齢保障に対して実際に支払われる保険料の労働報酬に対する割合をそのまま採用したものではない。

(15) これは、二〇一一年以降のスライド方式において、グロス賃金から控除すべき年金保険以外の社会保険の保険料を一〇%に固定したものとみなすこともできるが、現実には、人口学的要素の導入の際と同様、政策的に目標となる水準を達成するために設定されたものである。

(16) 社会法典第六編第一五四条第一項の規定により、連邦政府は、毎年、年金財政の現状、中・長期見通しなどを含む年金報告を立法府に提出しなければならない。

(17) Verband Deutscher Rentenversicherungsträger, Rentenversicherung in Zeitreihen, Ausgabe 2002, S.114.

(18) ibid., S.52.

(19) Reinhard H.-J., a.a.O., S.35.

(20) 「重度の障害がある者に対する老齢年金」の支給開始年齢は、一九七二年年金改革法で六二歳とされたが、一九七九年からは六一歳、一九八〇年からは六〇歳に引き下げられた。

(21) 一九五七年年金改革法では、従来の国庫補助を発展させたものとして存在した連邦による様々な補助が統一されるとともに、職員年金に対する補助が初めて導入され、今日の連邦補助の元になる制度が規定された。(Rische H., Die Finanzierung der Rentenversicherung, in: VDR/Ruland F.(Hrsg.), Handbuch der gesetzlichen Rentenversicherung, Neuwied 1990, S.978ff.)

(22) Schmidt W./Genzke J., Beteiligung des Bundes, in: Schulin B.(Hrsg.), Handbuch des Sozialversicherungsrechts, Bd.3, München 1999, S.1121.

(23) これにより組み入れられた額は、一九九二年では四八億マルクであったが、一九九八年には七二億マルクまで拡大した。なお、この金額は、一九九九年六月以降、連邦が児童養育期間のための保険料を直接負担することになったため、再び、連邦補助から差し引かれることになった。

(24)　二〇〇〇年及び二〇〇一年は一一億マルク、二〇〇二年は一三億マルク（六億六、四六七万九、〇〇〇ユーロ）、二〇〇三年は二億マルク（一億二二五万八、〇〇〇ユーロ）が差し引かれる。

(25)　具体的には、環境保護のためにエネルギー消費を抑える観点から、ガソリン、軽油、天然ガスなどに賦課される鉱油税及び電気税の引上げが、一九九九年以降、段階的に行われている。

(26)　二〇〇〇年二六億マルク、二〇〇一年八一億四、〇〇〇万マルク、二〇〇二年一三三億二、〇〇〇万マルク（六八億一、〇四〇万ユーロ）、二〇〇三年一八七億マルク（九五億一、〇〇二万ユーロ）と定められている。

(27)　Döring D., a.a.O. (Fn.11), S.112 ff.

第六章　稼得能力の減少を理由とする年金

「稼得能力の減少を理由とする年金」に関しては、以前から、専門家の間だけでなく、政治的な議論の場においても、改革が必要であるとの合意が存在した。コール政権の下で一九九七年に制定された一九九九年年金改革法においては、この「稼得能力の減少を理由とする年金」に関しても抜本的な改革が行われることになった。しかしながら、シュレーダー政権の下では、これに代わる新たな規定を定めるために「稼得能力の減少を理由とする年金の改革に関する法律」が制定され、二〇〇一年一月一日に施行された。いずれにせよ、これらの改正は、近年における「稼得能力の減少を理由とする年金」の受給状況や労働市場の状況などに応じて、「稼得能力の減少を理由とする年金」と失業手当との関係など、年金保険と失業保険との役割分担を見直すことが主たる目的であった。

この章では、「稼得能力の減少を理由とする年金」に関する改革の必要性並びに実施された改革の効果及び問題点について検討を行う。

第一節　従来の規定

「稼得能力の減少を理由とする年金」は、従来、稼得不能年金（Rente wegen Erwerbsunfähigkeit）及び職業不能年金（Rente wegen Berufsunfähigkeit）並びに鉱夫に対する年金（Rente für Bergleute）から構成されていた。

この稼得不能と職業不能の区分は、一九五七年年金改革法により導入されたものである。この区分は、疾病や障害により稼得能力が減少した者のなかには、なお、稼得活動を通じて生活のための収入を得ることが可能な状態にあるものが存在することを考慮したものである。稼得不能であるとされたのは、疾病又は障害のために、近い将来に、どのようなものであれ、一定の規則的な就労が行えるか、あるいは平均報酬額の七分の一を超える労働報酬が稼げるような状態にはない被保険者である。一方、職業不能であるとされたのは、疾病又は障害のために、従来の主たる職業又はその者の能力、教育、職歴などからみて期待される職業において、類似の教育を受け、同等の知識及び能力を有する健康な者の半分未満の報酬しか得られない被保険者である。したがって、職業不能の判断においては、被保険者がそれら以外の職業においてどの程度の就労を行うことが可能かは意味を持たなかった。

稼得不能の場合には、当該被保険者に稼得活動の能力が残されていないため、賃金代替給付が全面的に必要になると考えられた。このため、稼得不能年金には、老齢年金の場合と同様、一・〇の年金種別係数が適用された。これに対して、職業不能年金の年金種別係数は、〇・六六六七とされた。これは、職業不能の場合には、当該被保険者に労働市場においてなお一定の賃金を得るだけの能力が残されているため、賃金の全面的な代替は必要ないと考えられたからである。いずれの年金についても、被保険者は、稼得不能又は職業不能の状態にあり、その状態になる前に一般的な待機期間を満たすとともに、直近五年間に三年以上の義務保険料納付期間を有する場合に受給することが認められた。ただし、一般的な待機期間を満たす前に既に稼得不能の状態にあり、それが継続している被保険者は、二〇年の待機期間を満たす場合に稼得不能年金を受給することが認められた。

現実にこの稼得不能及び職業不能の類型を適用するに当たっては様々な問題が発生した。このため、社会裁判所からもそれらに関するいくつもの判決が出された。職業不能年金の場合に問題となる「期待される職業」

に関しては、連邦社会裁判所（Bundessozialgericht）が段階類型の考え方を発展させてきた。それによれば、労働者の職業は表６－１のような四類型に整理される。(1) この場合に、ある被保険者に対して就労が期待される職業は、従来の職業が属するグループの一段階下のグループに属する職業とされる。したがって、第二グループの労働者は、第四グループの労働者として就労することまでは期待されない。第三ａグループの労働者は、第三ｂ又は第四グループの労働者として就労することまでが期待される。ただし、第三ｂ又は第四グループの労働者の場合には、一般的な労働市場におけるあらゆる職業が就労することが期待される職業ということになる。

また、稼得不能及び職業不能の判断に当たっては、当該被保険者の残存能力を労働市場において現実に活用できる可能性をどの程度まで考慮すべきかが問題となる。まず、稼得能力の減少した被保険者が、通常の労働時間で働ける場合には、労働市場の状況は考慮されない。つまり、そのような場合には、抽象的考察方法（abstrakte Betrachtungsweise）が適用され、いずれの活動についても十分な職場があると想定される。したがって、そのような者が現実に就労できないとしても、それは稼得能力の減少による問題ではなく、失業の問題として取り扱われる。これに対して、通常の労働時間の一部しか働けない者の場合には、連邦社会裁判所は、一九六九年及び一九七六年の決定において、具体的考察方法（konkrete Betrachtungsweise）と呼ばれる方法を採用した。(2) これによれば、被保険者が稼得不能及び職業不能に該当するかどうかの判断に当たっては、健康上の支障だけでなく、その者に残された能力をもって現実に就労できる職場があるかどうかが考慮される。つまり、

（表６－１）　労働者の場合の職業の類型

第一段階	上司としての機能を有する職長又は高度の専門労働者
第二段階	専門労働者（２年以上の養成訓練を伴う認定された専門職）
第三段階	訓練を受けた労働者（６月以上２年未満の養成訓練を伴うその他の専門職）
a）	12月以上２年未満の養成訓練を受けた者
b）	３月以上12月未満の養成訓練を受けた者
第四段階	訓練を受けていない労働者

資料：Verband Deutscher Rentenversicherungsträger, Deutsche Rentenversicherung 2-3/2002に基づき作成。

健康上の制約はあるものの、なお短時間労働が可能な被保険者の場合に、現実の労働市場においてその者の残存能力に見合った就労の機会が得られないのであれば、その者には稼得不能年金が支給されることになる。このケースの実務上の取扱いについては、連邦社会裁判所決定に基づき、一九七八年にドイツ年金保険者連盟と失業保険の保険者である連邦雇用庁との間で協定が締結された(3)。それによれば、年金の受給申請の日から一年以内に申請者にとって考慮に値する職場が提供されない場合には、このようなケースに該当するものと判断される。

この連邦社会裁判所の決定によって、年金保険は、稼得能力が減少した者に関する労働市場のリスクを相当程度に背負い込むことになった。ドイツにおいて現実には短時間労働の職場は能力の減少した被保険者に対しては閉ざされていることを考慮すると(4)、この決定によって、稼得能力の部分的な減少があるだけで、稼得不能年金が支給されることになったということができる。実際に、稼得不能年金の相当部分が、被保険者の健康上の支障だけでなく、労働市場の状況に関連して支給されている。すなわち、一九九九年には稼得不能年金の三分の一は労働市場の状況に関連して支給が認められている(5)。この割合はここ数十年間において上昇し、年金保険に相当の財政負担をもたらしている。このため、既に一九八九年に行われた一九九二年年金改革法の審議の過程において、連邦参議院から連邦政府に対して、年金保険と失業保険の間の客観的で社会的に公平なリスクの分担を実現するための改正について準備するよう要請が行われている(6)。

第二節　一九九九年年金改革法

一九九七年に制定された一九九九年年金改革法においては、「稼得能力の減少を理由とする年金」についての抜本的な改革が行われた(表6-2)。その目的は、一つには年金保険の対象となるリスクと失業保険の対象と

（表６－２）「稼得能力の減少を理由とする年金」に関する改正

	従前の規定	1999年年金改革法	稼得能力の減少を理由とする年金の改革に関する法律(2001年施行)
種類	稼得不能年金及び職業不能年金	「稼得能力の全面的な減少を理由とする年金」及び「稼得能力の部分的な減少を理由とする年金」	「稼得能力の全面的な減少を理由とする年金」及び「稼得能力の部分的な減少を理由とする年金」
稼得能力の判断	同等の者との比較，従前の職業・期待される職業を考慮（職業不能年金）	一般的な労働市場における就労可能時間	一般的な労働市場における就労可能時間
年金種別係数	1.0及び0.6667	1.0及び0.5	1.0及び0.5
労働市場との関係	具体的考察方法	抽象的考察方法	具体的考察方法 ただし、失業保険による財政補塡あり
早期受給	早期受給による減額なし	早期受給による減額あり	早期受給による減額あり
支給期限	原則として支給期限なし	原則として支給期限あり	原則として支給期限あり
自営業	稼得不能年金は受給できない	「稼得能力の全面的な減少を理由する年金」は受給できない	両方の年金が受給可能
他の収入との調整	追加報酬限度を超える場合は支給停止	新規年金—追加報酬を控除 既存年金—追加報酬限度を超える場合は支給停止	追加報酬限度を超える場合は支給停止

なるリスクとの客観的な区分を行うことにあった。前述のとおり、連邦社会裁判所によって示された具体的考察方法の採用により、年金保険は、被保険者の健康上の理由による稼得能力減少のリスクだけでなく、労働市場における失業のリスクも相当程度背負い込むことになった。一方、この改革法においては、従来の具体的考察方法に代わって抽象的考察方法に基づき、稼得能力の減少についての判断を行うこととされた。それによれば、被保険者の稼得能力が減少しているかどうかは、被保険者の残存能力だけで判断されることになり、その残存能力に見合った職場が存在するか否かという労働市場の個別の事情は、稼得能力の判断において意味を持たないことになる。この結果、年金保険においては、専ら健康上の理由による稼得能力の減少によってもたらされる所得の減少を補うことが目的となり、短時間労働の職場がないために残存能力が生かせないケースは失業保険の対象となる。

この改革のもう一つの目的は、稼得不能年金と職業不能年金の区分を見直すことにあった。この区分については、特に職業不能年金が一定の教育を受け、特別の職業に就く被保険者に特権を与えることにつながっているなどとの批判があった。また、職業不能の判断には、実務上大きな困難が伴った。このため、この改正では、この区分に代わって、一般的な労働市場において就労可能な時間によって段階が設けられた「稼得能力の全面的な減少を理由とする年金」及び「稼得能力の部分的な減少を理由とする年金」が導入された。これによって、「稼得能力の減少を理由とする年金」の支給は、従来とは異なり、全ての被保険者について、一般的な労働市場において就労可能な時間により統一的に判断されることになった。

このほかにも、老齢年金の繰上受給との調整を行うために「稼得能力の減少を理由とする年金」を六三歳よりも早期に受給した場合に年金額を減額する仕組みを導入することや、「稼得能力の減少を理由とする年金」に係る追加報酬限度が適用される収入の範囲に傷病手当金などの賃金代替給付を含めることなどの改正が行われた。

一九九九年年金改革法による「稼得能力の減少を理由とする年金」に関する改正規定は、二〇〇〇年一月から施行されることになっていた。しかしながら、政権交代後の一九九八年一二月に制定された社会保険修正法においては、大量の失業者が発生している労働市場の状況等に鑑み、その適用が二〇〇一年一月まで延期され、その間にそれに代わる新たな規定が定められることになった。これを受け、二〇〇〇年一二月には、従来の制度を全面的に改正する「稼得能力の減少を理由とする年金の改革に関する法律」(Gesetz zur Reform der Renten wegen verminderter Erwerbsfähigkeit) が制定された（表６‐２）。この法律は、二〇〇一年一月に施行されたが、その時点で既に「稼得能力の減少を理由とする年金」を受給している者に対しては、改正後の新たな規定は適用されない。

(1)　労働市場との関係

①　「稼得能力の減少を理由とする年金」の区分

この法律による改正後の規定においても、一九九九年年金改革法の場合と同様に、「稼得能力の減少を理由とする年金」については、一般的な労働市場において就労可能な時間に基づく「稼得能力の全面的な減少を理由とする年金」と「稼得能力の部分的な減少を理由とする年金」との区分が用いられることになった。つまり、職業不能年金の場合に適用された、各被保険者の従来の職業との比較や期待される職業の確定を伴う個別的な判断基準に代わって、一般的な労働市場における通常の条件の下での就労可能時間による一般的な基準が採用されたわけである。具体的には、稼得能力の減少に関して、次のような段階が設けられた。疾病又は障害のために、近い将来においては、一般的な労働市場における通常の条件の下で、一日三時間未満しか就労できない者には「稼得能力の全面的な減少を理由とする年金」が、一日三時間以上六時間未満しか就労できない者には「稼得能力の部分的な減少を理由とする年金」が支給され、一日六時間以上就労できる者には、「稼得能力の減少を理由とする年金」は支給されないこととされた。従来の職業不能年金の場合とは異なり、被保険者の残存能力は一般的な労働市場において統一的に評価される。つまり、各被保険者の従前の職業、教育、地位などとは無関係に、労働市場において考えられる限りの職業における稼得能力が判断の基準となる。ただし、稼得能力の減少した被保険者が一日六時間就労できたとしても、健康上の理由から通常の条件以上に休憩時間が必要な場合や特別の食事の時間が必要な場合などにおいては、そのような事情が考慮され、六時間就労することが可能とはみなされない。(7) なお、「稼得能力の全面的な減少を理由とする年金」に係る基準が一日三時間未満とされたのは、失業保険との整合性を考慮したものである。つまり、一日三時間未満しか就労できない者は、職業安定所による職業紹介の対象とはならず、失業保険による給付が受けられないことを考慮したものである。(8)

「稼得能力の全面的な減少を理由とする年金」は労働報酬の全面的な代替であるため、その年金種別係数は一・〇とされたが、「稼得能力の部分的な減少を理由とする年金」の場合には、当該被保険者は残存能力を活用することなどにより生活のための収入が得られると考えられることから、労働報酬の部分的な代替として、その年金種別係数は〇・五とされた。

②　具体的考察方法

このように、一般的な労働市場における就労可能時間を基準として区分される「稼得能力の全面的な減少を理由とする年金」と「稼得能力の部分的な減少を理由とする年金」を導入する点では、この改正は一九九九年年金改革法の考え方を引き継いだ。しかしながら、同改革法によって行われることとなっていた抽象的考察方法への転換は実施されず、引き続き、具体的考察方法が採用されることになった。その理由は、大量の失業者が発生している労働市場の現状からみて、労働市場の状況に関連して支給される「稼得能力の減少を理由とする年金」が引き続き必要であると考えられたためである。一般的な労働市場において一日三時間以上六時間未満しか就労できない者は、「稼得能力の部分的な減少を理由とする年金」が受給できることとされているが、実際にそのような短時間労働の職場を見つけられない場合には、具体的考察方法の適用により、「稼得能力の全面的な減少を理由とする年金」が受給できることになる。なお、一般的な労働市場において一日六時間以上就労できる者には、「稼得能力の減少を理由とする年金」が支給されないこととされているが、この場合には、労働市場における個別の事情は考慮されない。つまり、このような被保険者が職場を見つけられない場合には、それは失業保険の対象とされる。

③　失業保険による財政補塡

「稼得能力の減少を理由とする年金」に具体的考察方法が適用されることになったため、一九九九年年金改革法で予定されていた状況と比較して、年金保険は、失業保険との役割分担において不利な立場におかれることになった。これに対応して、具体的考察方法が維持されたことにより発生する年金保険の支出を補塡するため、連邦雇用庁から年金保険の保険者に調整金が支払われることとされた。その額は、年金の代わりに失業手当が支給されるとすれば支給されるであろう期間において、労働市場の事情に基づき支給される「稼得能力の全面的な減少を理由とする年金」のための支出額の半額[9]及びそれに賦課される医療・介護保険料の年金保険者負担分に相当する額とされている。[10]このような財政負担の調整は行われるものの、その対象は失業手当の支給期間内に限られるため、年金保険が労働市場に関連したリスクを引き受けることによる負担が全て補塡されるというわけではない。なぜならば、失業手当の支給期間は長期間保険料を納付した者の場合でも、その年齢によって六ないし三二月とされているのに対して、「稼得能力の減少を理由とする年金」の受給期間は、通常、三二月を大きく上回っているからである。[11]したがって、年金保険は、そのために、引き続き相当の費用を負担しなければならない。

④　申請

この法律改正により、職業安定所は、「稼得能力の部分的な減少を理由とする年金」の支給が認められた失業者であって、一般的な労働市場における条件ではその残存能力を生かして就労することができない者に対して、「稼得能力の全面的な減少を理由とする年金」の申請を一月以内に行うよう直ちに勧告しなければならないこととされた（社会法典第三編第一四二条第一項）。「稼得能力の部分的な減少を理由とする年金」を受給する期間は、これと併せて失業手当を受給することが可能であるが、受給者がこの職業安定所の勧告に従って一月以内に「稼得能力の全面的な減少を理由とする年金」の申請を行わなければ、実際にこの申請を行うまでの期間は、失業手当の支給が停止されることとされた。この改正規定は、「稼得能力の全面的な減少を理由とする年金」の支給要件を満たした者が速やかに年金受給の申請を行うようにするために設けられたものである[12]。なお、「稼得能力の全面的な減少を理由とする年金」が支給されることになれば、失業手当の支給は停止する（同条第一項及び第二項）。

(2)　老齢年金の繰上受給との関係

「稼得能力の減少を理由とする年金」は、六五歳より前に受給することができるが、老齢年金を六五歳よりも前に繰り上げて受給する場合のような受給開始要素による年金額の減額は行われていなかった。この改正においては、一九九九年年金改革法と同様に、「稼得能力の減少を理由とする年金」を六三歳よりも前に受給する場合について、同法により支給開始年齢が六〇歳から六三歳まで引き上げられることになった「重度の障害がある者に対する老齢年金」を繰上受給する場合との整合性が図られた。この改正は、特に具体的考察方法が維持される場合には、被保険者が、老齢年金を繰上受給する代わりに「稼得能力の減少を理由とする年金」を早期に受給することにより、繰上受給に伴う減額を免れようとすることに対処するためのものである。

具体的には、「稼得能力の減少を理由とする年金」を六三歳よりも前に受給する場合には、受給開始要素が一・〇からその期間一月当たり〇・〇〇三だけ差し引かれることとされた。これにより、年金額は一月当たり〇・三%だけ減額され、六〇歳から受給を開始する場合には、年金額が一〇・八%減少することとなる。ただし、六〇歳より前に「稼得能力の減少を理由とする年金」の受給を開始する場合には、何歳から受給を開始しても一〇・八%の減額となる。例えば、六〇歳から「稼得能力の減少を理由とする年金」の受給を開始した者が六五歳から引き続き老齢年金を受給する場合には、「稼得能力の減少を理由とする年金」だけでなく老齢年金の額も一〇・八%減少する。この場合に、六五歳から引き続き受給する老齢年金が減額されなければ、老齢年金を繰上受給する場合よりも、有利になってしまう。なお、この「稼得能力の減少を理由とする年金」の減額の仕組みは、二〇〇一年一月から段階的に導入され、二〇〇三年一二月から全面的に適用される(13)。

この減額は、その目的から考えれば、老齢年金の受給がもともと考えられない年齢に属する者の場合には、本来、必要がないものである。このため、六〇歳前に「稼得能力の減少を理由とする年金」の受給を開始した者については、五五歳以降六〇歳までの加算期間の評価を二〇〇一年一月から二〇〇三年一二月までの間に段階的に引き上げることにより、年金額の減額分を補うこととされた(14)。これによって、六〇歳前に「稼得能力の減少を理由とする年金」の受給を開始した者は、年金額の算定に当たっては六〇歳まで引き続き就労したものとみなされることになる。例えば、「稼得能力の減少を理由とする年金」の受給を五六歳八月に開始する場合、従来の規定では、加算期間は$\frac{40}{3}$月となるが、二〇〇四年以降は四〇月と評価される。ただし、この加算期間の評価の引上げにより早期受給に伴う減額が完全に相殺されるわけではない(15)。

(3)　職業不能年金の廃止に伴う経過措置

この改正により、従来の職業不能年金は廃止されることになったが、これに伴い、一定の経過措置が設けられた。すなわち、この改正法の施行時点で四〇歳に達している者については、期待保護の観点から、職業不能に該当する場合には「職業不能の場合の稼得能力の部分的な減少を理由とする年金」(Rente wegen teilweiser Erwerbsminderung bei Berufsunfähigkeit) が支給されることとされた。これにより、一般的な労働市場においては六時間以上就労することが可能であるが、従前の主たる職業又は期待される職業では六時間以上就労することができない場合には、この年金が支給されることになった。従来の職業不能年金の支給要件は、従前の主たる職業又は期待される職業で、類似の教育を受け同等の知識及び能力を有する健康な者の半分以下の報酬しか得られないこととなっていた。したがって、この新たな年金の支給要件は従来の職業不能年金の場合よりも緩和されたことになる。これに対応して、従来の職業不能年金の場合には〇・六六六七とされていた年金種別係数が、この新たな年金の場合には〇・五とされ、年金額は従来に比べて二五％減額された。

(4)　支給期限

従来の規定では、「稼得能力の減少を理由とする年金」は、近い将来において稼得能力の減少が回復する可能性があると見込まれる場合に限り、期限付きで支給された。それ以外の場合には、その年金が労働市場の個別の事情に基づいて支給されるのでない限り、期限のない年金として支給された。この改正においては、この原則と例外の関係が逆転された。つまり、一九九九年年金改革法と同様に、「稼得能力の減少を理由とする年金」は、原則として期限付きで支給されることになった。この期限は支給開始から三年以内で、更新することが可能とされている。ただし、当該年金が、労働市場の個別の事情とはかかわりなく支給され、かつ、稼得能力の減少が回復する可能性がない場合に限り、期限が付けられない。このような例外に該当するものとしては、医学的知見に基づき、これまでの病気の経過からみて、存在する治療の可能性を考慮しても年金法でいう稼得能力を向上させるような改善が期待できないケースが考えられる。[16] また、前述の期限が合計で九年に達した場合にも、稼得能力の減少が回復する可能性がないとみなされる。なお、労働市場の個別の事情に基づき支給される「稼得能力の減少を理由とする年金」には、常に期限が付けられる。

期限のない年金の場合は、支給要件を満たした月の翌月から起算して三月以内に申請が行われれば、支給要件を満たした月の翌月から支給される。しかしながら、期限付きの「稼得能力の減少を理由とする年金」は、稼得能力の減少が生じて以降七月目から支給される。このため、医療保険の保険者は、この「稼得能力の減少を理由とする年金」が支給されない期間、当該被保険者に傷病手当金を支給しなければならなくなった。この改正により、「稼得能力の減少を理由とする年金」は期限付きでの支給が原則となったことに伴い、医療保険の保険者からは、この傷病手当金の支給期間が延びることを通じて医療保険に大きな負担増が生じることへの懸念が表明された。[17] これに対して、年金保険者側からは、従来の規定においても、稼得不能になった被保険者は、当初は稼得不能になったとは思わないことが多く、その間は年金の支給申請が行われないために、医療保険が傷病手当金を支給していたので、そのような見方は、この改正による影響を過大視したものであるとの反論があった。[18] 結局は、二〇〇一年の年金改革のために制定された老齢資産法により、医療保険の負担を軽減するため、年金保険者から疾病金庫に対する調整金支払に関する規定が設けられた。[19]

(5) 自営業者

自営業を行う者については、従来、稼得不能は認められず、稼得不能年金の請求権は発生しなかった。つまり、稼得能力が減少した者が自営業者の場合には、職業不能年金の受給の可能性が存在するに過ぎなかった。この改正により、従来の稼得不能年金及び職業不能年金に代わって、「稼得能力の全面的な減少を理由とする年金」と「稼得能力の部分的な減少を理由とする年金」が導入されたが、「稼得能力の全面的な減少を理由とする年金」の支給を認めなかった一九九九年年金改革法の場合とは異なり、このいずれの年金についても、自営業を行う者への支給が認められた。この改正が行われた理由は、年金保険において加入義務のある自営業者の範囲が「被用者に類似した自営業者」にまで拡大されたことに伴い、それらの者が従属的な就労を行う被用者の場合と同等の給付を受けられるようにする必要があると考えられたためである。(20)

(6)　追加報酬限度

一九九六年以降、「稼得能力の減少を理由とする年金」についても追加報酬限度が定められ、労働報酬（一九九九年からは傷病手当金などの賃金代替給付を含む。）がそれを超えた場合には、年金の一部又は全部の支給が停止されることとなっていた。これに代わって、一九九九年年金改革法においては、一定の収入が「稼得能力の減少を理由とする年金」から差し引かれる仕組みが導入され、二〇〇〇年から適用されることになった。ただし、既に請求権が発生している年金については、引き続き、収入が追加報酬限度を超えた場合に年金の支給が停止される取扱いとされた。この新規と既存の年金と間の異なる取扱いは、「稼得能力の減少を理由とする年金の改革に関する法律」により更に改正され、再び、収入が追加報酬限度を超えた場合には年金の支給が停止される仕組みが一定の修正を加えた上で適用されることになった。この結果、追加報酬の額に応じて、「稼得能力の部分的な減少を理由とする年金」については全額又は半額が、「稼得能力の全面的な減少を理由とする年金」については満額、四分の三、半額、又は四分の一が支給されることとされた。

第四節　考　察

人々がそれぞれの生活の糧を得る上で就労が本質的な意味を持つ社会においては、就労を通じて家族の生活を支えている者の稼得能力が疾病や障害により減少した場合に必要な援助を行うことや、それに対し予め備えるための保障制度を設けることには、極めて大きな社会的要請がある。このため、稼得能力の減少は、本源的に、年金保険により保障されるべき生存に関するリスクの一つと考えられてきた。このようなリスクに備えるためドイツ年金保険において設けられている「稼得能力の減少を理由とする年金」は、我が国の年金制度における障害年金のように稼得能力の減少の原因となりうる一定の障害の発生を支給要件とするのではなく、疾病や障害が原因となって生じる稼得能力の減少そのものを支給要件としている点に特徴がある。しかも、この稼得能力の減少に関する判断には、被保険者の健康上の問題による能力の低下だけでなく、労働市場の状況も決定的な意味を持っている。つまり、稼得能力の減少した被保険者になお部分的な就労を行うだけの能力があるとしても、実際にその残存能力を生かす職場がなければ、その者には実質的に稼得能力が存在しないことになる。このため、「稼得能力の減少を理由とする年金」を労働市場の状況と切り離して考えることは不可能であり、また、必然的に失業保険との関係が問われることとなる。

近年において行われてきた「稼得能力の減少を理由とする年金」に関する改革の中心的な課題の一つは、稼得不能年金と職業不能年金との関係、なかんずく職業不能年金が抱える問題点を解決することにあったということができる。このために、従来の職業不能年金を廃止するとともに、全ての被保険者に統一的に適用される就労可能時間で区分される「稼得能力の全面的な減少を理由とする年金」と「稼得能力の部分的な減少を理由とする年金」が導入されたことは、従来の規定に伴う問題を解決するための合理的な方法であったと考えられる。このような改革が実施された理由の一つは、職業不能年金における不平等の存在にあった。つまり、一定の養成訓練を前提とした特別の職業グループへの配慮が行われる一方で、専門性が低い職業に就いている被保険者が、同等に年金保険料を負担しているにもかかわらず、実際には職業不能年金の受給において不利になることは、平等取扱いの観点から決して正当化できるものではなかった。それに加えて、期待しうる職業を想定することなど、職業不能の認定が実務上の困難をもたらしているという問題があった。つまり、職業不能の認定に当たっては、まず、稼得能力の減少した被保険者が、従来の主たる職業において、その者と類似の教育を受け、同等の知識及び能力を持つ健康な者との比較において、半分以下の報酬しか得られないかどうかが判断されなければならなかった。さらに、他の期待される職業を確定し、その職業においても、同様の判断を行わなければならなかった。これに比べて、新たな規定では、類似の教育を受け、同等の知識及び能力を持つ者との比較や期待される職業の確定は要しないものとなり、一般的な労働市場における就労可能時間だけが判断の基準となった。このように、全ての被保険者に対して統一的な基準が定められたことは、法的な明確性及び安定性の確保につながるものと評価することができる。もちろん、この場合においても、就労可能時間は、社会医学的な鑑定において確定されるわけであり、担当する医師がどの程度的確に必要な判断ができるかが問題となる。

「稼得能力の減少を理由とする年金」に関する改革におけるもう一つの中心的な課題は、年金保険と他の社会保険の対象とすべきリスクの区分にあったということができる。その背景には、いわゆる具体的考察方法の下で、残存能力に見合った短時間就労の職場が見つからないという労働市場の個別の事情に基づき「稼得能力の減少を理由とする年金」を受給する者が増加している状況がある。このため、年金保険は健康上の支障によるリスクだけでなく、労働市場におけるリスクを一層背負い込むことになった。確かに、ドイツのように分立した社会保険制度を持つ国においては、それぞれの種類の社会保険が対象とするリスクが体系的に配分されていることが、社会保険制度の正当性を維持する上で重要であると考えられる。その意味では、一九九九年年金改革法で予定されていたように、具体的考察方法から抽象的考察方法に転換することにより、労働市場の具体的な状況から独立して稼得能力の減少を判断することは、一定の合理性を持った対応策であると考えられる。

しかしながら、「稼得能力の減少を理由とする年金の改革に関する法律」により、具体的考察方法が再び採用されたことから、労働市場においてなお毎日三時間ないし六時間就労可能な者であっても、職場が見つからない、つまり失業状態のために残存能力が活用できない場合には、「稼得能力の全面的な減少を理由とする年金」が支給されることになった。これに伴い、失業保険から年金保険に対して一定の財政補塡が行われることとされたが、この財政補塡は失業手当の支給期間に対応する年金給付だけを対象とするため、労働市場の個別の事情に基づき支給される「稼得能力の全面的な減少を理由とする年金」に係る年金保険の財政負担が完全に調整されるわけではない。また、具体的考察方法が採用されたことにより、老齢年金の減額を伴う繰上受給の代わりに、減額を伴わない「稼得能力の減少を理由とする年金」を早期に受給することにより、職業生活から早期に引退しようとする動きが進むことに対処して、「稼得能力の減少を理由とする年金」を早期に受給する場合の減額措置などが必要となった。

失業保険との関係に関して、一九九九年年金改革法と「稼得能力の減少を理由とする年金の改革に関する法律」においてこのように相反する対応が行われた理由を考える上で重要なことは、これらの対応が、異なる種類の社会保険間の財政負担に及ぼす影響だけでなく、個々の被保険者にどのような影響を及ぼすことになるのかを見ることにある。つまり、抽象的考察方法に転換した場合には、「稼得能力の減少を理由とする年金」の支給は、当該稼得能力の減少した被保険者が残存能力を生かして就労することのできる短時間労働の職場があるかどうかといった労働市場における個別の事情とは関わりなく、その者の健康状態だけに基づき行われる。したがって、残存能力を生かして就労することのできる短時間労働の職場が見つからない被保険者は、失業者として失業手当を受給することになる。失業手当には、保険料の納付期間と年齢に応じて最長三二月までの支給期間が定められているため、それらの者は、やがては失業手当の受給期間が終了し、それぞれの者の需要に応じた(すなわち、所得調査を伴う)失業扶助あるいは社会扶助を受けなければならなくなる。「稼得能力の減少を理由とする年金の改革に関する法律」により、一九九九年年金改革法の場合とは異なり、具体的考察方法が再び採用された背景には、労働市場の厳しい状況が当分変化しないことを前提に、稼得能力の減少した被保険者がこのような失業扶助や社会扶助を受給せざるを得なくなる状態を避けることに重きをおいた立法者の判断があったといえる。

（1）　職員の場合にも、同様に、段階のつけられた類型に整理されている。

（2）　BSGE 30, 167 ff.; 43, 75 ff.

（3）　Vereinbarung zwischen dem Verband Deutscher Rentenversicherungsträger und der Bundesanstalt für Arbeit vom 7. 12. 1978.

（4）　Verband Deutscher Rentenversicherungsträger, Die Erwerbsminderungsrente, Deutsche Rentenversicherung 2-3/2002, S.96.

（5）　Verband Deutscher Rentenversicherungsträger, Statistik Bd.133, S.64.

（6）　Verband Deutscher Rentenversicherungsträger, Die Erwerbsminderungsrente, Deutsche Rentenversiche-rung 2-3/2002, S.94.

（7）　Joussen J., Die Rente wegen voller und teilweiser Erwerbsminderung nach neuem Recht, Neue Zeitschrift für Sozialrecht, 6/2002, S. 296.

（8）　社会法典第三編第一一九条第三項第一号。

（9）　この場合に、「稼得能力の全面的な減少を理由とする年金」のための支出額の半額が算定の基礎とされる理由は、労働市場における個別の事情を考慮した場合に支給される「稼得能力の全面的な減少を理由とする年金」（年金種別係数一・〇）の額とそれを考慮しない場合に支給される「稼得能力の部分的な減少を理由とする年金」（年金種別係数〇・五）の額の差が、「稼得能力の全面的な減少を理由とする年金」の額の半額に相当するためである。

（10）　ただし、二〇〇一年及び二〇〇二年の補填額は、法律上、それぞれ一億八、五〇〇万ユーロ及び一億九、二〇〇万ユーロと定められている。

（11）　BT-Drucksache 14/5394, S.14.

（12）　Voelzke T., Anrechnung von Nebeneinkommen, Minderung, Ruhen und Erlöschen, in : Spellbrink W./Eicher W., Kasseler Handbuch des Arbeitsförderungsrechts, München 2003, S.791.

（13）　二〇〇一年一月に受給を開始する場合には、六二歳一一月よりも前の期間は減額の対象とならない。この基準となる年齢は毎月一月ずつ引き下げられ、二〇〇三年一二月以降に受給を開始する場合には六〇歳となる（社会法典第六編別表二三参照）。

（14）　二〇〇一年一月に受給を開始する場合には、五五歳から六〇歳まで期間の五四分の一九（従来は三分の一）が加算期間として認められる。この割合は毎月五四分の一ずつ引き上げられ、二〇〇三年一二月以降に受給を開始する場合には五四分の五四となる（社会法典第六編別表二三参照）。

（15）　BT-Drucksache 14/4230, S.24.

（16）　Arbeitsgruppe des Fachausschusses für Versicherung und Rente des Verbandes Deutscher Rentenversicherungsträger 1/2001, Tagesordnungspunkt 2.5.

（17）　Die Frankfurter Allgemeine Zeitung vom 04. 11. 2000, „Gesetzliche Kassen fürchten neue Belastungen".

（18）　Verband Deutscher Rentenversicherungsträger, Aktuell vom 07.11.2000, „Belastung der Krankenkassen durch die Reform der Erwerbsminderungsrenten ist nicht so groß wie behauptet".

（19）　二〇〇一年には、年金保険から医療保険に対して、二億五、〇〇〇万マルクの調整金が支払われることとされた。

（20）　BT-Drucksache 14/4230, S.26.

第七章　就労形態の変化に対応した改革

年金保険は、労働報酬を得て就労する者を被保険者とし、労働報酬を基に算定される保険料などを財源として、各被保険者に対して、それぞれが納付した保険料に応じた給付を行うことを基本としている。したがって、就労状況の変化は、被保険者数や労働報酬額の変化を通じて、年金財政の収入及び支出の両面にわたって大きな影響を及ぼすことになる。一方、各被保険者にとっては、就労状況の変化は将来において受けることができる年金給付の額を左右することになる。

今日のドイツ労働市場においては、従来の正規雇用の枠に収まらない多様な就労形態が出現するとともに、大量の失業者の発生などを背景として職業生活からの早期の引退が増加している。これらは、就労を行う個人の希望や使用者の意向などを反映したものではあるが、年金財政の負担や適切な年金給付の確保の観点からは、様々な問題点を含んでいる。

この章においては、年金保険において行われているこれらの変化への対応について検討を行う。

第一節　就労形態の多様化

ドイツにおいても、かなり以前から、継続的なフルタイム労働、期限のない雇用関係、月々支払われる報酬などで特徴づけられる通常の就労形態とは異なる就労形態が増加してきている（表7－1）。そのようなものと

（表7－1）　就労状況の変化

（単位：千人）

年	社会保険加入義務のある就労	自営業（注）	パート労働	失業者
1992	29,325	3,642	5,671	2,979
93	28,596	3,689	5,902	3,419
94	28,238	3,788	6,222	3,698
95	28,118	3,832	6,545	3,612
96	27,739	3,839	6,940	3,965
97	27,279	3,914	7,349	4,384
98	27,207	3,979	7,874	4,279
99	27,482	3,940	8,383	4,099
2000	27,825	3,944	8,852	3,889

（注）　外国人を除く。
資料：Bundesministerium für Arbeit und Sozialordnung, Statistisches Taschenbuch 2001, Arbeits- und Sozialstatistik により作成。

しては、パートタイム労働、僅少労働、期限付き労働、派遣労働、自営業などが挙げられる。このような変化が起る原因は様々である。一つには、それぞれの労働者が求めるライフスタイルの多様化に対応した就労形態が必要になっていることが挙げられる。また、国際的な競争の激化により、企業への労働コスト削減圧力が高まっていることもその原因として挙げられる。さらに、派遣労働、期限付き雇用及び解雇制限に関する規制の緩和が進んでいることもその原因の一つとなっている。

このような就労形態の多様化は年金保険に対しても大きな影響を及ぼす可能性がある。つまり、年金保険への加入義務のない就労形態や低賃金のパート労働などが拡大するほど、年金保険の保険料収入は減少する。一方、そのような就労を行う者にとっては、その期間における保険料納付の中断や保険料納付額の減少により、将来の年金給付が減少する恐れがある。このような影響を及ぼす就労形態の多様化に対しては、年金保険の側でも、近年、それぞれに応じた改革が行われている。

1　僅少労働

一九九九年三月に制定された僅少労働改正法（Gesetz zur Neuregelung der geringfügigen Beschäftigungsverhältnisse）により、一九九九年四月から社会保険における僅少労働に関する制度が根本的に変更された。その背景には、保険料納付義務がないとされていた僅少労働が増加を続けることにより、保険料算定の基礎となる収入がそれによってますます侵食されてきたことがある。連邦労働社会省の委託により行われた調査によれば、一九九二年から一九九七年までの間に、僅少労働を行う者の数は、四四五万人から五六三万人へと二六・五％も増加した。一九八七年には、僅少労働を行う者一人に対して七・四人の割合で社会保険への加入義務のある就労を行う者がいたが、この割合は一九九七年では僅少労働を行う者一人に対して四・八人にまで低下している。(1)

この改正の目的は、僅少労働に関しても保険料を課すことにより、保険料収入を基本とする社会保険財政の安定を確保するとともに、僅少労働に従事する者（多くは、女性）に年金給付の改善につながる選択肢を付与することにある。さらには、僅少労働の拡大のインセンティブを取り除くとともに、保険料賦課を逃れるために社会保険法上の届出がなされず行われる「ヤミ労働」(Schwarzarbeit) を防止することもその目的の一つとなっている。

(1)　保険加入義務及び保険料負担義務

社会保険法に基づく保険加入義務が免除される僅少労働は、継続的な僅少労働（社会法典第四編第八条第一項第一号）と短期的な僅少労働（同項第二号）から構成されている。

このうち、継続的な僅少労働は、従来、週労働時間が平均一五時間未満で、かつ、労働報酬月額が平均報酬額の七分の一（一九九九年では、旧西独地域六三〇マルク、旧東独地域五三〇マルク）を超えないものとされていた。この改正では、労働報酬月額の上限が旧西独地域と旧東独地域との間で統一され、かつ、その額が六三〇マルク（三二五ユーロ）と定められた。（二〇〇三年四月からは、労働報酬月額が四〇〇ユーロを超えない場合に僅少労働に該当するものとされ、週労働時間の要件は削除された。）

僅少労働を行う者は、保険加入義務が免除されるため、従来どおり保険料を負担することを要しない。ただし、新たな規定では、継続的な僅少労働を行う者を使用する者には、使用者保険料を負担する義務が課せられることになった。この使用者保険料には下限は設けられていないので、僅少労働による労働報酬には最初の一マルクから年金保険及び医療保険の使用者保険料が賦課される。[2] この使用者保険料の額は、年金保険ではグロス労働報酬の一二％、医療保険では一〇％（二〇〇三年四月からは一一％）とされている。[3] 失業保険及び介護保険においては、僅少労働には引き続き保険料が賦課されない。

短期的な僅少労働は、従来、一年間で、二月あるいは五〇労働日までしか継続せず、かつ、労働報酬月額が平均報酬額の七分の一を超えないものとされた。この場合にも、この改正により、労働報酬月額の上限が六三〇マルク（二〇〇三年四月からは四〇〇ユーロ）と定められた。ただし、短期的な僅少就労の場合には、継続的な僅少労働の場合のような使用者保険料の負担義務は発生しない。

さらに、この改正では、僅少労働を行う者の使用者は、就労開始などに関して、社会法典第四編第二八条ａに定める通常の届出を行う義務が課された。

一人の被用者が同一の使用者の下で同時に複数の就労を行う場合には、労働契約上の形態がいかなるものであろうとも、社会保険法においては、一つの統一的な使用関係が存在するものとみなされる。[4] しかしながら、一人の被用者が異なる使用者の下で同時に就労を行う場合や、同一の使用者の下で、順次、短期間の就労を行う場合には、この考え方は適用されない。これに対して、社会法典第四編第八条第二項は、従来から、一人の被用者が、複数の僅少労働を行う場合には、それらの就労を一つにまとめて僅少労働に該当するかどうかを判断する旨、規定している。つまり、一人の被用者が異なる使用者の下で複数の継続的な僅少労働を行う場合であって、合計労働時間又は合計労働報酬が僅少労働の基準を超える時は、全てが保険加入義務のある就労とみなされ、通常の保険料負担義務が発生する。また、一人の被用者が同一の使用者の下で短期的な僅少労働を繰り返し行う場合にも、同様の取り扱いがなされる。さらに、この改正では、一人の被用者が異なる使用者の下で保険加入義務のある就労と同時に僅少労働を行う場合にも、労働時間及び労働報酬の合算が行われることになった。この結果、保険加入義務のある主たる就労のほかに、副業として僅少労働を行う場合には、当該僅少労働を行うことは保険加入義務のある就労とみなされ、通常の保険料負担義務が発生する。(5)

(2) 年金給付の期待権

年金保険において、使用者は、僅少労働について労働報酬の一二%に相当する使用者保険料を負担する義務が課された。しかしながら、当該僅少労働を行う者の年金保険への加入義務は免除されており、使用者保険料の納付がその者に対する将来の年金給付に結びつくわけではない。ただし、継続的な僅少労働を行う者は、年金保険者に対して意思表示を行うことにより、保険加入義務の免除を放棄することが認められている。このような意思表示を行った者は、年金保険の強制被保険者となり、通常の保険料負担義務が発生する。この場合の保険料額は労働報酬に通常の保険料率を乗じて得た額となるが、その負担は労使折半にはならない。すなわち、使用者は、保険加入義務が免除された僅少労働の場合と同様、労働報酬の一二%に相当する保険料を負担し、被保険者がその残りを負担することとされた。二〇〇三年一月現在では、保険料率は一九・五%であるから、僅少労働を行う者が負担する保険料は、労働報酬の七・五%(一九・五%―一二%)となる。なお、この場合の保険料算定の基礎となる労働報酬の最低額は一五五ユーロと定められている。したがって、実際の労働報酬が月一五五ユーロよりも少なくても、納付すべき保険料の額は一五五ユーロに保険料率を乗じて得た額となる。ただし、使用者が負担する保険料は実際の労働報酬の一二%であり、残りの保険料は被保険者が負担することとされている(図7-1)。

（図７－１）　僅少労働に係る保険加入義務の免除を放棄した場合の保険料負担

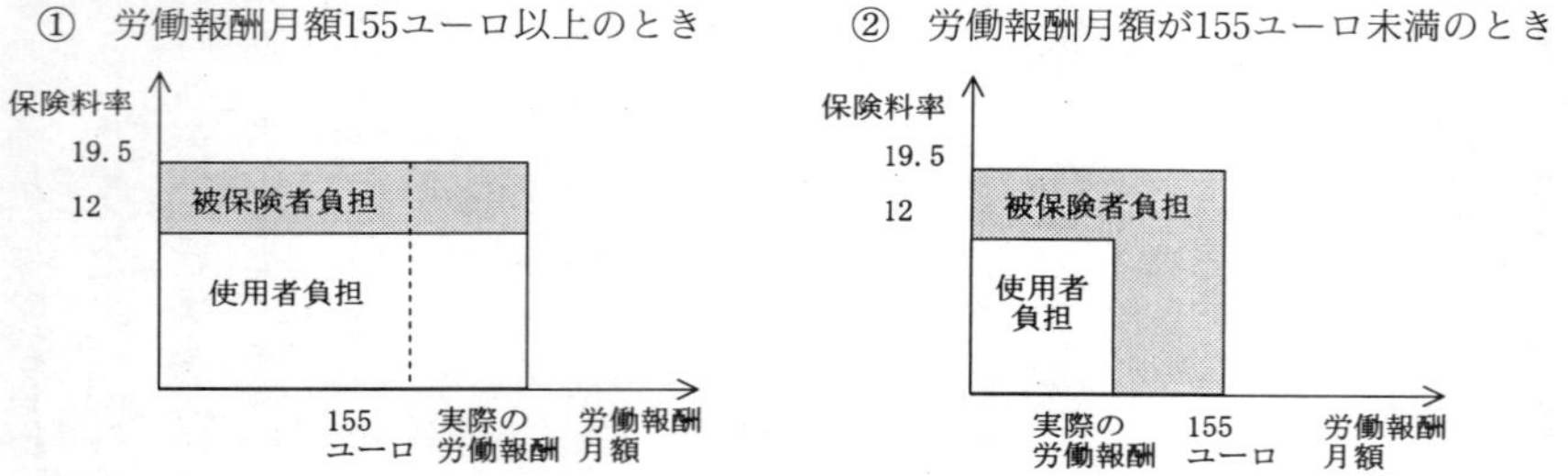

①　労働報酬月額155ユーロ以上のとき

②　労働報酬月額が155ユーロ未満のとき

このようにして納付された保険料は、僅少労働を行う者の将来の年金給付に対する期待権を増加させる効果を持つ。

2　「見かけ上の自営業者」及び「被用者に類似した自営業者」

社会保険による保護の対象になるかどうかは、通常は、労働力を提供する者がいかなる地位にあるかに依存している。実際には使用者に従属的な就労を行う者であっても、形式的には被用者としての地位を有しないために、自営業者として取り扱われ、社会保険による保護の対象とならないものが存在する。このようないわゆる「見かけ上の自営業者」(Scheinselbständige) はいずれの産業・雇用分野にも存在している。特に、近年の厳しい競争環境の中で、企業組織の再編が行われ、その中で個々の就労分野の分離・独立化、被用者から「見かけ上の自営業者」としての就労への転換が進められている。そのような動きは、流通、銀行、保険業、コンピュータ関係などでみられ、特に輸送やサービス部門の労働者が「見かけ上の自営業者」として就労するようになっている。(6)

(1)　一九九九年一月の改正

①　見かけ上の自営業者

社会保険修正法により、一九九九年一月に、「見かけ上の自営業者」に関する規定が社会保険法において初めて導入された。この法律の目的は、近年においてみられる「見かけ上の自営業者」の増加傾向に歯止めをかけるために、社会保険の保険者がより迅速かつ平易に「見かけ上の自営業者」を把握できるようにすることにあった。このため、判断の基礎となる四つの基準が定められ、そのうちの二つに該当する場合には、社会保険への加入義務のある就労であると推定されることになった。この四つの基準としては、ア、家族の場合を除いて保険加入義務の対象となる被用者を雇用していないこと、イ、通常は一人の依頼主のために活動していること、ウ、被用者の場合に典型的な労働役務を提供していること、エ、市場において企業活動に基づく行動（例えば、販売・購入価格の決定、資本の投下など）を行っていないことが定められた。この推定に対して、当人又は依頼主からの反証がない場合には、社会保険への加入義務が発生し、依頼主には、使用者として保険料の半分を負担する義務が発生することとされた。

②　被用者に類似した自営業者

社会保険修正法においては、さらに、「被用者に類似した自営業者」にも年金保険への加入義務が導入された。この「被用者に類似した自営業者」は、年金保険以外の社会保険においては、従来どおり、加入義務の対象とならない。この改正の目的も、「被用者に類似した自営業者」への転換により、年金保険の被保険者が抜け落ちていくことに歯止めをかけることにあった。[7]この改正により、家族の場合を除いて保険加入義務の対象となる被用者を雇用せず、かつ、通常は一人の依頼主のために自営業を行う者は、「被用者に類似した自営業者」に該当することとされた。この「被用者に類似した自営業者」はあくまでも自営業者であり、他の社会保険への加入義務は存在しないが、年金保険においてのみ自営業者としての加入義務が課せられる。したがって、この場合には、芸術家、手工業者など年金保険への加入義務がある他の自営業者の場合と同様、年金保険料は本人によって全額負担され、依頼主には使用者としての保険料負担義務は発生しない。年金保険においては、従来から、自営業者であっても特定の職業の者に対しては、社会的な保護の必要性を認めて、加入義務が課されてきた。「被用者に類似した自営業者」については、その職種を問わず、既に保険加入義務が課せられている自営業者と比べて社会的な保護の対象とする必要性が一般的に低いわけではないと判断されたため、このような改正が行われることになったものである。(8)

(2)　一九九九年一二月の改正

①　改正経緯

「見かけ上の自営業者」及び「被用者に類似した自営業者」に関する前述の改正は、かつてないほどの多くの批判にさらされた。その理由は、何よりも、この改正の核となる部分であった保険加入義務の推定に関する規定が実施上の大きな問題に突き当たったことにある。問題は、法律に定められた判断基準があいまいであるために、「見かけ上の自営業者」に該当しないとの反証が当事者にとって大きな負担となったことである。また、この点に関しては、社会法典第一〇編第二〇条第一項に定めるように実態は当事者の申立てによるのではなく保険者が職権で調査するという職権調査原則（Amtsermittlungsgrundsatz）に反するとの批判もあった。さらに、この四つ基準自体も、それぞれに全く異なるものであり、また、整合性に欠けるとの批判を受けた。(9)このような状況に鑑み、この規定が施行されてから数ヵ月しかたたない一九九九年四月には、連邦労働裁判所（Bundesarbeitsgericht）元長官ディートリッヒ教授を委員長とする「見かけ上の自営業に関する専門家委員会」（Expertenkommission Scheinselbständigkeit）が設置され、この規定の改正の必要性について検討が行われた。同年九月、この委員会は、「見かけ上の自営業」の推定に関する規定が実施上の不安定さをもたらしている点を改めるための提案を取りまとめた。この提案に基づき、同年一二月には「自営業の促進に関する法律」（Gesetz zur Förderung der Selbständigkeit）が制定され、一九九九年一月にさかのぼって新たな規定が適用されることになった。

②　見かけ上の自営業

この改正の目的は、従属的な就労と自営業との区分に関する基本原則及び社会保険における職権調査原則が引き続き存在することを明確にすること、保険加入義務の推定に関する規定は職権調査原則を代替するものではなく、例外的なケースにおいて補完するものであることを明確にすること、推定の基準の明確化及び追加を行うこと、被保険者としての地位を明確にするための照会手続きを導入すること、保険料の不適当な追加請求を排除することなどにあった。

この改正においては、「就労とは自営業ではない労働をいう」とする社会法典第四編第七条第一項に、「就労の根拠となるのは、指示に基づく活動及び指示を与える者の労働組織への編入である」との第二文が追加され、労働関係を他の契約関係と区別する中心的なメルクマールは人的な従属性の程度であるとする連邦社会裁判所及び連邦労働裁判所が従来の判決の中で発展させてきた考え方が法律の中に明示的に取り込まれた。この追加に当たっては、従属的な就労関係は、全ての状況の総合的な評価に基づき決定されるべきであるとする前記専門家委員会の提言が取り入れられている。すなわち、「根拠」(Anhaltspunkt) という言葉を用いることにより、それが完結的な判断基準ではないことを明らかにしている。したがって、個々のケースでの判断は、この根拠の存在だけでなく、この両裁判所がこれまでに発展させてきた区分のための基準が用いられることになる。(10)

批判の対象となっていた保険加入義務の推定に関する規定については、判断の基礎となる基準の追加及び修正などが行われたものの、この改正によって廃止はされなかった。しかしながら、この推定に関する規定が適用されるのは、保険者が事実関係を明らかにしようとするのに対して稼得活動を行う者の協力が得られないという例外的な場合に限られることになった。

さらに、この改正により、被保険者としての地位を明確にするための就労若しくは自営業を行う者又はその使用者若しくは依頼主の申請に基づく照会手続きが導入された。この照会手続きは、従属的な就労か自営業かを迅速かつ簡便に明確にするものであり、法的安定性の確保につながるものである。また、これについての判断が分かれることを防止するため、この判断は、職員年金の保険者である連邦職員保険庁が一元的に行うこととされた。通常の場合には、就労関係の成立とともに保険加入義務が発生し、保険料は就労が行われた月の翌月の一五日までに納付しなければならないこととされている。しかしながら、この照会が、当該活動を始めてから一月以内に連邦職員保険庁に対して行われ、就労を開始してから照会に対する決定があるまでの間に公的な医療保険及び年金保険に相当する給付を行う保険に入っていた場合には、保険加入義務は決定が公表された時点から発生することとされた。

③　被用者に類似した自営業者

「被用者に類似した自営業者」に関して定められた規定についても、「見かけ上の自営業者」の場合と同様に、実施上の問題に直面していたため、この法律により、一九九九年一月に遡って改正が行われた。この改正においては、「被用者に類似した自営業者」と認められる者の範囲がより明確にされた。新たな規定では、当該自営業に関して通常は報酬が月額三二五ユーロ（二〇〇三年四月からは四〇〇ユーロ）を超える保険加入義務のある被用者を雇用せず、かつ、継続的及び本質的に一人の依頼主のための活動する者は、「被用者に類似した自営業者」に該当するものとされた。

3　考　察

ドイツにおいて年金保険は、全ての居住者を対象にして保険加入義務を課すような普遍的な制度にはなっていない。年金保険を始めとする社会保険における保険加入義務は、被用者としての従属的な就労を行うことが本人とその家族の生活を支える基盤となっている者の社会的な保護を目的とするものであるとの伝統的な考え方に立って定められている。したがって、このような社会保険が想定する典型的な状況に該当しない場合には、社会的な保護の必要性の観点からは保険加入義務は必要がないことになる。

いわゆる専業主婦が、僅かの追加的な収入を得るために短時間の就労を行うような場合には、主としてその就労によりその者の生計が維持されるわけではないので、上記のような考え方からは、保険加入義務は課されないことになる。つまり、僅少労働に関して保険加入義務が課されていない理由は、僅少労働を行う者には、家族による扶養、資産、自営業など、僅少労働以外にその生計を維持するに足る重要な経済的基盤が存在すると考えられるからである。しかしながら、このような考え方に対しては、いくつかの問題点が存在する。そのようなものとしては、僅少労働であるために保険加入義務が免除されている者であっても、特に、年金保険の場合には、社会的な保護の対象とすることが適当な者がいること、僅少労働が増加することにより年金保険などから保険料負担者が抜け落ちていくこと、僅少労働の場合には保険料負担が発生しないために、使用者に対して、通常の就労形態から僅少労働に切り替えようとするインセンティブを与えることがあげられる。

このような問題に対し、年金保険においては、生計の基盤となる被用者としての就労に着目して保険加入義務を課し、それによって被用者とその家族を社会的に保護するとの考え方を維持しつつも、就労形態の多様化によって生じる諸問題を解決する上で必要な措置を講じていくことが、対応の基本的な方向になっている。また、その場合においては、特に、保険料負担者が抜け落ちるなどの問題を生じさせている僅少労働や「見かけ上の自営業者」などの増加への対応が中心となっている点に特徴がある。

僅少労働に関しては、僅少労働に該当する労働報酬の上限額を固定して僅少労働の対象となる範囲の拡大を防ぐとともに、僅少労働を行う者の負担増を避けつつ、保険料負担者が抜け落ちていくことや、使用者側に通常の就労から僅少労働に切り替えるインセンティブが働くことに対応するため、使用者保険料の導入が行われた。僅少労働に関して定められた新たな規定については、使用者にとって保険料納付のためにかなりの事務費用がかかることのほかにも、僅少労働を行う者とその使用者にとって相当の負担増となる場合があるとの批判がある。このようなケースとしては、一人の被用者が、保険加入義務の対象となる主たる就労のほかに、追加的な収入を得るために、他の使用者の下で副業として僅少労働を行う場合が挙げられる。従来の取扱いでは、このような僅少労働は保険加入義務が免除されていたが、新たな規定により、両方の就労が一つのものとみなされ、僅少労働の部分にも、通常の保険料が賦課されることになった。このために、このような就労を行う者が自ら僅少労働を取りやめるようなケースも多数出てくるものとみられている。

しかしながら、この新たな規定は、平等な取扱いの観点からは、大きな意義をもつものと評価できる。従来は、月四〇〇マルクの労働報酬が得られる僅少労働を二ヵ所で行う者は、いずれの労働報酬にも社会保険料が賦課されたにもかかわらず、月五、〇〇〇マルクの労働度報酬が得られる保険加入義務のある就労を行う者が、副業として月四〇〇マルクの労働報酬が得られる僅少労働を行ったとしても、それについては保険料負担が発生しないとされていたからである。

僅少労働に関しては、保険料負担の面だけではなく、僅少労働を行う者の年金給付の面での改善にもつながる改正が行われた。すなわち、年金保険における保険加入義務の免除を放棄することが認められたことにより、僅少労働を行う者に年金保険の給付が受けられる道が開かれることになった。この改正は、特にこれまでは社会的な保護の対象とならなかった僅少労働に従事する女性の年金給付の改善に寄与するものとして評価することができる。

保険加入義務の対象になる従属的な就労と対象とならない自営業との区分は、近年においては以前に比べて格段に難しくなっている。その背景には、就労の場としての伝統的な産業や手工業の比重が低下する一方で、情報・通信技術の革新及び利用の拡大に伴い伝統的な就労形態からの乖離が起こっている実情がある。つまり、労働者は以前にも増して勤務場所や勤務時間に拘束されず、また、使用者の組織にも組み込まれないようになってきている。また、自営業者は、以前のように、従属的な就労を行う者に比べて必ずしも経済的に安定した立場にあるとはいえなくなってきている。このため、従来の被用者概念は、社会保険による社会的な保護の対象とするかどうかを決定する基準としての意義を失いつつある。社会保険の役割は、労働力の投入により生計を立てている者が、それが出来なくなる又は制限されることに対して、集団的に予め備えることにある。このような観点からは、従属的な就労と自営業との区分がますます意味を持たないものとなってきている。

年金保険においては、これまで、手工業者、芸術家など、特定の職種の自営業者に限り保険加入義務が課せられてきた。一九九九年における改正は、この範囲を拡大し、職種を問わず「被用者に類似した自営業者」を保険加入義務の対象にすることにより、自営業者への保険加入義務の拡大にとって重要な一歩を踏み出したものと考えられる。ドイツにおいても将来的には、オーストリアなどでみられるように、自らの労働力の投入により生計を立てている全ての自営業に保険加入義務の範囲を拡大する方向に進んでいくことも考えられる。

第二節　高齢者の就労と年金支給開始年齢

1　早期年金受給の増加

早期年金受給（Frühverrentung）の増加は、近年の年金保険を巡る議論において、中心的なテーマの一つとなっている。ここでいう、早期年金受給とは、年金法において定められた通常の老齢年金の支給開始年齢である六五歳よりも前に年金の受給を開始することを意味している。このような早期受給が可能となるのは、六五歳に達する前でも一定の年金の受給が可能とされているためである。一九九六年以前においては、次のような種類の老齢年金が六五歳よりも前に受給することが可能とされていた。

ア　長期被保険者に対する老齢年金　三五年の待機期間を満たす被保険者は、六三歳から「長期被保険者に対する老齢年金」（Altersrente für langjährig Versicherte）を受給することができた。

イ　女性に対する老齢年金　一五年の待機期間を満たし、かつ、四〇歳以降に一〇年以上の義務保険料納付期間を有する女性の被保険者は、六〇歳から「女性に対する老齢年金」(Altersrente für Frauen) を受給することができた。

ウ　重度の障害がある者に対する老齢年金　　三五年の待機期間を満たし、重度の障害がある者は、六〇歳から「重度の障害がある者に対する老齢年金」(Altersrente für Schwerbehinderte) を受給することができた。

エ　失業を理由とする老齢年金　　直近一年半の間に五二週の失業期間があり、直近一〇年間に八年間の義務保険料納付期間があり、かつ、一五年の待機期間を満たす失業者は、六〇歳から「失業を理由とする老齢年金」(Altersrente wegen Arbeitslosigkeit) を受給することができた。

また、このほかにも、直近五年間に三年の義務保険料納付期間があり、かつ、五年の待機期間を満たす職業不能又は稼得不能の被保険者は、六五歳より前に「稼得能力の減少を理由とする年金」を受給することができた。

ドイツにおいては、今日、六五歳まで就労し、その後に年金の受給を開始する者は、むしろ少数派に属している。旧西独地域においては、六〇歳から六四歳までの男性の就労率は、過去二〇年間で約一〇パーセントポイント減少し、二〇〇〇年現在、三三・二%となっている。旧東独地域においては、旧西独地域を上回るテンポで引退年齢が低下しており、六〇歳から六四歳までの男性の就労率は二三・六%となっている。(11) また、老齢年金の受給を開始する平均年齢は、二〇〇二年には、旧西独地域で男性六二・八歳、女性六三・一歳、旧東独地域では男性六一・七歳、女性六〇・九歳となっている。(12)

早期受給の対象となる年金を種類別にみると、近年においては、大量の失業者が発生している影響により、特に「失業を理由とする老齢年金」の受給件数の増加が目立っている。新規に受給を開始した老齢年金の件数に占める「失業を理由とする老齢年金」の件数の割合は、特に男性の場合には急上昇した。なかでも、旧東独地域では、一九九三年の二三・〇%から一九九七年には七九・八%にまで増加した（表7-2）。一方、女性の場合には、「失業を理由とする老齢年金」は大きな意味を持っていない。その理由は、女性の場合には、「女性に対する老齢年金」が六〇歳から受給可能であったためである。したがって、「女性に対する老齢年金」の受給者には受給前に失業した女性が含まれている。

2　早期年金受給増加の原因

早期年金受給が急増した原因の一つは、労働市場において大量の失業者が発生していることにある。出生率の低下により労働市場においても高齢化が進みつつあるが、未だ、労働供給能力が全体として低下するような状況にはない。それどころか、戦後のベビーブーム世代の存在、女性の就労率の上昇、外国からの労働力の流入などにより、労働供給は大幅に増加している。特に、一九九三年の景気後退以降、経済が停滞する中で、四〇〇万人もの大量の失業が発生し、失業率も一〇%程度にまで上昇している。さらに、登録された失業者のほかに、雇用創出措置によって就労の機会を得ている多くの労働者が存在する。

　企業側でも、企業業績の悪化を背景に、人員構成の調整を進めるために早期退職を促す圧力が高まっている。様々な企業が、場合によって

（表７－２）　老齢年金の新規支給件数に占める「失業を理由とする老齢年金」の割合

年	男性		女性	
	旧西独地域	旧東独地域	旧西独地域	旧東独地域
1993	27.2%	23.0%	2.8%	1.1%
1994	31.9%	51.3%	3.7%	2.6%
1995	36.0%	69.3%	4.2%	8.2%
1996	38.0%	79.4%	4.7%	9.0%
1997	39.4%	79.8%	4.4%	6.4%
1998	37.1%	74.9%	3.3%	3.5%
1999	36.1%	73.6%	2.4%	2.1%
2000	36.5%	73.2%	3.5%	4.2%
2001	36.8%	66.7%	1.5%	1.5%
2002	34.0%	61.2%	1.1%	0.6%

資料：Verband Deutscher Rentenversicherungsträger, Rentenversicherung in Zeitreihen, Ausgabe 2003 により作成。

は有利な退職一時金の支給を盛り込むなどして、高齢労働者と解約合意（Auflösungsvertrag）を締結し、それらの者が一定期間の経過後には六〇歳からの「失業を理由とする老齢年金」の受給が可能となるようにしている。この場合に、労働者が退職してから年金受給開始までの期間をつなぐのは、最長三二月まで支給される失業手当である。また、多くの場合には、企業により失業手当の上乗せが行われている。(13)

また、社会法典第三編第四二八条によれば、五八歳以上の高齢失業者の場合には、可能と思われる仕事に就く意思がなくても、失業手当あるいは失業扶助が受給できることとされている。ただし、この場合には、当該失業者はできる限り早期に年金の受給を開始することが条件となっている。この規定がなければ、これらの失業者は、場合によっては六五歳まで失業手当や失業扶助を受給することが可能であり、その意味でこの規定は年金保険に対する相当の負担増をもたらしていることになる。

さらに、旧東独地域においては、一九九二年末までに失業した者に対しては、五五歳以降できる限り早期に年金の受給を開始するまでの間、老齢移行手当（Altersübergangsgeld）が支給された。この手当の受給者は、一九九五年では、旧東独地域における五五歳から五九歳までの者の約三〇％を占めていた。この老齢移行手当の受給者も、六〇歳に達すると失業を理由とする老齢年金の受給者となった。

「稼得能力の減少を理由とする年金」も、早期年金受給増加の一因となっている。一九六九年及び一九七六年の連邦社会裁判所の決定に基づき、健康上の支障がある者は、残存能力に見合った職場が一年以内に提供されない場合には、「稼得能力の減少を理由とする年金」の受給が可能とされた。これにより、短時間労働の機会がないという労働市場の問題が、年金保険に転嫁されることになった。このような労働市場の事情に基づく「稼得能力の減少を理由とする年金」の支給が増加することによっても、年金財政に相当の負担が発生した。

早期年金受給の増加には以上のような原因があるとしても、仮に、早期退職・早期年金受給が多くの高齢労働者の意に沿わないものであったとしたならば、事態はこれほど急速に進展しなかったであろう。つまり、平均寿命が伸びているにもかかわらず、労働者側も、できるだけ早期に引退し、年金生活に入ることを望んでいることが、早期年金受給を増加させる原因の一つになっていると考えられる。

3　年金財政などへの影響

早期年金受給は、年金保険の収入及び支出の両面から年金財政の負担を増加させることになる。早期年金受給は、年金の受給を開始する年齢が下がる分だけ受給期間を長期化させ、年金支出を増大させる効果をもつ。また、年金受給者になれば、保険料納付が行われないため、早期年金受給は、保険料収入を減少させる効果も持っている。これに対して、失業者が早期年金受給を行わず、失業手当又は失業扶助を受けたとすれば、その期間は、年金保険の強制被保険者として、これらの賃金代替給付に基づき保険料が負担される。このような年金財政の負担増は、年金保険料率の上昇により賃金付随コストを増加させるとともに、年金保険に対する連邦財政の負担を増加させる恐れがある。

これまで、早期年金受給は、特に労働市場の負担軽減につながるとの理由から肯定的に受け止められてきた。また、高齢の労働者が通常の老齢年金の支給開始年齢より前に引退し、年金生活に入ることができるのは、望ましいことであるというのが労働組合も含めた関係者の合意となっていた(14)。現に、早期年金受給は失業者数及び失業率を相当に引き下げる効果をもたらした(15)。さらに、それは、若年労働者が労働市場に留まることを可能にする効果も持っていた。しかしながら、大量の失業者の発生を背景とした早期年金受給の増大は、年金保険において、もはや甘受できないほどの規模に達し、将来の財政的な安定を損ないかねないものになった。また、今後、年金を受給する年齢を迎える世代が増加することを考えると、早期年金受給が労働市場に及ぼすポジティブな効果を考慮しつつも、早期年金受給による年金財政の負担を軽減することが重要な課題となった。

4　年金法における対応

早期年金受給の増加に歯止めをかけるための方策のひとつは、老齢年金の早期受給の可能性を制限することにある。一九九二年年金改革法以降、早期年金受給を抑えるために、法律に定められた支給開始年齢の引上げなどが行われてきた。

(1)　一九九二年年金改革法

一九九二年改革法においては、年金保険において、初めて、支給開始年齢の引上げが行われることになった。それは、比較的長い経過期間を伴う、ゆっくりとした引上げであった。これにより、六〇歳又は六三歳の老齢年金支給開始年齢は、二〇〇一年以降、通常の老齢年金の支給開始年齢である六五歳にまで段階的に引き上げられることになった。この引上げの対象となるのは、「女性に対する老齢年金」及び「失業を理由とする老齢年金」に係る六〇歳の支給開始年齢並びに「長期被保険者に対する老齢年金」に係る六三歳の支給開始年齢であった。「重度の障害がある者に対する老齢年金」はこの引上げの対象とはされなかった。これらの支給開始年齢引上げのペースは、二〇〇一年から二〇〇四年までの間は一年に三月ずつ、それ以降は一年に六月ずつとなっていた。したがって、「女性に対する老齢年金」及び「失業を理由とする老齢年金」の支給開始年齢の引上げは二〇一二年一一月に完了し、六五歳の支給開始年齢は一九五二年一一月以降に生まれた者に適用されることになっていた。また、「長期被保険者に対する老齢年金」の支給開始年齢の引上げは二〇〇六年一一月に完了し、六五歳の支給開始年齢は一九四三年一一月以降に生まれた者に適用されることになっていた。

しかしながら、被保険者は、必ずしも引き上げられた支給開始年齢に達するまで年金の受給を待たなければならないというわけではなかった。支給開始年齢の引上げが行われる老齢年金は、引き上げられた支給開始年齢よりも三年まで繰り上げて受給することが可能とされた。ただし、六五歳への引上げが完了するまでの期間は、従前の支給開始年齢よりも早期に受給することは認められなかった。繰上受給を選択するにしても、三年を上回って引き上げられた支給開始年齢が適用される被保険者は、従来よりも長い期間就労しなければならなくなったわけである。このように、支給開始年齢の引上げ後も一定の繰上受給が認められたが、それが年金財政の負担増につながらないようにするため、繰上受給される年金は繰上期間に応じて減額されることになった。

さらに、被保険者は、支給開始年齢に達すれば得られる年金の全部でなく、一部（三分の二、二分の一又は三分の一）だけを繰上受給することも認められた。これにより、被保険者はこの年金（部分年金）を受給するとともに、一定程度に抑えた労働報酬を得ることが可能となる。また、満額の年金を繰上受給する場合に比べて、繰上げによる減額が少なくなる。[16]

(2) 一九九六年の改正

一九九六年に制定された経済成長・雇用拡大法などにより、失業の増加を背景とした早期年金受給の急増に対応するため、一九九二年年金改革法により行われることとされていた支給開始年齢の引上げがより早期に開始されるとともに、経過期間の短縮が行われた。

「女性に対する老齢年金」の支給開始年齢は、二〇〇〇年から毎月一月ずつ引き上げられることとされた。[17] この引上げは二〇〇四年一二月に完了し、一九四四年一二月以降に生まれた者には六五歳の支給開始年齢が適用される。ただし、年金支給開始年齢に近い年齢にある被保険者については、期待保護の観点から、一定の経過措置が設けられた。[18] また、支給開始年齢の引上げ開始後も、六〇歳以降は一定の減額を伴う繰上受給が可能とされた。

「長期被保険者に対する老齢年金」の支給開始年齢も、二〇〇〇年から毎月一月ずつ引き上げられることとされた。この引上げは、二〇〇一年一二月に完了し、一九三八年一二月以降に生まれた者には六五歳の支給開始年齢が適用される。支給開始年齢の引上げ開始後も、六三歳以降は一定の減額を伴う繰上受給が可能とされた。この場合には、この改正に伴う特段の経過措置が設けられていないが、その理由は、従前の規定による引上げからの変更幅が「女性に対する老齢年金」や「失業を理由とする老齢年金」の場合ほど大きくないためであるとされている。[19]

一九九六年には、早期年金受給に代わる別の選択肢として、高齢者の短時間労働の機会を作り出し、年金生活への円滑な移行を図るとともに、年金保険などに負担をかけることなしに企業が人員構成の調整を行えるようにするため、年金生活円滑移行促進法が制定された。この法律により、五五歳以降において労働時間を従来の半分に短縮する高齢短時間労働を行う者に対して、高齢短時間労働のグロス賃金を二〇％上乗せし、[20]かつ、高齢短時間労働を行う者の年金保険料が従前の賃金に基づく年金保険料の九〇％となるように上乗せする場合には、使用者は、それぞれ五年間、連邦雇用庁からこれらの費用についての助成が受けられることとされた。ただし、この助成は、高齢短時間労働によって空いた職が他の失業者又は養成訓練中の者で埋められることが条件となる。

二四月以上高齢短時間労働に従事した者には、従来の「失業を理由とする老齢年金」に相当する年金が支給されることとされた。ただし、この「失業を理由とする又は高齢短時間労働の後の老齢年金」についても、支給開始年齢が一九九七年から毎月一月ずつ引き上げられることとされた。この引上げは、二〇〇一年一二月に完了し、一九四一年一二月以降に生まれた者には六五歳の支給開始年齢が適用される。ただし、年金支給開始年齢に近い年齢にある被保険者については、期待保護の観点から、一定の経過措置が設けられた。[21]支給開始年齢の引上げ開始後も、六〇歳以降は一定の減額を伴う繰上受給が可能とされた。

(3)　一九九九年年金改革法

「重度の障害がある者に対する老齢年金」の支給開始年齢は、一九九二年年金改革法及び一九九六年の改正においては、引上げの対象とされなかった。一九九九年年金改革法では、この支給開始年齢についても、二〇〇〇年から毎月一月ずつ引き上げられることとされた。この引上げは、二〇〇二年一二月に完了し、一九四二年一二月以降に生まれた者には六三歳の支給開始年齢が適用されることとされた。ただし、年金支給開始年齢に近い年齢にある被保険者については、期待保護の観点から、一定の経過措置が設けられた(22)。一九四二年一二月までに生まれた者は、支給開始年齢の引上げ開始後も、六〇歳以降は一定の減額を伴う繰上受給を行うことが可能とされた。

また、一九九二年年金改革法及び一九九六年の改正による支給開始年齢の引上げ開始後も認められてきた年金額の減額を伴う繰上受給が、一定期間経過後は認められないこととされた。すなわち、「女性に対する老齢年金」及び「失業を理由とする又は高齢短時間労働の後の老齢年金」の場合には、一九五一年までに生まれた者に限り六〇歳以降の繰上受給が可能とされた。「長期被保険者に対する老齢年金」の場合にも、一九四九年までに生まれた者に限り一定年齢以降の繰上受給が可能とされた(23)。なお、「長期被保険者に対する老齢年金」に係る支給開始年齢の引上げについても、一定の経過措置が設けられることになった(24)。

(4)　稼得能力の減少を理由とする年金の改革に関する法律

二〇〇〇年一二月に制定された「稼得能力の減少を理由とする年金の改革に関する法律」により、一九九九年年金改革法に定められていた「重度の障害がある者に対する老齢年金」の支給開始年齢の引上げスケジュール全体が一年だけ先送りされるとともに、一九五〇年までに生まれた者は、支給開始年齢の引上げ開始後も、六〇歳以降は一定の減額を伴う繰上受給が可能とされた。

5　考　察

以上のように、一九九二年改革法以降の改革においては、老齢年金支給開始年齢を引き上げる改正が繰り返し行われてきた。それによって、支給開始年齢の引上げがより早期に開始され、かつ、経過期間も短縮されてきている。また、減額を伴う繰上受給についても、一定期間経過後は認められなくなるなどの制限が加えられてきている。その結果、「重度の障害がある者に対する老齢年金」を除いて、減額を伴わない老齢年金は二〇〇五年以降、減額を伴う老齢年金であっても二〇一二年以降は、六五歳より前に受給を開始することができないこととされた。

年金保険にとって、勤労生活を終え、年金生活に入る年齢（引退年齢）がいかに大きな意味を持つかは、異なる引退年齢を前提に現役世代に対する高齢者世代の割合を比較してみると明らかになる。この割合は、二〇三〇年において、現役世代を二〇歳以上六〇歳未満とすると約七三％となるが、現役世代を二〇歳以上六五歳未満とした場合には約四七％にまで低下する。[25] したがって、被保険者が実際に年金を受給し始める年齢を遅らせることができれば、年金財政にとってはそれだけ負担が軽減されることになる。

支給開始年齢の引上げは、被保険者が実際に引退し年金を受給し始める時期を遅らせることにより、平均寿命の伸びの全てが年金受給期間の長期化につながるのではなく、その一部は就労期間の長期化をもたらすようにするために効果的な手段である。なぜならば、六五歳まで就労することを勧める上では、法定の支給開始年齢を六五歳に引き上げる方が、支給開始年齢を維持したままで実際にそれ以降の年齢まで働くことを奨励することよりも遥かに容易であると考えられるからである。したがって、ドイツにおける現実の改革においても、少子高齢化の進展により年金財政の負担が長期的に増大せざるを得ない状況において、支給開始年齢の引上げが負担軽減を図るための重要な政策手段として位置づけられている。

一方、少子高齢化がもたらす年金財政の負担増に対応するために制定された直近の改革法である二〇〇一年の改革法では、労働市場の状況等を考慮して支給開始年齢の引上げは対策の中に含められなかった。しかしながら、このことは、将来にわたっても、支給開始年齢を更に六五歳以上に引き上げることが、対策の選択肢にならないことを意味しているわけではない。ただし、実際に年金を受給し始める年齢を今後更に引き上げるためには、勤労生活の終了と年金受給と間の橋渡しが必要になると考えられる。また、このような橋渡しをするものとして、高齢者の就労は重要な意味を持っている。

従来の支給開始年齢の引上げは、必ずしも現実の企業の行動や労働市場の状況との関連をもって行われてきたわけではない(26)。また、支給開始年齢の引上げは、新たな支給開始年齢に到達するまで就労の場が確保されることを各被保険者に保障するものでもない。なぜなら、支給開始年齢の引上げによって、労働条件、高齢労働者の健康状態及び資質が自動的に変化するわけではないからである。今後における平均寿命の伸長、労働力の高齢化、少子化による若い世代の減少などを考えると、女性の就労率を高めることと並んで、高齢者の就労への参加を促進することは、年金財政の観点のみならず、社会・経済全体にとって重要な課題であることは間違いない。その際に重要な意味を持つのは、高齢者が適当な仕事に就けるよう、再教育を通じて、高齢者の労働者として質を高めることにある。そのためには、高齢者自身の参加意欲のみならず、使用者側にもそのような人的資本のために投資する用意があることが、より長期にわたり人的資本を活用することにつながっていく。

二〇〇一年の改革法においては、私的年金の普及を促進するために公的な助成が行われることになった。しかしながら、今日求められることは、このような金融資産の形成を促進することよりも、生産性を向上させ、経済の競争力を高める重要な源である人的資本への投資を促進するという長期的な視点に立った政策であると考えられる。

（1）　BT-Drucksache 14/280, S.10.

（2）医療保険において、僅少労働に係る使用者保険料が賦課されるのは、当該僅少労働を行う者が医療保険の被保険者である場合に限られる。失業手当を受給することにより被保険者となっている場合、家族被保険者となっている場合などが、これに該当するケースとして考えられる。

（3）年金保険と医療保険の使用者保険料を合わせた二二%の保険料率は、この改正により課税されないことになる僅少労働による賃金に対する所得税の税率を考慮して定められたものである。(Peters K., in: Kraus N., Kasseler Kommentar Sozialversicherungsrecht, München, Loseblatt, SGBV §249b Rdnr. 24.)

（4）BSGE 55, 1.

（5）失業保険においては、保険加入義務のある就労とそれと同時に行われる僅少労働との間で、このような合算は行われない。

（6）Bäcker G./Bispinck R./Hofemann K./Naegele G., Sozialpolitik und soziale Lage in Deutschland, Bd.1, 3. Aufl., Wiesbaden 2000, S.301.

（7）BT-Drucksache 14/45, S.20.

（8）ibid., S.20.

（9）Reiserer K./Freckmann A./Träumer S., Scheinselbständigkeit, geringfügige Beschäftigung, München 2002, S.34.

（10）この基準の詳細については、前掲書四〇頁を参照されたい。

（11）Mikrozensus 2000.

（12）Verband Deutscher Rentenversicherungsträger, Rentenversicherung in Zeitreihen, Aufgabe 2003, S.114.

（13）von der Heide D., Die Problematik der Frühverrentung in der gesetzlichen Rentenversicherung – Entwicklung, Ursachen, Auswirkungen und Lösungen, Neue Zeitschrift für Sozialrecht, 7/1997, S.303.

（14）Frerichs F./Naegele G., Anhebung der Altersgrenzen und Herausforderung an die Arbeitsmarktpolitik, in : Barkholdt C., Prekärer Übergang in den Ruhestand, Wiesbaden 2001, S.73.

（15）連邦雇用庁の労働市場・職業研究所の推計によると、早期年金受給により、一九九五年では、失業者数が二〇%減少し、六〇歳から六四歳までの者の失業率は三分の一に減少した。

(16) 部分年金として受給する部分を除いた残りの部分の受給を六五歳以降に繰り下げることにより、繰下期間一月当たり〇・五%だけ年金額が増額されるため、繰上支給による減額を相殺することも可能である。

(17) 提出法案では、一九九七年からの引上げが予定されていたが、このような早急な引上げ開始は、期待保護の観点から基本法に抵触するとの議論があり、連邦議会の審議の過程で二〇〇〇年から実施することに修正された。

(18) 一九九六年五月七日において、五五歳以上であり、かつ、失業中であった女性などに対しては、改正前に予定されていた支給開始年齢の引上げが適用されることとされた。

(19) Köbl U., Erreichen einer Altersgrenze, in : Schulin B. (Hrsg.) Handbuch des Sozialversicherungsrechts, Bd. 3, München 1999. S.660.

(20) 上乗せ後のネット賃金は、従前のネット賃金の七〇%以上でなければならない。

(21) 一九九六年二月一四日において、五五歳以上であり、かつ、失業中であった者などに対しては、改正前に予定されていた支給開始年齢の引上げが適用されることとされた。

(22) 一九九七年一〇月一〇日において、五五歳以上であり、かつ、重度の障害があった者などに対しては、引き続き六〇歳の支給開始年齢が適用されることとされた。

(23) 繰上受給が可能な年齢は、一九四七年までに生まれた者については六三歳、一九四八年及び一九四九年に生まれた者については、毎月一月ずつ早められ、一九四九年一二月生まれの者には六二歳からの繰上げ受給が認められた。

(24) 一九四一年までに生まれた者で、保険加入義務のある就労を通じて四五年間の義務保険料納付期間を有するものなどについては、一九九六年における改正前に予定されていた支給開始年齢の引上げが適用されることとされた。

(25) Statistisches Bundesamt, Die 9. koordinierte Bevölkerungsvorausberechnung, Variante 1.

(26) Frerichs F./Naegele G., a.a.O., S.75.

第八章　女性の年金

年金保険においては、従来、夫婦は、夫の就労から得られる収入で、また、老後は夫の老齢年金で生活し、さらに夫が死亡したときは、残された妻に対して扶養の代替として寡婦年金が支給されることが想定されていた。しかしながら、女性の就労機会の増加、夫婦間の関係の変化、離婚の増加など家族を取り巻く環境の変化が進む中で、こうした前提に立つ年金保険にも変化への対応が求められている。

このような状況を背景として、男性に比べて低い水準に止まっている女性の年金を改善することは、長年、社会保障を巡る政治的な議論の中心的なテーマの一つとなってきた。また、その中では、女性の年金を改善するために、特に、「年金保険において子の養育をどのように考慮するか」、「女性の老齢保障は、女性自らの年金によるのか、あるいは夫の年金から派生する遺族年金によるのか」といった問題が議論された。それらは単なる議論に終わるのではなく、一九九二年年金改革法以降の改革においては、女性に対する年金給付の改善、特に女性の年金期待権の拡充を狙いとする様々な改革が実施されている。

この章においては、まず、女性の年金を巡る状況を見た上で、被保険者としての女性の年金を拡充するための方策、並びに既婚女性の年金を改善する観点からの遺族年金制度の改正及び夫婦間の年金分割について検討する。

第一節　女性の年金を巡る状況

年金保険において前提とされてきた、「夫だけが就労し、それにより得た収入で家族を扶養する」という伝統的な姿は、もはや世の中の実態に合わないものになってきている。女性の就労率や就労時間は増加の一途を辿っている。旧西独地域では、一九九八年四月現在、一、二四〇万人の女性が就労しており、その数は、一五年前に比べて二二％強も増加している。一九七〇年には四六・二％に止まっていた女性（一五歳以上六五歳未満）の就労率も一九九八年には六〇・五％にまで上昇している。(1)また、社会主義国であった東独では、寡婦年金は例外的な場合にのみ支給されることとされ、女性は、子の養育や家族の状況にかかわらず就労し、それによって自分自身の年金期待権を獲得していた。

女性の就労が増加したとはいえ、平均的には、女性の就労期間や賃金は男性に比べて少ないために、女性の年金額は男性よりも低くなっている。二〇〇一年七月現在で、旧西独地域における被保険者年金の平均月額は、男性は九六七ユーロであるのに対して、女性は四六七ユーロに止まっている。旧東独地域においても、男性は一、〇〇〇ユーロ、女性は六二九ユーロとなっている。(2)

年金額は、どれだけの期間において保険料を納付したか、また、保険料の基礎となった労働報酬がいくらであったかによって決定されるわけであるから、このような年金額についての格差は、男女間での就労状況の違いを反映したものであるということができる。二〇〇一年では、被保険者年金に係る年金法上の期間の平均は、旧西独地域では、男性は四〇年、女性は二六年で、一四年の差がある。また、旧東独地域でも、男性は四五年、女性は三六年で、九年の差がある。(3)女性の場合にはパートタイム労働の割合が大きいため、労働報酬に関しても、男性が女性を大きく上回っている。被保険者年金の算定の基礎となった女性の労働報酬の全被保険者の平均報酬に対する割合は、旧西独地域では七六％、旧東独地域でも八三％となっている。(4) これに加えて、女性の場合には、子育てや介護のために就労が中断し、その期間における保険料納付が行われなくなることや、それが昇進に不利な影響を及ぼすこともある。こうした状況に鑑み、年金保険においても養育や介護の期間を考慮した措置がとられているが、それによって、女性が年金保険の期待権を獲得する上で蒙る不利が十分に埋め合わされているわけでない。

二〇〇一年七月現在、五一〇万件の寡婦年金が支給されている。また、その平均月額は、旧西独地域で五四五ユーロ、旧東独地域で五三〇ユーロとなっている。(5) 寡婦年金の額は死亡した夫の被保険者年金額の六〇％（二〇〇二年からは五五％）とされているが、実際にはそれを相当に下回るケースがみられる。これは、寡婦自身の収入が一定額を超える場合にはその超過額の四〇％が寡婦年金に算入され、その分だけ年金額が減額されるためである。一九九八年には、これによる減額が、旧西独地域では寡婦年金支給件数の六％、旧東独地域では四八％に対して行われている。旧東独地域でこの割合が高い理由は、旧西独地域では女性の被保険者年金の受給額が旧西独地域よりも高いためである。一方、これにより減額された金額は、旧西独地域では平均二二九マルク、旧東独地域では一四一マルクとなっている。これには、旧西独地域における寡婦年金受給者の収入額に大きなばらつきがあることに原因がある。(6)

二〇〇一年末においては、女性が受給する被保険者年金のうち、旧西独地域では六七％が、旧東独地域で四一％が月額六〇〇ユーロ未満の額となっている（後掲・第九章表9－1）。このため、夫による扶養又は遺族年金による追加的な収入のない独身の又は離婚した女性の場合には、老後において貧困に陥る可能性が排除できない。このような可能性は、特に旧東独地域の女性に当てはまる。なぜならば、旧東独地域においては、旧西独地域の年金法が適用されることになった一九九二年一月に初めて、離婚時に夫婦間で年金等給付の期待権の分割を行う給付調整の規定が適用されるようになったからである。旧西独地域でも、給付調整が導入された一九七七年七月よりも前の離婚のケースでは、女性の年金額が十分ではないことが頻繁に起こっている(7)。

以上のことから明らかなように、女性の老後における所得は、依然として、その女性が結婚したか、婚姻が夫の死亡まで続いたかどうかに大きく依存している。一方、女性を老齢保障と結びつけるものとして、婚姻はその意味を失いつつある。なぜならば、婚姻は、一生続くことが少なくなってきているからである。高い離婚率は、婚姻が必ずしも老後における十分な所得の保障に繋がるものではないことを示している。また、単独で子を養育する女性の増加は、女性に対する年金の改善は、既婚女性に関する規定を改正することだけでは達成できないことを示している。

第二節　女性の被保険者年金の拡充

女性の就労が増加しているとはいえ、女性の労働報酬は男性に比べて低い水準にあり、しかも、子の養育などにより就労の中断が起こるため、被保険者としての女性が受給する年金額は、平均的には依然として男性よりも低くなっている。このような状況に対応して、養育や介護を行う者が将来の年金給付の面で不利にならないようにするための措置が年金保険の中にも設けられてきた（表8－1）。

1　児童養育期間

夫婦のどちらか一方が子を養育する期間は、子の誕生から三年を限度に児童養育期間として認められる(8)。当該養育を行う者は、児童養育期間において年金保険の強制被保険者となるが、実際には保険料を納付することなしに、平均報酬に対応する保険料を納付したものとみなされる。このため、児童養育期間は、当該養育を行う者が年金給付を受給するために必要な待機期間に算入されるとともに、個人報酬点数（以下単に「報酬点数」

第二節　女性の被保険者年金の拡充

（**表**８－１）　養育及び介護への配慮の拡充

年	児童養育期間	養育に係る考慮期間	介護に係る考慮期間	保険料納付期間の評価
1986	1年間 0.75／年			
1992	3年間 0.75／年	（10歳未満の子を養育する期間） ・待機期間への算入 ・総実績評価を高める効果	（職業としてではなく介護する期間） ・待機期間への算入 ・総実績評価を高める効果	（最低収入による年金） 1991年以前の低額の義務保険料に係る報酬点数を1.5倍に評価
1995			介護保険の実施に伴い廃止　→	職業としてではなく介護する期間の保険料を介護保険が負担
1998	3年間 0.85／年 労働報酬に基づく報酬点数を加算			
1999	3年間 0.90／年			
2000	3年間　1.0／年			
2001				児童養育に係る考慮期間及び18歳未満の子を介護する期間の低額の義務保険料に係る報酬点数を1.5倍に評価

（注）　児童養育期間の欄の数字は報酬点数を示す。

という。）の増加により年金額を増加させる効果を持つ。つまり、児童養育期間は、子の養育のために就労を諦め又は制限し、そのためにその間に年金期待権を獲得できなかった又は僅かしか獲得できなかった者が、子の養育を行わなかったために就労を続けられた者に比べて将来の年金給付においても不利になることを防ごうとするものである。したがって、児童養育期間は、子の養育に必要な費用を補塡し、現に養育を行っている者の経済的な負担を軽減しようとするものではない。児童養育期間は、男性が子の養育を行っている場合にも算入可能であるが、実際に児童養育期間が算入された年金を受給する割合は、女性の方が圧倒的に大きくなっている。

児童養育期間は、一九八六年一月一日に年金保険に導入されて以来、多くの改善が図られてきた。導入当時は、一人の子につき、一年間の児童養育期間が認められ、その間に平均報酬の七五％の労働報酬に対応する保険料を納付したものとみなされた(9)。この措置は、女性の受給する被保険者年金を改善するとともに、子の養育を就労と同等に評価することにつながるものであった。児童養育期間において、子を養育しながら就労を行い、保険料を納付した者は、その労働報酬が平均報酬の七五％以下の場合には、平均報酬の七五％に相当する労働報酬を得て就労していたものとみなされた。ただし、就労による労働報酬が平均報酬の七五％を上回る場合には、その労働報酬に応じた報酬点数が算定されるだけであり、したがって、児童養育期間は特段の意味を持たなかった。このように児童養育期間が就労による労働報酬に上乗せする効果を持たないこととされた理由は、児童養育期間が、子の養育のために就労を諦め又は制限し、それによって保険料が納付されない又は僅かしか納付されない期間が生じることに対し、その穴埋めを行うことを目的とするものであると考えられたからである(10)。

一九九二年年金改革法においては、一九九二年以降に生まれた子に係る児童養育期間が子の誕生から三年間に延長された。併せて、一〇歳未満の子の養育を理由とする考慮期間が導入された。考慮期間は、総実績評価を通じて保険料免除期間の報酬点数を高める効果を持つとともに、「長期被保険者に対する老齢年金」の受給要件を満たすために必要な三五年の待機期間にも算入された。

児童養育期間において就労を行い、それによる保険料を納付した場合の前述の取扱いについては、低所得世帯の場合には、経済的な理由から児童養育期間にあっても就労せざるを得ないのに対して、高所得世帯の場合にはその期間において就労を諦め、そのために児童養育期間による恩恵をフルに受けられることについて批判があった。一九九六年三月には、連邦憲法裁判所から、このような取扱いは、基本法に定める平等原則に反するために憲法違反であるとの判断が示された。(11)その理由として、児童養育期間が全ての被保険者に対して同等に有利な効果を及ぼしていないことは不平等な取扱いであることが指摘された。また、子の養育中にも保険料を納付し、自らの老後に備える者が不利になることを正当化する根拠が欠けているとされた。さらに、児童養育期間は、一度も就労を行わなかった者に対しても適用されるわけであるから、必ずしも保険料が納付されなかった期間の穴埋めのための措置ともいえないとされた。このため、一九九七年に制定された一九九九年年金改革法においては、この連邦憲法裁判所の判断に従って、保険料納付が行われた期間と同じ期間において児童養育期間が認められる場合には、当該期間においては、実際の労働報酬に対応する報酬点数に児童養育期間に認められる報酬点数を加算した報酬点数（ただし、保険料算定限度額に対応する報酬点数を上限とする。）が認められることとされた。

一九九九年年金改革法においては、併せて児童養育期間の評価が引き上げられ、一九九八年七月からは平均報酬の八五％、一九九九年七月からは九〇％、二〇〇〇年七月からは一〇〇％に相当する労働報酬を得て就労していたものとみなされることとされた。(12)つまり、三年間の児童養育期間においては、三・〇の報酬点数を獲得できることになった。三・〇に年金現在価値（二〇〇三年一月現在二五・八六ユーロ）を掛けて得られる額は七七・五八ユーロとなるので、一人の子を三年間養育した場合には、受給できる年金月額がそれだけ増加することになる。

なお、一九九九年六月以降、連邦は、この児童養育期間に対応する保険料を負担している。これは、児童養育期間は、次の世代の育成という社会全体の責務に対応したものであり、そのための費用は年金保険の保険者だけでなく、国民全体で負担すべきであるとの考え方に基づくものである。

2　介護期間

子の養育と同様に、家族による介護も、特に、女性の受給する年金との関連で議論されるテーマとなっている。ドイツにおいても、女性が自分の親や夫の親などの家族を介護しているケースは多く、それによって自らの就労を諦め、あるいは制限せざるを得ないことも少なくない。そのため、職業としてではなく介護を行っている期間についても、子を養育する期間と同様に、年金保険において一定の評価を行うことが求められてきた。

これに対し、まず、一九九二年からは、職業としてではなく介護を行う期間が、考慮期間として評価されることになった。さらに、一九九五年四月からは、介護保険法の施行により、家族による介護を支援する観点から、公的又は民間介護保険の給付請求権を有する要介護者を在宅で週一四時間以上介護する者に対する年金保険への加入義務が導入された。これに伴い、それまでの介護に係る考慮期間に代わって、このような介護を行う期間は保険料納付期間となった。ただし、この場合の保険料は、介護を行う者が負担するのではなく、介護保険の保険者が、介護を受ける者の介護を必要とする程度（要介護度）と介護される時間に応じた額の保険料を負担することとされた（表8－2）。この場合の介護者は、職業としてではなく介護を行うものであり、かつ、週に三〇時間を超えて就労するものではないことが条件となる。この仕組みは、家族を介護するために自らの就労を諦め又は制限した者が将来の年金給付において不利にならないようにするものであり、それによって、介護者が自分の仕事をしながら家族の介護を行うことを促進することや、家族の介護を行うことを受け入れやすくすることを目的としたもの

（表8－2）　介護期間の保険料（2002年，旧西独地域）

（単位：ユーロ）

要介護度	介護時間(週)	保険料算定基礎額	保険料額(月額)
I	14時間以上	625.33	119.44
II	14時間以上21時間未満	833.78	159.25
	21時間以上	1250.67	238.88
III	14時間以上21時間未満	938.00	179.16
	21時間以上28時間未満	1407.00	268.74
	28時間以上	1876.00	358.32

である。

3　養育又は介護に関連した保険料納付期間の評価

このような児童養育期間や介護期間のほかにも、いわゆる「最低収入による年金」（Rente nach Mindesteinkommen）の制度が女性の受給する被保険者年金の改善に貢献してきた。この制度は、一九九二年金改革法により設けられた特例的な措置であり[13]、三五年以上の年金法上の期間を有する者に関し、同法施行前（一九九一年以前）の義務保険料に限り、その報酬点数の平均値が月〇・〇六二五（年〇・七五に相当）を下回る場合には、報酬点数の平均値が実際の一・五倍になるように引き上げるものである。（ただし、その値が〇・〇六二五を超えることはできない。）この仕組みは、男性に比べて労働報酬の水準が平均的に低い女性にとっては特に大きな意味がある。例えば、一九九八年において女性が新たに受給を開始した被保険者年金のうちの三三％には、これが適用されている。一方、この割合は、男性の場合には五％未満に過ぎない[14]。

二〇〇一年の改革法においては、この「最低収入による年金」に倣って、養育又は介護に関連して保険料納付期間の評価を引き上げるための措置が恒常的な措置として導入された。その背景には、女性の年金は、女性の就労の拡大により改善を示しているものの、老後の保障としては必ずしも十分なものにはなっていないとの認識がある。その理由としては、女性が受けている賃金の水準が依然として男性よりも低いことだけでなく、子の養育のために就労が中断することや、パートタイム労働に従事するために労働報酬が低下することにもある。このため、二〇〇一年の改革法においては、子を養育しながらパートタイム労働に従事する者の状況を改善するとともに、児童養育期間の終了後に速やかに就労に復帰するインセンティブを作り出すことを目的とした仕組みが設けられた。

この仕組みは、二五年以上の年金法上の期間がある者が二〇〇二年以降に受給を開始する年金に適用される。

これにより、一九九二年以降の児童養育に係る考慮期間については、報酬点数の加算が行われる。具体的には、各月につき、納付された義務保険料に基づき算定された報酬点数にその値の半分に相当する加算が行われる。ただし、加算は、月〇・〇二七八を限度とし、加算後の報酬点数の値は月〇・〇八三三（年一・〇に相当）を限度とする。つまり、児童養育期間の評価を超えるような加算は行われない。この加算が行われることにより、子の養育を行う者が、子の誕生から三歳までは全く就労を行わず、その後、その子が一〇歳になるまでの間、平均報酬の三分の二の労働報酬が得られる程度の就労を行った場合には、一〇年間、平均報酬に相当する労働報酬を得て就労したのと同じだけの報酬点数が獲得できる。

一八歳未満の介護を要する子を職業としてではなく介護する期間についても同様の加算が行われることとされた。このような介護を行うために全く就労できなかった者にとって特に重要なことは、要介護者を週一四時間以上介護することにより、介護保険が負担する年金保険料も義務保険料としてこの加算の対象になることである。これにより、最重度の要介護者である一八歳未満の子を週二八時間以上介護する者は、全く就労することなしに、平均報酬に相当する労働報酬を得て就労したのと同じ報酬点数を獲得することができる。

一人の子の養育に係る考慮期間又は介護期間と、他の子の養育に係る考慮期間又は介護期間が重なる期間には、通常は、パートタイム労働ですら就労することが難しいと考えられるので、その期間に全く就労ができなかった場合でも、月〇・〇二七八の報酬点数が付与される。この期間に就労した場合には、前述の義務保険料に対する五〇％の加算が行われ、さらに、その加算値が〇・〇二七八に満たないときは、加算値と〇・〇二七八との差が付与される。ただし、これらの措置により、加算又は付与される報酬点数と保険料納付期間及び児童養育期間の報酬点数の合計が月〇・〇八三三を超えることは認められない。

この新たな制度は、従来の「最低収入による年金」よりも、女性の受給する被保険者年金の改善に貢献するものと期待される。その理由は、対象となる義務保険料が従来の「最低収入による年金」の場合のように制度導入前の期間のものに限られないことや、引上げ後の報酬点数の上限が、平均報酬の七五%でなく一〇〇%に相当する報酬点数とされたことにある。

4　考　察

ドイツの年金保険は、「賃金・保険料に比例した年金給付」を行う制度となっている。このような原則に立つ年金保険において、女性の年金額が男性の年金額よりも低い水準に止まっている原因は、女性被保険者の労働報酬や保険料納付期間が男性被保険者よりも少ないことにある。年金保険において女性の被保険者年金を改善するために講じられている措置は、このような男女間の格差を生み出している全ての原因を取り除こうとするものではない。そのためには、労働市場における平等な就労機会の提供や、家庭と仕事の両立が可能になるような就労形態の確立、保育所の整備などの総合的な取組みが必要であり、年金保険における対応は、あくまでもその一部として位置づけられるものである。

年金保険における対応は、養育や介護を行う者（多くの場合は女性）が、そのために就労を諦め、あるいは制限し、それによって将来の年金給付において不利になることを防ぐための措置を講じることが中心となっている。二〇〇一年の改革法においても、低額の義務保険料全般を対象にその評価を引き上げるために講じられてきた従来の「最低収入による年金」に代わって、養育又は介護と並行して行われるパートタイム労働などの報酬点数の評価を引き上げる措置が導入されたことに、このような考え方が一層明確に現れている。つまり、養育などのために余儀なくされるではなく、自分の意志でパートタイム労働を行っている場合についてまで、こうした配慮を行う必要はないと考えられているわけである。

本来は、「賃金・保険料に比例した年金給付」を行うことを原則とする年金保険において、このような措置を講じることは、男性に比べて低い水準にある女性の年金を改善する必要があることだけでは、正当化できないものと考えられる。子の養育が個人的な事柄として捉えられるのではなく、社会全体に対してポジティブな効果を持つものとして評価され、かつ、子を養育する者が子を養育しない者に比べて不利な状況に置かれていると認められることにより、そのような不利を調整する措置の必要性が根拠づけられる。社会法典第一編第六条が「子を扶養しなければならない、あるいは扶養している者は、それによって生じる経済的な負担軽減の権利を有する」と規定しているのも、正にこのような考え方に立ったものである。

年金保険において、近年、子の養育に対する配慮が順次拡充されてきたことには、連邦憲法裁判所の判決が大きな影響を及ぼしている。連邦憲法裁判所は、子を養育する者と養育しない者との間の負担調整に止まらず、世代間契約に基づく賦課方式をとっている年金保険においては、保険料を負担する次の世代の存在が不可欠であること、子を養育する者は、それによって年金保険制度の維持に貢献しているにもかかわらず、将来の年金給付の面において不利な状況に置かれていることを理由として、年金保険において、それが調整されるべきであるとの立場をとってきた。(15) 同裁判所が二〇〇一年四月に子の養育を行う者が負担する介護保険料の問題に関して下した判決（1 BvR 1629/94）(16)では、これと同様の考え方に基づき、子を養育する被保険者が、将来の保険料納付者である子の養育と現在の保険料負担という二重の貢献を行っていることを理由として、保険料負担の面でも子の養育への配慮を検討することが求められている。年金保険においては、給付の面で子の養育への様々な配慮が行われているが、これに加えて、保険料負担の面でも子の数に応じて保険料を減額するなどの配慮が必要なのか、仮に必要があるとしても、「賃金・保険料に比例した年金給付」の原則をとる年金保険の中でどのような方法によりそれが実現できるのかなどの検討が必要になると考えられる。

子の養育に対する配慮を一層拡充する方法としては、児童養育期間の評価を更に引き上げることや期間を延長することが考えられる。しかしながら、児童養育期間の評価は既に平均報酬の一〇〇％にまで引き上げられており、それ以上の引上げを正当化することは難しい。また、期間の延長は、そのためのコストもさることながら、それにより女性が労働市場から離れる期間が長くなり、そのために、再就労が難しくなる恐れがある。これに対し、二〇〇一年の改革法において導入された養育及び介護に関連して保険料納付期間の評価を引き上げる仕組みは、三年間の児童養育期間の後に、フルタイム労働への移行期間として子の養育を行いながらパートタイム労働を行う者に対応したものであり、早期の再就労を促す効果を持つものと期待される。

第三節　離婚時の給付調整

ドイツの年金保険には、我が国の国民年金における第三号被保険者の場合のように、被保険者が保険料を納付することにより、その配偶者が年金請求権を取得するような制度は設けられていない。したがって、いわゆる専業主婦には、任意加入を行わない限りは、固有の年金請求権は発生しない。

もちろん、夫婦には相互に扶養する義務が存在している。したがって、老後も婚姻関係が続く限りにおいては、夫婦の一方にのみ年金収入があったとしても、それを基に夫婦の生計が維持されるため、そのこと自体が問題になるわけではない。

しかしながら、婚姻関係が継続しない場合には、夫婦のうち、婚姻期間中に就労しなかった、あるいは僅かしか就労しなかった者は、老後において年金が受けられないか、あるいは、受けられたとしてもその額が僅かなものになってしまうことが問題となる。このような問題の解決に役立つ制度として、離婚時における給付調整の仕組みが設けられており、婚姻中に増加した年金保険等の給付の期待権が夫婦の間で分割されることになっている。

1　離婚及び離婚時の財産分与の制度

離婚に関する法規定は、一九七七年の改正により再び民法典（Bürgerliches Gesetzbuch）の中に定められることになった。それによれば、離婚は、当事者の一方又は双方の申立に基づく裁判所の判決によって行われる（第一五六四条）。また、この改正により、離婚原因から有責主義（Verschuldensprinzip）の要素が取り除かれ、破綻主義（Zerrüttensprinzip）の考え方がとられることになった。すなわち、法律上認められる唯一の離婚原因は、婚姻の破綻である。夫婦の共同生活関係がもはや存在せず、かつ、その回復が期待できないときは、婚姻は破綻したものとされる（第一五六五条第一項）。別居が一年に達していない場合には、離婚を申し立てられた他方配偶者の一身に存する原因から婚姻を継続することが申立人にとって余りにも苛酷だと判断される場合に限り、離婚が認められる（同条第二項）。別居が一年以上に及び夫婦双方が離婚の申立をするか、又は申立の相手方が同意する場合には、婚姻の破綻が反証の余地なく推定される（第一五六六条第一項）。別居が三年に及ぶ場合には、一方の申立だけで、婚姻の破綻が反証の余地なく推定される（同条第二項）。ただし、婚姻が破綻している場合でも、特別の理由により婚姻の維持がその婚姻から生まれた未成年の子にとって例外的に必要である場合、又は、離婚を拒否している相手方の特別な理由（例えば重い病気）により、離婚が極めて苛酷な結果をもたらし、申立人の立場を考慮しても、なお、婚姻の継続が例外的に要請される場合には、離婚は認められない（第一五六八条第一項）。

離婚に関する判決の確定により婚姻関係は解消し、この時点以降、法定の婚姻効果は失われる。その代わりに、一定の要件のもとに、ある種の余後効（扶養請求権、剰余清算、給付調整など）が発生する。夫婦は互いに、自己の労働と財産によって家族を相応に扶養する義務を負っている。一方、離婚後は、夫婦は、それぞれの途を歩むことになるのであるから、原則的には、自分の生計は自分で立てることが、それぞれに課されている[17]。したがって、法律は、共通の子の監護又は養育のために稼動が期待できず、あるいは、高齢・病弱のために稼動が期待できず、自分で自分の生活の糧を調達し得ない場合など、一定の場合にのみ、離婚した一方の配偶者に離婚前の伴侶に対する扶養請求権を与えている（第一五七〇条から第一五七二条まで）。また、これら以外の重大な理由によって稼動が期待できず、両者の事情を考慮して扶養の拒否が著しく不公正であるときも、扶養請求権を与えている（第一五七六条）[18]。

夫婦の財産関係については、剰余共同制（Zugewinngemeinschaft）が法定の夫婦財産制（Güterstand）となっている。それによれば、夫婦それぞれは、婚姻により剰余共同制に入った後も、引き続き、自己の財産の単独所有者である。この財産制の存続中に追加取得されたものも、取得者に属する（第一三六三条第二項）。婚姻の解消に当たって初めて、夫婦のうち、婚姻中に他方よりも大きく財産を増加させた者が、自己の財産の増加分（剰余）と他方の財産の増加分との差額の二分の一を他方に分配することにより清算が行われることとされている（剰余清算）。例えば、婚姻中の夫の財産増加分が一〇万ユーロ、妻の財産増加分が六万ユーロであったとすると、差額の四万ユーロを二人で折半することになる。つまり、夫婦が婚姻中に獲得した財産は、二人で同等に稼いだものとみなされるのである。この場合、妻の働きも、共同の財産形成のための貢献であるとみなされ、この貢献が夫の剰余を分配する根拠となる[19]。

ただし、夫婦の財産関係にも、原則的には、契約の自由が支配している[20]。すなわち、夫婦は、自分たち夫婦の財産関係について、夫婦財産契約（Ehevertrag）により律することができる。これによって、法定の夫婦財産制である剰余共同制を採らず、財産共同制（Gütergemeinschaft）又は別産制（Gütertrennung）[21]を採ることが認められている。

2　給付調整の導入の背景

婚姻期間中に、家事などのために就労しなかったか、あるいは、僅かしか就労しなかった者は、そのために老後においても年金が受けられないか、受けられたとしてもその年金額が僅かなものに止まる可能性がある。このことが、特に問題になるのは、離婚により、かつての夫婦がそれぞれに自分の生計を自分で立てなければならなくなった場合である。

他の国においては、離婚遺族年金[22]などで調整を行うことにより、このような問題を解決しようとする取組みが行われている。このような取組みは、適切な老後保障に足りる十分な給付が行われない点や離婚後に新に配偶者となった者の請求権との競合が生じる点で、解決策としては問題がある。[23]このような問題を解決するため、ドイツなどでは給付調整（Versorgungsausgleich）という仕組みが導入されている。

ドイツでも、給付調整が導入されるまでは、元の夫である被保険者が、死亡するまでの間、離婚した元の妻に対して扶養義務があり、かつ、扶養が行われていた場合には、離婚寡婦年金の請求権が認められた。ただし、当時の離婚法では、扶養義務は、扶養を受ける側に扶養の必要性があり、かつ、離婚についての有責性がないことが前提となっていた。このため、一九七〇年代の中頃では、離婚した女性のうち現実に離婚寡婦年金が受けられる者の割合は僅か四％程度であった。また、大抵は給付額が不十分なために離婚した女性が老後において貧困に陥ることを防げなかった。[24]

このような状況を背景として、離婚原因及び離婚の効果に関する法の考え方を有責主義から破綻主義に転換することを求める声が高まるとともに、老齢及び障害になった場合に年金を受ける権利も多くの人々にとって重要な財産の一つであり、したがって、離婚が行われる場合には、他の財産と同様に分割の対象にすべきであるとの考え方が多くの支持を得るようになっていった。[25]

この考え方は、一九七七年の婚姻及び離婚法の改革により実現され、給付調整が民法典の中に規定された。なお、給付調整に関する規定は、この法律の施行前に締結された婚姻による夫婦のこの法律の施行後に行われた離婚の場合にも適用される。

3　給付調整の仕組み

(1)　対　象

給付調整の対象となるのは、老齢又は稼得能力の減少を理由とする年金保険等の給付（以下「年金等給付」という。）に対する請求権及び期待権であって、婚姻期間中に労働又は財産を基に得られたものである。労働又は財産を基に得られたものに限られるため、労災保険による年金のような損害賠償給付などは給付調整の対象には含まれない。

対象となる年金等給付の具体的な範囲は、民法第一五八七ａ条第二項に列挙されており、年金保険のほか、官吏恩給、公務労働者の追加保障、企業老齢保障（企業年金）、私的年金などによる給付が含まれる。すなわち、給付調整の対象となるかどうかは、その給付の根拠が公法によるか私法によるか、また、被保険者が強制被保険者か任意被保険者かにかかわらない。さらに、給付調整が行われる時点で、当該給付を受けるために必要な待機期間などの要件が満たされているか否かも、給付調整においては考慮されない。ただし、企業年金の場合の非没収性（Unverfallbarkeit）の要件が満たされていない期待権[26]については、期待権そのものの移し替えや付与により調整を行うのではなく、債務法的給付調整（schuldrechtlicher Versorgungsausgleich）と呼ばれる例外的な取扱いが行われる。

婚姻期間は、婚姻締結の月から離婚申立の係属開始の月の前月までとされる（第一五八七条第二項）。したがって、別居期間は婚姻期間に含まれるが、離婚手続き進行中の期間は婚姻期間に含まれない。

給付調整は、婚姻締結の際又は婚姻期間中の夫婦財産契約により排除することが認められている（第一四〇八条第二項）[27]。ただし、契約締結後一年以内に離婚の申立がなされた場合には、契約による排除は無効とされる。さらに、夫婦は、給付調整に関して別の合意[28]を行うことができる（第一五八七ｏ条）。このような合意は、公正証書の作成又は家庭裁判所の合意調書への記載が必要であり、更に家庭裁判所の承認が必要とされている。

(2)　手続き

給付調整の手続きについて管轄権を有するのは家庭裁判所である。家庭裁判所は、非訟事件手続法に基づき給付調整の手続きを行うことになる。離婚事件と、剰余清算、給付調整、家財分配、扶養などの離婚の結果に関する事件とは併合され、これらの問題が一つの判決の中で決定される。ただし、給付調整の個別の要素が争いの原因になっている場合には、給付調整の手続きは他のものとは分離される。

家庭裁判所は、年金保険者等に対して、年金等給付の期待権に関する情報を求めることができる。また、年金保険者等には、自己の被保険者への情報提供の義務がある。

①　期待権の評価

裁判官は、給付調整を行うに当たり、まず初めに、婚姻中に夫婦それぞれが取得した年金等給付に対する期待権（既に受給を開始している場合には給付）の価値を評価しなければならない。そのためには、夫婦のそれぞれが離婚時点で期待権をどれだけ有し、また、そのうち婚姻中に得られたものがどれだけであるかを確定しなければならない。

これには様々な理由からの困難が伴っている。特に重要な理由は、給付調整においては、多様な類型の年金等給付に対する期待権の価値が統一的に把握されなければならない点にある。例えば、給付調整が対象とする給付には、賃金や物価に対するスライドが行われるものもあれば、そうでないものもある。また、非没収性の要件を具備していない企業年金期待権のように、支給開始事由発生前の中途退職により没収される期待権もあれば、そうでないものもある。さらに、離婚時において、夫婦の一方は既に給付を受給しているが、もう一方は受給を開始していないこともある。このような場合に、それぞれの価値をどのようにして統一的に把握するかが問題となる。

現実には、これらの問題の全てにうまく対応ができているというわけではない。没収可能な期待権と没収不

（例８－１）　婚姻中に獲得された年金期待権の価値

○婚姻中に獲得された報酬点数：25.6865
○離婚時点での年金現在価値　：25.86ユーロ

25.6865×25.86＝664.25ユーロ

（例８－２）　婚姻中に獲得された年金等給付の期待権の価値

（単位：ユーロ）

	夫	妻
年金保険	100	50
官吏恩給	200	－
職業別保障制度	100	50
計	400	100

能な期待権との間では、統一的な評価は行われず、前者については、債務法的給付調整が行われている。これに対して、スライドが行われる給付とスライドが行われない給付との統一的な評価は、スライドが行われない給付の期待権を法規命令に定められている一定の換算表に従って、それが年金保険の期待権であるとすればどれだけに相当するかを計算することによって行われる。

年金保険及び官吏恩給の場合には、具体的には、それぞれ次のような評価が行われる。

ア　年金保険の期待権　年金保険における期待権の価値の評価は、基本的には、仮に離婚時点で受給要件を満たすとするならば受給できるであろう通常の老齢年金の額がいくらになるかを計算することによって行われる。老齢年金の場合には、年金種別係数は一・〇であるので、支給される年金額は報酬点数に年金現在価値を掛けたものとなる。したがって、婚姻中に獲得された期待権の価値は、婚姻中に獲得された報酬点数に離婚時点での年金現在価値を掛けた金額として計算される（例８－１）。既に年金を受給している場合には、このような仮定計算は行われず、離婚時点で実際に受給している年金額を基に、婚姻中に取得した報酬点数に応じた額が算定される。

イ　官吏恩給の期待権　官吏恩給の場合にも、仮に離婚時点で受給要件を満たすとするならば受給できるであろう官吏恩給の額が、恩給算定の対象となる俸給、勤務年数及び乗率を基に計算される。また、離婚時点で既に受給要件を満たしている場合には、実際の給付額が用いられる。そのうち婚姻中に獲得された価値は、それらの額を基に、全勤務期間に対する婚姻中の勤務期間の割合に応じて算定した額となる。

ウ　期待権の格差　このようにして計算された婚姻中に獲得された期待権の価値が、夫婦それぞれについて合計され、合計値が夫婦の間で比較される。例8－2の場合では、婚姻中に獲得した年金等給付に対する期待権の価値は、夫が四〇〇ユーロ、妻が一〇〇ユーロであるから、このケースでは、夫が調整義務者、妻が調整権利者となる。また、その差である三〇〇ユーロの二分の一に相当する一五〇ユーロが調整の対象となる。

②　調整の方法

家庭裁判所は、調整義務者及び調整権利者を確定するのみならず、調整の方法も決定する。前述のとおり調整の対象には様々な種類の給付の期待権が含まれるが、それに対応して、調整権利者にそれぞれの種類の給付の期待権を付与するのではなく、できる限り、調整権利者が既に保有する年金保険の期待権を増加させるか、あるいは調整権利者に年金保険の期待権を新たに付与することにより調整が行われる。この調整は、調整義務者の婚姻中に増加させた価値が、年金保険の期待権に関するものだけである場合には、比較的簡単に実施することが可能である。なぜならば、この場合には、年金保険において、調整義務者が獲得した報酬点数から、一定点数を差し引いて、それを調整権利者の報酬点数とすればよいからである。しかしながら、現実には、このように単純な調整で終わるケースはむしろ稀である。複雑なケースとしては、調整義務者が、年金保険以外の給付に対する期待権の価値を増加させた場合などが挙げられる。また、調整権利者側の状況によっては、さらに複雑さを増すことになる。

給付調整の具体的な方法としては、民法及び「給付調整における苛酷に関する法律」(Gesetz zur Regelung von Härten im Versorgungsausgleich 苛酷調整法）において、婚姻中に期待権を獲得した年金等給付の種類に応じて、いくつかの異なる方式が規定されている。そのようなものとしては、年金分割(Renten-Splitting)、準分割(Quasi-Splitting)、実質分割（Realteilung)、拡大準分割（erweiterte Quasi-Splitting）など以下に述べる六つの方法があげられる。さらに、これらの方法で調整ができない場合には、債務法的給付調整という方法が用いられる。これらの方法の適用については、この順で優先順位が付けられている。

ア　年金分割（民法第一五八七b条第一項）　年金分割は、婚姻中において、調整義務者が獲得した年金保険の期待権の価値が、調整権利者の獲得した年金保険及び官吏恩給の期待権の価値を上回る場合に実施される（例8－3）。この場合には、年金保険において、その価値の差の半分が調整義務者の期待権から調整権利者の期待権に移し替えられる。ただし、調整義務者が婚姻中に年金保険の期待権を獲得した場合であっても、その価値が調整権利者の獲得した年金保険及び官吏恩給の期待権の価値の合計を下回るとき（例8－4）は、この方法は用いられない。

なお、調整権利者あるいは調整義務者が既に年金給付を受給していることは、年金分割を実施する妨げにはならな

（例８－３）　年金分割の例

（単位：ユーロ）

	調整義務者	調整権利者
［婚姻中に獲得した期待権の価値］		
年金保険	200	100
官吏恩給		50
計	200	150
価値の差	50	
差の１／２	25	
年金分割による調整	25	

（例８－４）　準分割の例

（単位：ユーロ）

	調整義務者	調整権利者
［婚姻中に獲得した期待権の価値］		
年金保険	100	150
官吏恩給	350	—
計	450	150
価値の差	300	
差の１／２	150	
年金分割による調整	—	
準分割による調整	150	

（例８－５）　実質分割の例

（単位：ユーロ）

	調整義務者	調整権利者
［婚姻中に獲得した期待権の価値］		
年金保険	200	100
官吏恩給	300	—
企業年金	100	50
計	600	150
価値の差	450	
差の１／２	225	
年金分割による調整	50	
準分割による調整	150	
実質分割による調整	25	

い。

イ　準分割（民法第一五八七b条第二項）　準分割は、婚姻中において、調整義務者が獲得した官吏恩給の期待権の価値又はそれに年金保険の期待権の価値を加えたものが、調整権利者の獲得した年金保険の期待権及び官吏恩給の期待権の価値の合計を上回る場合に実施される（例８－４）。この場合には、調整義務者の官吏恩給に対する期待権から、それぞれの者が獲得した期待権の価値の差の半分に相当する価値が差し引かれ、調整権利者にそれに相当する年金保険の期待権の価値が付与される。これに伴う両制度間の財政負担の調整は、調整権利者が実際に年金の受給を開始した時点以降、当該年金給付に要する費用のうち給付調整により付与された期待権に相当する金額を官吏恩給が年金保険に対して財政補填することとされている。

この場合においても、調整権利者が既に年金給付を受給していること又は調整義務者が既に官吏恩給を受給していることは、準分割を実施する妨げにはならない。

ウ　実質分割（苛酷調整法第一条第二項）　夫婦が婚姻中に獲得した年金保険の期待権及び官吏恩給の期待権に関する調整を行った後においても、なお、調整すべき部分が残る場合には、保険者の規約により認められている限りにおいて、私的年金、職業別保障制度又は企業年金の期待権について実質分割が行われる（例８－５）。

実質分割の場合には、調整権利者は、規約の定めるところにより、調整義務者が実質分割の対象となる期待権を獲得した保険者又はその他の保険者であって年金保険の保険者以外のものにおいて期待権を付与される。したがって、調整義務者が例えば企業年金において実質分割の対象になる期待権を獲得した場合には、調整権利者には当該企業年金の期待権あるいは他の保険者の給付（例：私的年金）に対する期待権が付与される。後者の場合には、付与された期待権に相当する給付に必要な費用は、調整義務者が実質分割の対象となる期待権を獲得した保険者から、調整権利者が期待権を付与された保険者に対して財政補填することで調整される。なお、これまでのところ、実質分割は稀にしか行われていない[29]。

エ　拡大準分割（苛酷調整法第一条第三項）　以上の調整を行った後に、なお調整すべき公法上の給付（公務労働者の追加保障などによる給付）の期待権が残る場合には、拡大準分割が行われる（例8－6）。この方式により、準分割の場合と同様、調整権利者は年金保険における期待権が付与される。また、付与された期待権に相当する給付に必要な費用は、調整の対象となった公法上の給付に関する保険者が年金保険の保険者に財政補填することで調整される。

（例８－６）　拡大準分割の例

（単位：ユーロ）

	調整義務者	調整権利者
［婚姻中に獲得した期待権の価値］		
年金保険	300	250
官吏恩給	200	100
公務労働者の追加保障	100	―
計	600	350
価値の差	250	
差の１／２	125	
年金分割による調整	―	
準分割による調整	75	
拡大準分割による調整	50	

オ　移し替え又は付与によるその他の期待権の調整（苛酷調整法第三b条第一項第一号）　以上の調整を実施した後において、なお調整すべき私法上の給付の期待権（実質分割が適

（例８－７）　期待権の移替え又は付与の例

（単位：ユーロ）

	調整義務者	調整権利者
［婚姻中に獲得した期待権の価値］		
年金保険	500	250
官吏恩給	200	100
実質分割できない企業年金	200	—
計	900	350
価値の差	550	
差の１／２	275	
年金分割による調整	75	
準分割による調整	100	
期待権の移し替え又は付与	46.9	
保険料支払又は債務法的調整	53.1	

用できないもの）が残る場合には、年金保険内部での期待権の移し替え、又は年金保険若しくはそれ以外の給付の期待権の付与により調整が行われる。ただし、この調整による移し替え又は付与の対象になる期待権の価値は、平均報酬月額の二％[30]以内に限定される（例８－７）。

カ　保険料支払いによるその他の期待権の調整（苛酷調整法第三b条第一項第二号）　以上の調整を実施した後において、なお調整すべき私法上の給付に対する期待権（実質分割が適用できないもの）が残る場合には、家庭裁判所は、調整権利者に年金保険の期待権を付与するため、調整義務者に対して年金保険への保険料の支払いを命じることができる。

キ　債務法的給付調整（苛酷調整法第二条）　債務法的給付調整は、離婚の際に、企業年金に対する没収可能な期待権（見込み）や海外の給付に関する期待権が存在する場合に行われる。債務法的給付調整は、以上の方法による調整とは、本質的に異なる点を有している。債務法的給付調整の場合には、期待権そのものが移し替えられ又は付与され、それに基づく給付に対して調整権利者が固有の請求権を持つわけではない。調整権利者は、調整義務者の受給する年金給付の一部を取得する権利を獲得するに過ぎない。したがって、例えば、調整義務者の死亡により原則として年金給付が行われなくなった場合には、調整権利者は、それ以降債務法的給付調整による年金給付を受けられなくなる。

(3) 効　果

給付調整は、年金保険において、調整義務者及び調整権利者の期待権などに次のような効果を及ぼすことになる。

① 報酬点数

年金分割により移し替えられた年金保険の期待権の価値は、再び金額から報酬点数に換算し直され（例8－8）、年金保険において、調整義務者が有する報酬点数はその分だけ減少し、調整権利者が有する報酬点数はその分だけ増加する。これにより、移し替えられた期待権も離婚時点以降の年金スライドの恩恵を受けることになる。

準分割などにより付与された年金保険の期待権の価値も、同様に、報酬点数に換算し直され、年金保険において調整権利者が有する報酬点数はその分だけ増加する。ただし、この場合には、これに対応して、調整義務者が有する年金保険の報酬点数が減少するのではなく、官吏恩給等の期待権の価値が減少することになる。

家庭裁判所の判決が効力を発した時点で調整権利者が未だ年金を受給していない場合には、給付調整による報酬点数の増加は、原則として、年金受給開始時点で初めて考慮される。一方、調整権利者が既に年金を受給している場合には、判決が効力を発した月の翌月から年金額の引上げが行われる。これに対し、家庭裁判所の判決が効力を発した時点で調整義務者が未だ年金を受給していない場合には、報酬点数は給付調整により直ちに減少する。一方、調整義務者が既に年金を受給している場合には、既得権保護の観点から、調整

（例８－８）　報酬点数への換算

移し替えられた期待権の価値	30 Euro（＝58.67 DM）
離婚時点の年金現在価値	49.51 DM
増減する報酬点数	
	58.67÷49.51＝1.1850

権利者が年金の受給を開始するまでの間は、従来どおりの年金が受給できる。[31]なお、調整義務者は、年金保険者に対して、保険料を追加納付することにより、給付調整による報酬点数の減少を緩和または相殺することが可能である。

② 待機期間

給付調整は、期待権の移し替え又は付与を通じて年金保険において調整権利者の有する報酬点数を増加させ年金額に影響を及ぼすだけでなく、年金保険における待機期間にも影響を及ぼすことになる。五年間の待機期間を満たすことは、年金保険の給付を受給するための基本的な要件となっている。調整権利者は、この待機期間を自らの保険料納付等により獲得した待機期間と期待権の移し替え又は付与により獲得した待機期間を合計した期間により満たすことが認められている。この場合、給付調整により増加した報酬点数は〇・〇三一三で割ることにより待機期間（月数）に換算される（例８－９）。[32]ただし、このように換算された期間が実際の婚姻期間（婚姻期間の一部が既に本人の待機期間として考慮されている場合には、その期間を除いた期間）を超えることはできない。一方、調整義務者の待機期間は、年金保険の期待権が移し替えられることによる影響を受けない。

（例８－９）　待機期間への換算

増加した報酬点数	1.185
待機期間に算入される月数	1.1850÷0.0313＝37.8594→38月

(4) 特別の配慮

離婚の際に給付調整を行うことについては、基本的に、連邦憲法裁判所によっても認められている。[33]ただし、給付調整の個別の仕組み、例えば、調整権利者が年金を受給する前に死亡したとしても調整義務者の年金が給付調整により減少する点などについては、同裁判所から問題があるとされた。このような問題に対処するために、一九八三年に苛酷調整法が制定され、調整権利者が死亡し、それまでの間に給付調整により得られた期待権から発生する給付を受給していない場合又は一定の限度額以下しか受給していない場合には、調整義務者又はその遺族の年金の削減は行わないこととされた（同法第四条）。

(5) 変更

給付調整は夫婦が婚姻中に獲得した期待権を平等に分配することを目的とするものであるが、現実には、給付調整の決定後の法律改正などにより、公平な分配とならない場合が出てくる。このような場合であって、給付調整により移し替え又は付与される期待権の価値が一〇％以上変動し、かつ、変動額が少なくとも離婚時の平均報酬額の〇・五％を超えるときは、家庭裁判所は、申請に基づき、給付調整の決定を変更する。

4 考察

給付調整の目的は、夫婦のうち、婚姻中に、他方に比べてより少ない年金等給付の期待権しか獲得できなかった者が将来に受給する年金等給付を改善することだけにあるのではない。それは、婚姻中に獲得された年金等給付の期待権を夫婦の間で公平に分配するという目的を併せ持つ。すなわち、給付調整は、将来と過去の両面にまたがる問題を解決する使命を持っている。

夫婦の一方が子育てや家事などで就労できないために将来の年金等給付において不利な状況になることだけで給付調整が設けられている理由を説明することには限界がある。なぜならば、給付調整は、子育てや家事などの婚姻に関連した事情が存在しない場合でも、婚姻中に獲得された年金等給付の期待権に夫婦の間の差が存在する限りは、実施されるからである。

むしろ、給付調整は、通常の財産について適用される剰余共同制を老齢あるいは稼得不能を理由とする年金等給付に対する期待権にまで拡張したものと考えることが適当である(34)。つまり、婚姻中に夫婦の一方が増加させた年金等給付に対する期待権は、通常の財産の場合と同様に、その者だけでなく、他方の者と共同で獲得したものであるという考え方がこの制度の根本にあると考えられる。また、年金等給付に関する期待権も、通常の私法上の財産権と構造的に同等であり、分割可能であるとの考え方が前提となる。

このような考え方に立てば、給付調整においては、婚姻中に獲得された年金等給付であれば、それが公法上の根拠に基づくものか、私法上の根拠に基づくものかを問わず、広く対象とされていることも当然のことと考えられる。ただし、そのことは、具体的な調整の実施において、多くの複雑さをもたらす原因となっている。つまり、現実の年金等給付にはそれぞれの特性があるにもかかわらず、それらは一定の基準により統一的に評価された上で、それぞれのケースに応じた適切な方法が選択され、それによって調整が行われなければならない。また、法定の分割方法である給付調整の代わりに、夫婦財産契約により、給付調整を排除することや、給付調整に関して夫婦間での合意を行うことが認められていることも、剰余清算の延長上で考えれば、当然のことである。

一方、給付調整には通常の財産について行われる剰余清算とは異なる特徴がある。剰余清算の場合には、現に存在する財産を前提に調整が行われるが、給付調整の場合には将来の給付事由の発生により左右される期待権を前提に調整が行われる。したがって、給付調整が行われる時点では、調整により得られた期待権が現実の年金請求権の発生、年金給付の受給に結びつくかどうかは必ずしも明らかではない。例えば、老齢年金の場合であれば、給付調整により期待権を獲得したとしても、その者が当該期待権から生じる年金給付を受けるためには、少なくとも老齢年金の支給開始年齢まで生存することが必要となる。このため、給付調整の効果は、必ずしも、離婚時点で確定するわけではなく、給付調整により一方から期待権を獲得した者が、その期待権から発生する給付を受給する前に死亡したケースなどについては、その結果の公平性を確保するための特別の手立てが必要となる。

以上のように、ドイツにおける離婚時の給付調整の仕組みは、離婚に伴う通常の財産分与の考え方、方法及び手続きと密接に関連したものとなっており、そこに、年金等給付の期待権の持つ通常の財産とは異なる性格を加味した内容となっている。したがって、ドイツ以外の国において、夫婦が婚姻中に獲得した年金期待権の格差を調整するような仕組みを設ける際には、当然、ドイツの給付調整の仕組みがそのままで適用できるわけではなく、調整の基本的考え方、対象範囲、調整方法、手続きなどについて、その国の離婚及び離婚時の財産分与に関する法制、老齢保障の全体構造などとの関連において検討することが求められる。

第四節　遺族年金の改革と夫婦間の年金分割

遺族年金についても、二〇〇一年に制定された老齢資産補完法等(35)により、子の養育のために就労を諦め又は制限せざるを得ない者に焦点を当てた改革が行われた。また、この遺族年金の改革と併せて、新たに、夫婦間の年金分割（Rentensplitting unter Ehegatten）の制度が導入された。これにより、離婚時だけでなく、婚姻が継続している間においても、夫婦が婚姻後に獲得した年金保険の期待権を両者の合意に基づき分割することが認められた。この結果、婚姻後に獲得した年金保険の期待権が一方の配偶者よりも小さい者（多くの場合は女性）は、配偶者からの扶養を受けること、あるいは配偶者が死亡した場合には遺族年金を受けることに代わって、自らの固有の請求権に基づく年金の受給を選択することが可能となった。

1　遺族年金の改革

(1)　支給割合の引下げ

この改革により、大寡婦（夫）年金の額は、死亡した被保険者の年金額の六〇％から五五％に引き下げられた。

つまり、大寡婦（夫）年金に係る年金種別係数が〇・六から〇・五五に引き下げられ、これによって年金額が八・三％減少することになった。ただし、被保険者の死亡後三月の間に適用される年金種別係数は従来どおり一・〇のままで維持された。一方で、この引下げが適用される者には、その者が三歳に達するまでの子を養育した期間に応じた報酬点数の加算が行われることとされた。具体的には、第一子については、養育を行った期間一月当たり〇・一〇一〇が付与される。したがって、この子を三歳に達するまで養育した場合には、三・六三六が付与される。年金額の算定に当たっては年金種別係数〇・五五が掛けられるため、実質的には報酬点数が一・九九九八だけ増加するのと同等の効果を持つ。さらに、多くの子を養育した場合には、養育を行った期間一月当たり〇・〇五〇五が付与される。したがって、第一子及び第二子をそれぞれ三歳に達するまで養育した場合には、実質的には報酬点数が二・九九九七だけ増加するのと同等の効果を持つ。[36]

この改正による寡婦（夫）年金額の変化は、それぞれのケースにおいて、従来の規定により受けることのできた寡婦（夫）年金の額並びに養育した子の数及び期間によって異なる。標準年金に対応する寡婦（夫）年金の受給者を想定すると、その者が二人の子を養育した場合には、遺族年金の額は従来よりも増加することになる。[37]

(2)　収入算入

遺族年金には、従来から、受給者の稼得収入及びそれを代替することを目的とした公法上の規定に基づく給付（年金保険の給付、傷病手当金、失業手当など）が遺族年金の額に算入され、その分だけ年金額が差し引かれることになっている。ただし、算入額には、一定の控除額が設けられており、対象となる収入（計算上のネット収入）のうち、控除額を超える部分の四〇％が遺族年金に算入される。この控除額は、毎年七月一日に年金スライドと同じ割合で改定されてきたが、老齢資産補完法では、二〇〇一年七月一日以降、控除額を固定することにより収入算入が強化されることになった。しかしながら、控除額を固定することに対しては、年金保険者側から、遺族年金の扶養代替機能が損われるとの批判もあり、結局は、二〇〇一年七月に制定された「遺族年金法の改善のための法律」によりこの改正が撤回され、従来どおり控除額のスライドが行われることになった。ただし、遺族年金に算入される収入の範囲拡大については、老齢資産補完法による改正がそのまま実施されることになった。これにより、家賃収入や地代収入などの資産収入、利子収入、企業年金や私的年金給付も収入算入の対象とされた。このような改正が行われた理由は、従来の方式では、年金保険のために保険料を負担した者が、私的年金に加入した者よりも不利な取扱いとなってしまうなど、公平性の面で問題があったからである。

(3) 小寡婦（夫）年金の受給期間

四五歳未満で、稼得能力の減少がなく、かつ、一八歳未満の子の養育等を行っていない寡婦（夫）に対して支給される小寡婦（夫）年金の支給期間が二四月に限定された。その理由は、このような者の場合には、二四月の移行期間があれば、自らの生計を自らで維持することが可能であると考えられたからである。なお、このような者が四五歳に達してなお寡婦（夫）である場合には、その時点からは大寡婦（夫）年金が支給される。

(4) 寡婦（夫）年金を目的とした婚姻の排除

寡婦（夫）年金の請求権の獲得を主たる目的とした婚姻による寡婦（夫）年金の受給を排除するため、配偶者が婚姻締結後一年未満に死亡した場合には、当該寡婦（夫）は寡婦（夫）年金の請求権を有しないものとされた。ただし、例えば配偶者の死亡が事故によるなどの特別の理由がある場合は、その例外とされた。

(5) 適用

この改革は、二〇〇二年一月から施行されたが、期待保護の観点から、この法律の施行後に被保険者が死亡した場合についてのみ適用される。また、施行前に婚姻が締結された場合には、施行時点において夫婦共に四〇歳未満の場合にのみ改正後の規定が適用される。

2　夫婦間の年金分割

(1)　対　象

夫婦間の年金分割の対象となるのは、全ての夫婦ではなく、次のいずれかに該当する夫婦に限られている。一つは、二〇〇二年一月一日以降に婚姻を締結した夫婦であり、もう一つは、二〇〇一年一二月三一日に婚姻が成立していた夫婦であって、夫婦が共に二〇〇二年一月一日時点で四〇歳に達していないものである。年金分割の対象がこのような夫婦に限定された理由は、これらの夫婦が老齢資産補完法よる改正後の遺族年金に関する規定の適用を受けるからである。このことからも、同法により、死亡した被保険者の年金に対する寡婦(夫)年金の割合が引き下げられたことなどに対応して、遺族年金に代わって、配偶者から年金期待権の分割を受け、自らの固有の被保険者年金を受給することを可能にするためにこの制度を導入しようとする立法者の意図が窺える。

夫婦間の年金分割は、通常の場合には夫婦共にもはやこれ以上に年金期待権を獲得することができないと考えられる時点において初めて認められる。仮に、このような時点より前に年金分割を認めた場合には、年金分割を行った後に獲得される年金期待権の状況によっては、婚姻中に獲得した年金期待権が夫婦間で平等に配分されないことになってしまう恐れがある。このため、年金分割は、具体的には、夫婦共に老齢年金の請求権を取得したとき、あるいは、夫婦の一方が老齢年金の請求権を取得し、もう一方が六五歳に達したときに実施することができる。後者のケースは、夫婦の一方が、六五歳に達しているが、老齢年金の受給に必要な五年間の待機期間を満たしていないような場合である。後で述べるとおり、年金分割には二五年の年金法上の期間が必要とされているので、これだけの期間がありながら、五年の待機期間を満たさないために年金分割が出来ない場合は、実際には例外的なケースと考えられる。

一方、配偶者が死亡した場合には、その時点で婚姻が終了するわけであるから、残された者が老齢年金の請求権を有しない場合でも、直ちに年金分割を行うことが認められる。したがって、年金分割の時点では、残された者が、なお、年金保険への加入義務のある就労を行っており、年金期待権をその後において更に増加させる場合もありうる。ただし、残された者が行う年金分割は、配偶者が若くして死亡したことなどにより、死亡した配偶者の生存中には年金分割の要件を満たさなかったことが条件となる。

夫婦間での年金分割を行うためには、さらに、夫婦共に（配偶者が死亡した場合の年金分割では残された者が）分割期間（Splittingzeit）終了時に二五年の年金法上の期間を有することが要件となる。ここでいう分割期間とは、婚姻が締結された日の属する月の初日から年金分割の実施を請求する権利が発生した月の末日までの期間（老齢年金の受給により権利が発生する場合には、その受給開始の前月末）をいう。

配偶者が死亡した場合に年金分割を行うためには、残された者が、分割期間終了時、すなわち配偶者の死亡した時点で、二五年の年金法上の期間を満たしている必要がある。配偶者が六五歳よりも前に死亡した場合には、この要件が満たせないケースが多く出てくると考えられることから、配偶者の死亡による年金分割の場合には、その時点までの年金法上の期間だけでなく、配偶者の死亡時点から残された者が六五歳に達するまでの期間に、一七歳か

（例８－10）　残された者の年金法上の期間の計算例

前提・残された者が47歳０月で配偶者が死亡
・残された者には配偶者が死亡した時点までに200月の年金法上の期間がある

年金法上の期間として認められる期間（月数）

$$=200+(65-47)\times 12\times\frac{200}{(47-17)\times 12}$$

$$=320$$

ら配偶者の死亡時点までの期間について残された者が有する年金法上の期間の月数がこの期間の全月数に占める割合を乗じて得た期間も年金法上の期間に含められる（例8－10）。

夫婦間の年金分割の実施を請求するための要件としての二五年の年金法上の期間は、婚姻中に例えば官吏や医師として働いていたために、主として官吏恩給や自由業を対象とした職能別保障制度といった年金保険以外の給付に対する期待権を獲得した者が、年金分割により配偶者から年金保険の期待権だけが移し替えられるために不当に有利な状態になることを防ぐために、法案審議の段階で取り入れられたものである。(38)

⑵　実　施

①　手続き

夫婦間の年金分割は、夫婦が年金保険者に対して共同で意思表示を行うことにより実施される。また、要件を満たす限りは、夫婦共に生存する間はいつでもこの意思表示を行うことが可能であり、意思表示が行える期間に制限は設けられていない。配偶者が死亡した場合の年金分割は、残された者が単独で意思表示を行うことにより実施される。この場合にも、配偶者の死後、一定の期限が設けられているわけではなく、いつでも意思表示を行うことが可能である。寡婦（夫）年金の支給が認められていることは、年金分割についての意思表示を行う妨げにはならない。配偶者の死亡により残された者は、再婚した後でも、再婚の際に寡婦（夫）一時金を受けていない限りは、元の婚姻関係に基づく年金分割を求めることが可能である。(39)

②　分割方法

夫婦間の年金分割は、分割期間中に夫婦が獲得した年金保険の報酬点数の差の二分の一をより多くの報酬点数を獲得した者から他方の者に移し替えることにより行われる。様々な種類の給付を対象とするために期待権の統一的な評価を行わなければならない離婚時の給付調整の場合とは異なり、夫婦間の年金分割は年金保険の期待権のみを対象にしているため、報酬点数のままで、期待権の移し替えを行うことが可能である。ただし、報酬点数の算定に当たって、旧西独地域及び旧東独地域の職員・労働者年金及び鉱夫年金では、それぞれ異なる平均報酬が用いられているために、年金保険には、それぞれが異なる保険料額に対応する四種類の報酬点数が存在する。このため、年金分割においては、報酬点数の種類ごとに、分割期間中により多くの報酬点数を獲得した者から他方の者に、両者が獲得した報酬点数の差の二分の一が移し替えられ、前者の報酬点数はその分だけ減少し、後者の報酬点数はその分だけ増加する（個別分割 Einzelsplitting）。したがって、年金分割により、一人の者が、ある種類の報酬点数の受取りと同時に、他の種類の報酬点数の引渡しを行わなければならないことが生じる可能性もある。例8－11は、分割期間中に、夫は職員・労働者年金（旧西独地域）及び職員・労働者年金（旧東独地域）並びに鉱夫年金（旧西独地域）の報酬点数を、妻は職員・労働者年金（旧西独地域）及び職員・労働者年金（旧東独地域）の報酬点数を獲得したケースを示している。この場合には、年金分割の実施により、夫は妻から職員・労働者年金（旧東独地域）の報酬点数を二・五だけ受け取り、妻は夫から職員・労働者年金（旧西独地域）及び鉱夫年金（旧西独地域）の報酬点数をそれぞれ二・五及び三・五だけ受け取ることになる。

（例8－11）　分割期間中に獲得した報酬点数

種類	夫	妻
労働者・職員年金(西)	20.0	15.0
労働者・職員年金(東)	2.0	7.0
鉱夫年金(西)	7.0	—
鉱夫年金(東)	—	—

(3)　効果

①　報酬点数

年金分割が行われた場合には、当該夫婦又は残された者に、当該年金分割を管轄する年金保険者から移し替えられた報酬点数に関する通知が行われる。給付調整の場合の裁判所の決定と同様に、報酬点数の移し替えは、年金分割についての年金保険者の決定が効力を持つ日に行われる。年金分割についての年金保険者の決定が年金支給開始前に効力をもつ場合には、それによる報酬点数の増減は、年金支給開始時点から考慮される。年金保険者の決定が年金支給開始後に効力をもつ場合には、その翌月から、新たな年金額の年金が支給される。

②　待機期間

年金分割により報酬点数を受け取る者は、それに伴って、一定の待機期間を獲得することができる。夫婦が共同で年金分割の実施を請求する場合には、夫婦共に二五年の年金法上の期間を満たしていることが前提となるため、通常は、年金分割により待機期間を更に獲得することの意味はないものと考えられる。しかしながら、配偶者の死亡により年金分割を行う者の場合には、待機期間の獲得によって、自らの年金受給に必要な待機期間が満たされるという利益が得られる可能性がある。

年金分割により獲得される待機期間の算定は、報酬点数の場合のようにその種類に応じて独立して行われるわけではない。待機期間の場合には、分割期間中に夫婦それぞれが獲得した全報酬点数の差の二分の一（分割増加Splittingzuwachs）が基礎となる。したがって、分割増加の値は、報酬点数の種類ごとに計算された報酬点数の差の二分の一を単純に合計したものと等しくなる。この場合には、報酬点数の種類による価値の相違は考慮されず、全ての種類の報酬点数が同等の価値を持つものとみなされる。このようにして計算した結果、婚姻後に獲得した報酬点数が少ない方の配偶者に対して、分割増加を〇・〇三一三で割った値に相当する待機期間が付与される。ただし、年金分割により付与される待機期間は、実際の分割期間（分割期間の一部が既に本人の待機期間として考慮されている場合には、その期間を除いた期間）を超えることは出来ない。なお、このような待機期間の付与が行われても、もう一方の配偶者の待機期間は変化しない。

例えば、年金分割により、妻は、旧西独地域の職員・労働者年金の報酬点数を七・〇だけ受け取り、旧東独地域の職員・労働者年金の報酬点数を二・〇だけ引き渡すとすると、この場合の分割増加は五・〇となる。したがって、この妻には、年金分割に伴い、一六〇月（五・〇÷〇・〇三一三）の待機期間が付与される。

③　寡婦（夫）年金請求権

夫婦間の年金分割が実施された場合には、それについての年金保険者の決定が効果を持つ月が終了する時点で、寡婦（夫）年金の請求権はなくなる。したがって、夫婦が共に生存している間に年金分割が実施された場合には、どちらかが死亡しても、残された者に寡婦（夫）の請求権は発生しない。また、一方の配偶者が死亡したことにより年金分割が行われたときは、その時点から寡婦（夫）年金が支給されなくなる。

④　年金分割後の配偶者の死亡

年金分割が実施され、それによって、報酬点数の移し替えが行われた後は、それを取り消して元に戻すことは認められない。このことは、年金分割実施後にどちらか一方の配偶者が死亡した場合にも、原則として適用される。ただし、一方の配偶者が死亡した場合であって、その者あるいはその遺族が、年金分割による給付を一定額までしか受けていない場合には、給付調整の場合と同様に、残された者には、年金分割による減額が行われない年金が支給される。(40)

(4)　変　更

給付調整の場合と同様に、年金分割後に行われた法律改正の影響などにより、移し替えるべき報酬点数が一〇％以上変動し、かつ、変動する報酬点数が〇・五を超える場合には、年金分割を変更することが認められている。

(5)　寡婦（夫）年金と年金分割との選択

年金分割を選択することが、報酬点数を受け取る側の配偶者にとって、寡婦（夫）年金を受給するよりも有利かどうかは、それぞれの者の状況によって異なる。大寡婦（夫）年金の場合には死亡した被保険者が生涯に獲得した年金期待権から五五％の割合の年金が受けられるが、年金分割の場合には死亡した被保険者が婚姻中に獲得した年金期待権の五〇％を獲得するに止まる。また、年金分割の場合には、大寡婦（夫）年金のように養育した子の数に応じた報酬点数の加算は受けられない。一方、年金分割により獲得した期待権に基づく老齢年金は、寡婦年金の場合のように再婚により支給が受けられなくなることや、他の収入の算入により減額されることがない。

3　考　察

従来の年金法においては、妻は、夫の現役時代においてはその就労により得られる収入で、また、老後は夫の老齢年金で生活し、夫の死亡により扶養が行われなくなった場合には、夫の扶養に代替するものとして支給される寡婦年金で生活することが前提となっている。寡婦年金は配偶者による扶養の代替として位置づけられているため、寡婦年金の額は残された者の必要に応じたものとなり、必然的に寡婦年金以外の収入が勘案される。また、再婚した場合には、新たな配偶者との間で相互に扶養する義務が発生するため、元の配偶者による扶養の代替としての寡婦年金の支給が停止する。

しかしながら、現実には女性の就労は増加しており、ますます多くの既婚女性が就労により収入を得、それにより自らが被保険者としての年金期待権を獲得するようになってきている。老齢資産補完法等による寡婦年金の改革と夫婦の間の年金分割は、正にこのような変化に対応したものということができる。つまり、寡婦年金については、女性の就労の増加を背景として、支給率の引下げや小寡婦年金の支給期間の制限を行う一方で、夫婦間の年金分割の導入により、妻は、自らが被保険者として獲得した年金期待権を活用しつつ、そこに夫と妻がそれぞれ獲得した期待権の差の半分を付加して、年金を受けることが可能とされた。

夫婦間の年金分割は、婚姻中に獲得された年金保険の期待権は夫婦いずれのものであろうとも夫婦による共

（表８－３）　給付調整と年金分割の比較

	給付調整（離婚時）	年金分割（婚姻中）
根拠法	・民法及び苛酷調整法	・年金法（社会法典第６編）
制度創設	・1976年の婚姻法及び家族法改正（1977年から実施） ・1977年７月１日以降の離婚（ただし，東独地域では，1992年１月１日以降の離婚）に適用	・2001年の改革法（2002年から実施） ①2002年１月１日以降に結婚した夫婦 ②2001年12月31日までに結婚した夫婦で2002年１月１日時点で夫婦共に40歳未満のものに適用
目的	・婚姻期間中に獲得した年金等給付の期待権を夫婦間で公平に分配（剰余清算の考え方を拡張） ・より少ない期待権しか獲得できなかった配偶者の年金等給付を改善	・婚姻期間中に獲得した年金期待権は夫婦の共同の貢献によるものとの考え方に対応 ・遺族年金に代わる選択肢として，婚姻後に獲得した年金期待権の夫婦の合意に基づく分割を認める
適用対象者	・離婚した夫婦（夫婦財産契約で給付調整を排除することは可能）	・年金分割に合意した夫婦（夫婦ともに老齢年金の請求権を取得し，かつ，25年以上の年金法上の期間を保有） ・配偶者の死亡により残された者で，年金分割を請求するもの（25年以上の年金法上の期間を保有）
対象となる給付	・年金保険のほか，官吏恩給，企業年金，私的年金などの給付も含む	・年金保険の給付のみ
調整の方法	・婚姻中に獲得した年金等給付の期待権を等分 ・獲得された期待権の種類に応じた様々な方法	・結婚後に獲得した年金期待権を等分 ・獲得された報酬点数の移替え
効果	・移し替え又は付与された期待権の価値に応じた報酬点数の増減及び待機期間への算入（年金保険の場合）	・報酬点数の増減及び待機期間への算入 ・寡婦（夫）年金の請求権が消滅
手続き	・裁判手続き（離婚事件と併合）	・年金保険者に対する意思表示
変更	・一定の場合に変更可能。（申請に基づき裁判所が決定）	・一定の場合に変更可能。（請求に基づき年金保険者が決定）

同の貢献により得られたものであり、それを夫婦で折半したいと考えるような夫婦間の関係への変化に対応したものである。この点において、夫婦間の年金分割は、離婚時の給付調整の場合と共通する考え方を取り入れたものといえる。一方、このことは、夫婦間の年金分割が従来の年金法における基本的な考え方と異なる点でもある（表8－3）。

分割の方法や効果についても、夫婦間の年金分割は、離婚時の給付調整における考え方を取り入れている。つまり、夫婦間の年金分割においても、夫婦のうち婚姻後により大きな期待権（報酬点数）を獲得した者からもう一方の者に、それぞれが獲得した期待権の差の二分の一が移し替えられる。(41) それによって、期待権を獲得した者の年金額が増加するだけでなく、年金受給に必要な待機期間に算入される期間も増加する。

しかしながら、両者の間には、それが実施される時点で、婚姻が継続しているか否かに起因する根本的な違いが存在する。すなわち、離婚時には、今後は夫婦それぞれが自分の生計は自分で立てなければならず、また、通常の財産については、法定の夫婦財産制である剰余共同制に基づき剰余清算が行われることが原則となっている。離婚時の給付調整は剰余清算の考え方を年金等給付の期待権にまで拡大したものであり、したがって、離婚時の給付調整は、剰余清算と同様に、夫婦間の契約により排除されない限りは適用されるのが原則となっている。また、調整の対象となる給付の範囲についても、年金保険の給付や公法上の規定に基づく給付に限定されるものではなく、老齢又は稼得能力の減少を理由とする広範な給付を対象としている。

一方、婚姻が継続している間は、民法上、夫婦には相互に扶養する義務が存在している。したがって、夫婦の一方にのみ年金収入があったとしても、本来は、それを基に夫婦の生計が維持されることになる。このため、婚姻中の年金分割は、夫婦のうち一方だけの意思に基づいてでも実施しなければならないほどの必要性があるとは判断されなかったものと考えられる。また、通常の財産は、剰余共同制の下、婚姻が継続する間は夫婦それぞれが自己の財産の単独所有者であり、婚姻後に取得したものも、それぞれの取得者に属している。したがって、法定の夫婦財産制である剰余共同制の考え方からすれば、夫婦間の年金分割はその例外的なものと位置づけられる。このため、夫婦間の年金分割は、離婚時の給付調整の場合のように、民法上に位置づけられ、老齢又は稼得能力の減少を理由とする年金等給付を、その根拠が公法によるか私法によるかの区別なく、広くその対象にすることにはなりえなかったものと考えられる。

夫婦間の年金分割は、あくまでも、年金保険における保障のあり方として、従来からの遺族年金による保障に代えて、収入算入が行われず、かつ、再婚による支給停止の対象とならない自らの固有の請求権に基づく年金給付を選択することを可能にする必要があるとの考え方に立ったものとなっている。一方、官吏恩給への適用については、その人的な適用範囲が官吏に限られていることから、期待権の分割が起こるケースは夫婦ともに官吏であるケースに限られることなどを理由に、見送られることになった。

夫婦間の年金分割については、年金保険の期待権のみを対象としていることなどについて批判があることも事実である。しかしながら、婚姻が継続している場合にも夫婦の合意に基づく年金分割を認めたことは、夫婦の間の関係の変化、女性の就労の増加などを考えると一定の評価を行うことができる。

分割された期待権に基づき老齢年金を受給する場合には、他の収入による年金額の減額は行われない。また、寡婦（夫）年金のように再婚により支給が停止することもない。したがって、夫婦間の年金分割は、六五歳以下で老齢年金を受給する前に配偶者が死亡した者には、特に大きな選択の余地を与えることになる。そのような者は、最初に寡婦（夫）年金を受給し、再婚する見通しとなった場合には、それにより寡婦（夫）年金が支給されなくなることに対応して、年金分割を選択することができる。また、そのような者の寡婦（夫）年金が他の収入があることにより、その一部又は全部が支給されなくなるときも、年金分割が利益をもたらすことになる。

しかしながら、夫婦が既に老齢年金を受給しているか、六五歳以上の場合には、どちらか一方が死亡すると年金分割ができなくなってしまうため、年金分割は夫婦が共に生存する期間に行わなければならない。その時点では、夫婦のうちのどちらが先に死亡するかは全く分からないので、年金分割を行うことが経済的に意味のあることがどうかは不明である。例えば、年金分割を行い、それにより報酬点数を受け取った配偶者が先に亡くなった場合で、その者が既に限度額以上の給付を受けているときは、残された者は年金分割により経済的に不利な状況におかれることになる。したがって、当事者にとっては、このような選択を行うかどうかの判断は難しく、そのために年金分割の利用が進まないことも考えられる。

（1）Bundesanstalt für Arbeit, Arbeitsmarkt 1998.

（2）Bundesregierung, Rentenversicherungsbericht 2002, Übersicht A3.

（3）ibid., Übersicht I 9.

（4）ibid., Übersicht A6.

（5）ibid., Übersicht A3.

（6）Michaelis K., Alterssicherung von Frauen -Bestandsaufnahme und Reformüberlegung für die gesetzliche Rentenversicherung, in: Schmähl W./Michaelis K., Alterssicherung von Frauen, Wiesbaden 2000, S.149ff.

（7）ibid., S.150.

（8）複数の子に係る児童養育期間が重複する場合には、その期間だけ児童養育期間が延長される。

（9）児童養育期間は、一九八六年一月一日前に生まれた子についても、その養育を行った者が一九二一年以降の生まれであり、したがって、児童養育期間の制度導入時点で通常の老齢年金の支給開始年齢である六五歳に達していない場合には、認められた。なお、一九二〇年以前に生まれた者が子の養育を行った期間については、それに対応して、年金給付とは別の独自の給付を行う仕組みが導入された。

（10）Kreikebohm R./von Koch F./Krauß K.-P., Rentenrechtliche Zeiten, in : Schulin B.(Hrsg.), Handbuch des Sozialversicherungsrechts, Bd.3, München 1999, S.748.

(11) BVerfGE 94 241.
(12) 一九九八年七月より前に年金の受給を開始した者に係る児童養育期間についても、評価の引上げが行われた。
(13) それ以前にも、一九七二年年金改革法により、一九七二年以前の義務保険料に関して同様の特例措置が設けられていた。
(14) Michaelis K., a.a.O., S.158.
(15) BVerfGE 87 1.
(16) この判決の概要等については、松本勝明「介護保険の保険料負担と子の養育―ドイツ憲法裁判所決定を巡る論点―」社会保険研究所　社会保険旬報二一一〇号を参照されたい。
(17) D・シュワーブ『ドイツ家族法』(鈴木禄弥　訳)創文社一九八六年一七五頁。
(18) この他にも、適当な稼動の機会を見つけるまでの間などに扶養請求権が付与される。
(19) D・シュワーブ前掲書一〇九頁。
(20) 夫婦財産契約は、当事者が同時に出頭して公証人に書き取らせることによって締結される。また、法定の夫婦財産制をとらないことを善意の第三者に対して主張するためには、区裁判所で取扱われる夫婦財産登録簿への登記が必要である。
(21) 財産共同制が選択された場合には、従来各個人に属していた財産は融合して合手的共有(Gesamthandsgemeinschaft)の形で一個の共同の財産(合有財産 Gesamtgut)となる。また、財産共同制の行われている期間に追加取得したものも、合有財産に帰する。一方、別産性が選択された場合には、夫婦双方は、引き続きそれぞれの財産の単独所有者であり、それぞれが婚姻中に追加取得したものも、それぞれに属する。また、離婚時にも、婚姻中に得られた財産上の剰余についての清算は行われない。
(22) 離婚遺族年金は、フランス、フィンランド、オーストリア、スペインなどで支給されている。(Reinhart H.-J., Alterssicherung der Frauen - Internationale Trends und Entwicklungstendenzen, in: Schmähl W./Michaelis K.(Hrsg.), Alterssicherung von Frauen, Wiesbaden 2000, S.132.) 例えば、オーストリアでは、離婚したかつての配偶者で、被保険者が死亡時点で扶養義務を負っていた者に対しても、寡婦(夫)年金が支給される。

ただし、その金額が扶養額を超えることは認められない。また、死亡した被保険者が再婚した配偶者に支給される寡婦年金の額を超えることも認められない。(Grillberger K., Österreichisches Sozialrecht, 5. Aufl., Wien 2001, S.87)

(23) Eichenhofer E., Sozialrecht, 3. Aufl., Tübingen 2000, S.178.

(24) Hermann C., Entwicklungslinien der 100jährigen Geschichte der gesetzlichen Rentenversicherung : Die Zeit von 1957–1991, in: VDR/Ruland F., Handbuch der gesetzlichen Rentenversicherung, Neuwied 1990, S. 123 ff.

(25) Eichenhofer E., a.a.O., S.179.

(26) 企業老齢保障改善法 (Gesetz zur Verbesserung der betrieblichen Altersversorgung) 第一b条第一項に基づき、企業老齢保障の給付を約束された被用者は、少なくとも三〇歳に達しており、その者に対する保障の約束が少なくとも五年間存在する場合には、労働関係が給付開始事由発生前に終了した場合であっても、自己の期待権を維持する(すなわち没収されない)ものとされている。

(27) 夫婦財産契約による給付調整の排除と剰余共同制の排除とは相互に完全に独立のものである。したがって、給付調整が排除されたからといって、剰余清算が必ずしも排除されるというわけではない。また、逆のことも当てはまるわけではない。

(28) 別の合意により、例えば、別居期間に取得した期待権を給付調整の対象としないことなどが考えられる。

(29) Eichenhofer E., a.a.O., S.183.

(30) 二〇〇二年では四六・九〇ユーロとなる。

(31) Bundesversicherungsanstalt für Angestellte, Versorgungsausgleich in der Rentenversicherung, 6. Aufl., Berlin 1999, S.372.

(32) 二〇〇一年一二月三一日までは、この換算は、報酬点数を〇・〇六二五で割ることにより行われていた。この場合に、被保険者でない調整権利者が12か月の待機期間を獲得するためには、調整義務者が、一二か月間、平均報酬の一五〇%に相当する労働報酬を得て就労する必要があった。二〇〇一年に制定された老齢資産補完法において、二〇〇二年一月一日以降は、〇・〇六二五の半分である〇・〇三一三を用いて換算することにより、調整義務者が平均報酬の七五％に相当する労働報酬を得て就労する場合であっても、調整権利者は調整義務者と同じ長さの待機期間を獲得できるようにされた。

（33）　BVerfGE 53, 257.

（34）　給付調整と剰余清算は、一つの裁判手続きのなかで行われるが、それぞれは厳格に区分されている。したがって、婚姻期間中に通常の財産の価値をより多く獲得した者と、年金等給付の期待権の価値をより多く獲得した者が異なる場合には、剰余清算では清算義務者となる者が、給付調整では調整権利者となる。

（35）　二〇〇一年三月に制定された老齢資産補完法による遺族年金に関する改正規定は、同年七月に制定された「遺族年金法の改善のための法律」（Gesetz zur Verbesserung des Hinterbliebenenrentenrechts）により、更に一部の改正が行われた。

（36）　第一子の誕生二年後に第二子が誕生し、寡婦年金の受給者がそれぞれの子が三歳になるまでの養育を行っていた場合には、実質的には報酬点数が第一子につき一・九九九八、第二子につき〇・九九九九、合計で二・九九九七増加するのと同等の効果を持つ。第一子が二歳になるまで養育を行った後に、第二子が三歳になるまで養育を行った場合には、第二子についても、最初の一年間は一月当たり〇・一〇一〇が付与される。

（37）　Ruhland F., Rentenversicherung nach der Reform -vor der Reform, Neue Zeitschrift für Sozialrecht 8/2001, S.396.

（38）　BT-Drucksache 14/5150 S.25.

（39）　寡婦（夫）年金の受給者が再婚した場合には、寡婦（夫）年金が受給できなくなるが、その際には、寡婦（夫）年金の二四月分に相当する一時金を受け取ることができる。

（40）　年金分割により獲得した期待権から得られる満額の老齢年金額の二年分に相当する額。

（41）　二分の一以外の割合での分割は認められていない。

第九章　基礎保障

二〇〇一年に制定された老齢資産法により、老齢年金又は「稼得能力の減少を理由とする年金」から得られる収入が最低限度の生活を送るために必要な水準に達しない場合に、その嵩上げを行う新たな社会給付の導入が行われた。この社会給付は、これまでの社会扶助に代わって、年金受給者の需要に応じた基礎保障を行うことを目的とするものである。

この章では、こうした基礎保障を行うための制度が必要となった背景、基礎保障を巡る年金保険と社会扶助との関係などについて検討を行うことにより、その意義と問題点を明らかにしたい。

第一節　導入の背景

基礎保障が導入された背景には、まず第一に、老後において受給することができる年金額が必ずしも必要最低限の生活費を賄うに十分な額になるとは限らないことがある。年金保険の使命は、言うまでもなく、老齢となり、あるいは稼得能力が減少した場合に、必要な所得の保障を行うことにある。しかしながら、年金保険が保障する年金水準は、いわゆる標準年金を基準として考えられている。つまり、年金水準は、四五年間平均報酬に相当する労働報酬を得て就労した被保険者を標準として、それらの者が、社会扶助などの給付を受けることなしに、自ら受給する年金で適切な老後の収入を確保できるように定められている。しかしながら、現実に

（表９－１）　被保険者年金額の分布（2001年末）

年金月額（ユーロ）	旧西独地域				旧東独地域			
	男性		女性		男性		女性	
	人数	割合	人数	割合	人数	割合	人数	割合
－150	344,034	5.5%	1,115,081	14.9%	3,812	0.3%	18,169	0.8%
150－300	322,864	5.1%	1,717,625	22.9%	16,370	1.1%	141,070	6.2%
300－450	321,014	5.1%	1,068,260	14.3%	13,062	0.9%	234,665	10.3%
450－600	380,793	6.1%	1,135,483	15.2%	41,377	2.7%	530,482	23.3%
600－750	491,223	7.8%	1,102,491	14.7%	151,827	10.0%	821,333	36.1%
750－900	617,565	9.8%	699,998	9.3%	318,832	21.0%	309,096	13.6%
900－1050	811,053	12.9%	316,512	4.2%	356,879	23.5%	126,359	5.5%
1050－1200	970,861	15.4%	177,224	2.4%	267,675	17.7%	59,676	2.6%
1200－1350	832,252	13.2%	92,695	1.2%	173,566	11.5%	27,232	1.2%
1350－1500	587,053	9.3%	42,987	0.6%	104,802	6.9%	7,587	0.3%
1500－	605,471	9.6%	19,649	0.3%	67,450	4.5%	1,420	0.1%
合計	6,284,183	100.0%	7,488,005	100.0%	1,515,652	100.0%	2,277,089	100.0%

資料：Verband Deutscher Rentenversicherungsträger, Rentenversicherung in Zahlen 2002 により作成。

は、就労期間が短いか、あるいは労働報酬が低いために、標準年金を大幅に下回る年金しか受給できない者が存在している。

(1)　年金受給者の収入状況

二〇〇一年末現在、旧西独地域で支給されている被保険者年金の平均月額は、男性が九六三ユーロ、女性が四六九ユーロとなっていた。一方、旧東独地域では、男性が一〇〇八ユーロ、女性が六三六ユーロとなっている。ただし、実際の年金支給額には大きなばらつきがあるため、平均年金支給額が、各受給者の状況を必ずしも十分に示しているわけではない。特に、女性のうち旧西独地域では五〇％以上、旧東独地域でも四〇％以上が、受給する被保険者年金の額が平均年金額を下回っている（表９－１）。

ただし、平均年金額は、一人の年金受給者が複数の年金を同時に受給する場合を考慮に入れていない。実際には、年金受給者のうち五人に一人は、複数の年金を同時に受給している。なかでも、女性の場合には、寡婦年金と併せて自分の年金を受給することが年金額の相当の上昇に繋がっている。一九九八年七月現在で約五二〇万人の女性が寡婦年金を受給していたが、そのうちのおよそ六二%は同時に自らの被保険者年金を受給していた。この結果、両方の年金支給額の合計は、平均で、旧西独地域では月額九五二ユーロ、旧東独地域では月額一〇五一ユーロとなっていた(1)。また、年金受給者世帯の収入には、年金給付以外にも、官吏恩給、企業年金などの給付制度からの収入並びに稼得収入及び財産収入などが含まれる。連邦労働社会省の委託により行われた調査(2)によると、一九九九年における六五歳以上の者のネット収入は、一九九二年に比べても改善を示している。

(2)　社会扶助の受給状況

人間の尊厳にふさわしい生活を送ることを可能にすることを目的として、基礎的な需要を満たすために必要な給付を行うことは、社会扶助（Sozialhilfe）の責務となっている。社会扶助に関する統計(3)で見る限りでは、老後の貧困の状態は、ここ数十年間の間に、大きく改善している。その原因は、何よりも年金給付の額が上昇したことにある。二〇〇〇年末現在、ドイツ全体で約二六八万人の社会扶助（施設外での生計扶助）受給者がいるが、そのうち六五歳以上の受給者の割合は約七%に過ぎない。一九六五年には、その割合が二八%であったことを考えると、過去数十年間に社会扶助受給者に占める高齢者の割合がいかに減少したかがよくわかる。また、六五歳以上の人口に占める社会扶助受給者の割合（被扶助率）は、一・四%に止まっている。一八歳未満では、一〇〇万人弱の社会扶助受給者が存在し、被扶助率も六五歳以上の者の四倍もの割合となっている。この数字から明らかなように、貧困の問題は、高齢者よりも、むしろ若年者の場合により多くみられる。年齢以外にも、性別や家族構成などで区分してみると、特に、単独で子を養育する女性の場合には二八％と高い被扶助率を示している。つまり、高齢者の場合の貧困は、このようなグループに属する者の場合ほど深刻な問題ではなくなってきている。

(3)　隠れた貧困

高齢期の貧困への対応は、本来、最低限度の生活の需要を満たすことのできない額の年金しか受給できない者の申請に基づき、年金給付を補完する社会扶助が給付されることにより行われる。このような貧困対策の比重は、年金額の充実に伴い、補完的な社会扶助を必要とする年金受給者が減少することにより、低下している。高齢期の貧困として問題になるのは、むしろ、年金額が低いために貧困状態にあるにもかかわらず、自ら社会扶助の申請をしないために、表には現れてこないいわゆる「隠れた貧困」の存在である。このような「隠れた貧困」が発生する最大の原因は、社会扶助を受ける前提として家族による扶養が求められことを恐れる気持ちがあるために、社会扶助の申請を行わない者が存在することにある。

第二節　導入の経緯

(1)　ベルリン提案

年金保険における基礎保障の在り方については、長年にわたって議論が行われてきた。「隠れた貧困」問題の解決のための最初の取組みは、一九八〇年代の中頃に行われたベルリン市のフィンク社会大臣によるものであった。同大臣は、年金保険者が必要性を審査し、給付を行う基礎保障の仕組みを作ろうとした。その案の骨子は次のようなものであった。

・所得が一定の基準額に達しない年金受給者は、年金と併せて支給される調整付加金（Ausgleichszuschlag）を年金保険者から受け取る。
・この調整付加金は、年金保険の給付ではなく、連邦によって租税財源を基に賄われる。
・受給対象者は、国内に住所を有する者に限られる。
・調整付加金の額は、毎年見直しが行われる一定の基準額に基づき算定される。
・調整付加金の算定に当たっては、連邦社会扶助法（Bundessozialhilfegesetz）の場合と同様に、対象者の所得及び資産が考慮される。
・対象者が子又は親に対して扶養を求める権利は、調整付加金の算定に当たっては考慮されない。

この提案に対して、年金保険者は異口同音に反対を表明した。また、州大臣会議でも、この提案に関する議論は行われたが、州側としてこの提案を連邦参議院に法案の形で提出するには至らなかった。しかしながら、この提案によって「隠れた貧困」に関する議論が突き動かされ、年金保険者の間でも、年金受給者がどの程度まで社会扶助に対する請求権を現実に行使できるようにすべきかについての議論が行われるようになった(4)。また、社会給付実施者間での協力関係を改善することについても検討が行われた。

(2)　同盟九〇・緑の党などによる提案

その後、一九九二年五月には社会民主党から老齢及び職業・稼得不能の場合の社会的な基礎保障の導入を求める決議案(5)が連邦議会に提出された。さらに、一九九三年六月には、当時の野党であった同盟九〇・緑の党から、「老後の基礎保障の導入に関する法律案」（Entwurf eines Gesetzes zur Einführung einer Grundsicherung im Alter）(6)が連邦議会に提出された。この法案は、社会扶助受給者数が減少しているにかかわらず、老後の貧困の問題は引き続き存在するとの認識の下で、年金額が常に生存を保障する水準となるように年金保険の仕組みを変更しようとするものであった。この法案の背景には、旧東独地域への社会法典第六編の適用に伴い、同地域における低額年金の引上げを行うために社会付加金が過渡的に導入されたことがある。この法案は、これに倣って、ドイツ全域で年金保険者が低額年金に対する付加金を支給する仕組みを導入しようとするものであった。

この法案の骨子は、次のようなものであった。

・付加金の請求権者は、六五歳以上の者又は六〇歳以上の重度障害者若しくは稼得不能の者であって、その所得が一定の最低限度を超えないものとする。
・この最低限度額は、年金スライドに合わせて引き上げられる。
・年金保険者が付加金の支給に要する費用は、事務費も含めて連邦が負担する。
・この付加金の対象は、国内に住所を有する者に限られる。
・付加金の額には、連邦社会扶助法とは別に法律で定める基準に従い、全ての所得及び資産が算入される。
・子及び親に対する扶養請求権は、実際に扶養が行われている場合に限り算入される。

しかしながら、この法案は、連邦議会の労働・社会委員会において過半数の賛成を得ることができなかった。この法案に対する反対の理由としては、何よりも、このような方式の基礎保障は、国民が年金保険の保険料を納付することにより自らの老後に備えようとすることを妨げるものであることが挙げられた[7]。したがって、このような基礎保障は、信頼できる制度を破壊するものであり、退けられるべきものであると考えられた。

(3)　連立与党による提案

一九九八年秋に実施された連邦議会選挙の結果を受け、社会民主党と同盟九〇・緑の党との間で合意された連立協定においては、新たな連邦政府は、「需要に応じた社会的基礎保障の考え方を発展させ、段階的に導入するものとする」と定められた。これを受け、一九九九年六月に連邦政府が決定した年金改革案の骨子では、従来の提案に見られたように、年金保険において実施される租税を財源とした基礎保障の導入が予定されていた。これに対しては、年金保険者から、本来は異なる使命を持つ年金保険と社会扶助との混同が起こるとの理由から反対があった。(8) このため、新政権の下で年金制度の抜本的な改革を行うために二〇〇〇年一一月に提出された老齢資産法案においては、社会扶助を申請しようとしない最大の理由は、それによって子及び親による扶養が求められることにあるとの認識に立って、(9) 連邦社会扶助法について次のような改正が行われることとされた。

・社会福祉事務所（Sozialamt）は、六五歳以上の者又は継続的に稼得不能である者を対象とした相談・援助を行う。
・年金保険者は、六五歳以上の者又は継続的に稼得不能である者に対して、社会扶助の請求権に関する情報提供を行うとともに、それに対応した申請を受け取り、管轄社会福祉事務所に回付する。
・扶助を必要とする者が六五歳以上又は継続的に稼得不能である場合には、連邦社会扶助法による規定の例外として、需要の測定等に当たって子及び親による扶養を考慮しない。
・扶助額は、連邦社会扶助法に従って算定されるが、一時的支出に対応する給付は、個別の需要に基づき算定されるのではなく、一定の包括的な金額とされる。

州政府の代表により構成される連邦参議院は、この法案による「隠れた貧困」の防止・解消のための措置を支持するとともに、連邦社会扶助法に優先する給付法を制定することにより、この目的がより効果的に達成できないかを検討するように求めた。その理由は、連邦社会扶助法の改正という方法は、必ずしも合目的でなく、また、同法の基本原則に関わる問題を引き起こす恐れがあると考えられたことにある。(10) 連邦議会の労働・社会委員会は、連邦参議院と同様に、基礎保障のための独立した給付法の制定を含めた法案を勧告した。(11) これを受け、最終的には、老齢資産法により、基礎保障のための独立した給付法として、「老齢及び稼得能力減少の場合の需要に応じた基礎保障に関する法律」（Gesetz über eine bedarfsorientierte Grundsicherung im Alter und bei Erwerbsminderung）が制定されることになった。

第三節　基礎保障の概要

⑴　目　的

新たに導入された基礎保障の目的は、高齢者や継続的に稼得能力が減少した状態にある者に対して、生計維持のための基礎的な需要を満たす上で必要な社会給付を行うことにある。この給付はそれぞれの者の需要に応じて行われ、したがって、その者自身の所得や資産では基礎的な需要が満たせない場合にのみ行われる。この社会給付を受けることにより、通常は、社会扶助を受ける必要がなくなる。

高齢者や稼得能力が減少した者の中には、自らの生計を維持するのに十分なだけの年金給付その他の手段をもたない者がいる。このような者は社会扶助の対象とするという従来の方法は、必ずしも問題解決のための適切な方法とはなっていない。その理由の一つは、社会扶助は、本来、個別のケースでの一時的な事態において、生計維持のための最後の手段として位置づけられるからである。しかしながら、勤労生活から最終的に引退した高齢者や継続的に稼得能力が減少した状態にある者が、再び職業生活に復帰することは考え難く、これらの者が一時的に社会扶助を受けることにより窮状を克服することを期待するには無理がある。もう一つの理由として挙げられるのは、社会扶助の請求権があるにもかかわらず、実際にはそれを行使しようとしない者が存在することである。特に、高齢者の場合には、社会扶助の実施機関から子による扶養を求められることを恐れて社会扶助の申請を諦める者が少なくない[12]。

このような問題に対処するため、新たな基礎保障においては、子又は親の所得が一定額を超えない限りは、子又は親による扶養を考慮しないこととすることにより、必要な給付を受けることについての抑制的な気持ちを解消しようとしている。

(2) 申請権者

基礎保障の給付が申請できる者は、ア、六五歳以上の者、又はイ、一八歳以上の者であって、労働市場の個別の事情に関わりなく稼得能力が全面的に減少した状態にあり、かつ、稼得能力の全面的な減少が回復する可能性がないものとされている。これらの者は、自らの労働力を投入して生活の糧を得ることができない状況が継続する点で、他の者とは一線を画している。さらに、それらの者が通常ドイツ国内に居ることも基礎保障の受給要件となっている。基礎保障は、個々の者の生活状況に応じた給付を行うものであるから、社会扶助の場合と同様、国内に居る者だけがその給付を受けることができるとされている。なお、基礎保障の給付を受ける上で、老齢年金や「稼得能力の減少を理由とする年金」を受給していることは必要条件ではない。

(3) 需要の審査

基礎保障の給付は、個々の対象者の需要に応じて行われる。したがって、基礎保障に対する請求権は、申請権者が自らの所得や資産によっては生計が立てられない場合に発生する。自らの所得及び資産の算入に関しては、連邦社会扶助法に基づく規定が適用されるため、社会扶助に準じた取扱いとなっている。同居している配偶者及びそれと同様の事情にある者の所得及び資産は、需要の審査において考慮に入れられる。一方、この法律の目的に対応して、申請権者が子及び親に対して有する扶養請求権は、当該子及び親の年間収入が一〇万ユーロを超えない限り考慮に入れられない(13)。さらに、申請権者に有利なように、その子及び親の年間所得はこの限度額を超えていないものと推定される。基礎保障の実施機関は、この推定を覆すため、申請権者に対して、扶養義務者の所得状況を推測することが可能な情報を求めることができる。限度額を超過している十分な根拠がある場合には、当該子又は親に対して、基礎保障の実施機関に所得状況に関する情報提供を行うことが義務づけられる。これにより、推定が覆された場合には、基礎保障の給付に対する請求権は発生しない。また、請求権の乱用を防ぐため、申請権者の需要が過去一〇年間におけるその者の故意又は重大な過失によりもたらされた場合には、請求権が発生しない。このような例としては、資産を浪費した場合や、老後のための蓄えを持つ必要性をかえりみず贈与した場合などが考えられる(14)。

(4)　給　付

基礎保障制度は、本質的に、連邦社会扶助法に基づく施設外での生計扶助に相当する額の給付を行う。ただし、事務手続きを軽減する観点から、個別の需要測定は一定の範囲内に限定されている。基礎保障による給付の額は、次のように算定される。

①　生活のための基礎的な需要及び一時的な需要

基礎的な需要及び一時的な需要は、社会扶助の扶助基準額に対応したものとなる。この場合に、一時的な需要（例えば衣服、家具などの購入）は、個別に算定されるのではなく、世帯主の扶助基準額の一五％に相当する額に包括化される。

②　住居及び暖房のための適切な実費

住居及び暖房のための費用がどの程度まで適切な範囲に入るかは、社会扶助の実施機関の実務上の取扱いに従って判断される。

③　医療及び介護保険料

医療及び介護保険料のための支出は、社会扶助法の場合と同様に対象とされる。

④　重度障害者の場合の追加需要

重度障害者の場合の追加的な需要に対応するものとして、扶助基準額の二〇%が認められる。

⑤　基礎保障の目的を達成するために必要なサービス

申請権者がその請求権を実現する上で必要となる相談及び支援が行われる。

(5)　実施機関

基礎保障に責任を持つのは、申請権者が通常居る郡（Kreis）又は郡に属さない市（kreisfreie Stadt）である。基礎保障の実施機関がこのように定められた理由は、これらの地方公共団体は、いずれの地域においても申請者の身近な存在であり、また、給付請求権の確定に必要な情報が得られる立場にあると考えられたからである。

(6)　情報提供・相談

基礎保障の給付請求が容易に行えるよう、この法律においては、基礎保障の実施機関だけでなく、年金保険者にも、基礎保障の対象となる者に対し、基礎保障による給付の受給要件及び手続きに関する情報提供及び助言相談を行う義務が課せられた。また、年金保険者は、提出された基礎保障に関する申請書を基礎保障の管轄実施機関に送付することとされた。さらに、年金保険者と基礎保障の実施主体は、互いに、法律の実施に必要な情報を交換し、協力し、申請権者の申請を援助する義務が課せられた。また、社会扶助の実施機関にも、基礎保障に関する助言・相談義務が課せられた。

(7)　財　源

この法律は、基礎保障のための支出をどのようにして賄うかについては、特段の規定を設けていない。したがって、基礎保障のための費用は、この法律の施行に責任を持つ郡及び郡に属さない市が自ら負担しなければならない。これについて、立法者は次のように考えている。[15] 郡及び郡に属さない市は、連邦社会扶助法の施行に責任のある社会扶助の地域的な実施機関であり、この法律の施行に伴い基礎保障の実施主体にもなる。したがって、社会扶助から基礎保障の対象者に転換した者に係る費用については、郡及び郡に属さない市が引き続き負担することになる。また、これまで社会扶助の申請を行っていなかった「隠れた貧困」の状態にある者が新たに基礎保障を申請したとしても、それは社会扶助の実施機関が本来は負担しなければならなかったものである。したがって、基礎保障の実施に伴う新たな負担は、子及び親に対する扶養請求権が考慮に入れられないことなどにより生じる支出の増加額などである。この増加額については、連邦が州を通じて郡及び郡に属さない市の負担する費用の補填を行うこととされた。この連邦の負担額は、当面、年間四億九〇〇〇万ユーロと定められ、二年ごとに見直しが行われることとされた。

第四節　考察

以上述べたとおり、新たに導入された基礎保障は、年金保険で給付される年金額に最低保障額を設けるものではなく、また、社会扶助に代わって、自ら生計を立てることが出来ない者をあまねく対象として、所得の保障を行うものでもない。それは、あくまでも、高齢者及び稼得能力の減少が継続する者であって、年金保険の給付などでは必要な収入が得られない者が、子又は親による扶養を求められることを恐れて社会扶助の申請を行わないためにいわゆる「隠れた貧困」に陥ることを防止することを目的として、租税財源により対象者の需要に応じた給付を行う制度である。年金保険及び社会扶助との関係については、基礎保障は、このいずれからも独立した新たな社会給付制度として位置づけられた。[16] 制定の経緯にも現れているように、基礎保障をどのようなものとして位置づけるかは、社会保険と公的扶助の関係という社会保障の基本構造にかかわる問題を含んでいる。年金保険は、他の社会保険と同様、個々の受給者の個別具体的な援助の必要性とはかかわりなく、老齢、稼得能力の減少及び死亡という典型的なリスクが発生することにより給付が行われる制度である。年金保険においては、将来のリスクに備えるために予め保険料が納付され、保険料納付という事前の貢献の程度に応じた給付が行われる。すなわち、各被保険者が受け取る年金額は、それぞれの被保険者期間の長さ及び保険料算定の基礎となった労働報酬に応じて算定される。もちろん、年金保険においても、保険料納付が行われなかった期間に対しては、それに社会的な意義が見い出される場合に限り、一定の配慮が行われている。このようなものの例としては、育児や介護のために就労を諦め、あるいは制限した期間について、年金給付の算定において一定の評価を行うことが挙げられる。しかしながら、これらは、保険料納付が可能であった期間についてまで、年金給付の額を引き上げるために有利な扱いをするものではない。

一方、社会扶助はこれとは全く異なる基本原理に基づき構築されている。租税を財源とする社会扶助は、事前の貢献とは無関係に、援助を必要とする全ての人に対して、社会的・文化的な最低限度の生活の保障を行うものである。社会扶助は、老齢、疾病、失業など典型的なリスクが発生したために援助を要する状態にあるが、社会保険などからの給付が十分受けられない、あるいは全く受けられない者に対して、援助を行うだけでなく、典型的なリスクに該当しない特別の生活状態に対する援助も行う。いずれにしても、社会扶助は、個々のケースにおける個別の需要に応じた給付を行うものである。

基礎保障を導入するに当たっての最大の問題点は、それが、このように異なる基本原理に基づき構築された年金保険と社会扶助との混同をもたらすことにより、社会保障制度の根幹を揺るがしかねないことにあった。一九九三年に同盟九〇・緑の党により提出された法案などに見られるように、従来の案では、基礎保障の給付は、租税を財源として行われるとはいえ、年金給付に上乗せする形で、年金給付とともに年金保険者から支給されることとされていた。基礎保障の目的は、もともと、最低限度の水準に満たない額の年金を受給する者に対して、その嵩上げをすることにあるのであるから、このような仕組みが考えられることは、その意味では当然のことといえる。また、そうすることで、年金受給者は、社会福祉事務所に出向くことなく、年金給付と同様に年金保険者に申請することにより、基礎保障を受給することが可能となる。さらに、個々の受給者に対して支給される年金額を承知している年金保険者が基礎保障の実施主体になれば、基礎保障の対象となりうる者を把握することが容易になり、それらの者が実際に基礎保障を受けられるようにするために必要な相談・情報提供を効果的に行うことができると考えられる。

しかしながら、低額の年金に一定金額までの上乗せが行われて支給される制度では、上乗せ給付の財源が租税であるとはいえ、本来の年金給付と基礎保障の給付の区分が不明確なものとなり、両給付の間の混同が起こる恐れがある。これによって、年金保険の基本原理である「賃金・保険料に比例した年金給付」の考え方があいまいなものとなり、保険の考え方に基づく給付に認められてきた財産権保護の適用も危うくなることが懸念される。また、他人が、保険料を納付せず、あるいは保険への加入義務なしに、一定の給付が受け取れるのに対して、自分は給付を得るために保険料を負担しなければならなくなれば、多くの被保険者は、自分には保険料負担義務が課されていることに疑問を抱くことになる。そうなれば、年金保険料を負担せずに済むように社会保険法上の届出をしないヤミ労働に従事することや、あるいは職業生活から早期に引退することへの誘因が働くこととなる。もちろん、納付された保険料に応じた年金給付と需要に応じた社会扶助の給付が同じ金額になる場合もあり得るが、両者の法的性格は全く異なるものである。しかしながら、年金保険に取り込まれた形での基礎保障には、こうした質的な違いを無くしてしまうという問題がある。

二〇〇〇年に連立与党から提出された法案においては、基礎保障が、個々の対象者の具体的な需要に応じて給付を行う制度であることを理由に年金法ではなく社会扶助法に位置づけられたのも、このような問題点に対処するためであったと理解される。一方、年金保険との関係を考慮したこの提案に対しては、社会扶助の側からみれば、やはり、大きな問題を含むものであった。この提案に関し、社会扶助の実施主体である地方自治体からは、財政負担の増加などに対する懸念が表明された。社会扶助制度にとってより根本的な問題は、子及び親による扶養を考慮しない基礎保障を連邦社会扶助法に規定することにより、社会扶助の基本原理である後置性（Nachrang）の原理に反する異質な要素を社会扶助の中に取り入れることにあった。後置性の原理に基づけば、自らの所得及び資産だけでなく、民法上の扶養義務も社会扶助に優先する援助と位置づけられるが、このような場合に扶養義務を求めないことを認めれば、家族の責務をさらに租税財源による扶助給付に転嫁することにつながる懸念があった。

このため、実際に導入された基礎保障のための法律は、独立した給付法として制定され、年金保険とは、財源の面だけではなく、実施主体の面でも、明確に区分されている。一方、社会扶助との関係でみると、基礎保障の位置づけにはあいまいなところがある。つまり、基礎保障は、公的扶助の一つに分類されるものであるが、社会扶助とは部分的に異なると同時に、完全に別のものではないという中間的な性格を持っている。

基礎保障は年金保険とは独立した別個の制度として設けられたが、むしろ、それ故に、年金保険者は様々な形で基礎保障の受給手続きにかかわることとなった。六五歳以上あるいは稼得能力が減少した者という基礎保障の受給要件は、老齢年金及び「稼得能力の減少を理由とする年金」の受給要件に依拠したものとなっている。また、これらの年金を受給する者にとっては、年金保険者が最も身近な保険者であり、また、信頼できる相談相手となる。基礎保障は郡及び郡に属さない市により実施されることになったが、この制度の実施のためには、そのような立場に立つ年金保険者による情報提供、相談援助への取組み、年金保険者と基礎保障の実施機関との協力が不可欠であると考えられる。基礎保障が、その本来の目的である「隠れた貧困」を防止することに対して期待される成果を挙げられるかどうかは、この点に大きく依存しているということができる。

(1) Verband Deutscher Rentenversicherungsträger, Fakten und Argumente, Heft 8 Bedürftigkeitsorientierte Mindestsicherung : ja oder nein? (1999), S.8.

(2) Bundesministerium für Arbeit und Sozialordnung, Alterssicherung in Deutschland 1999 (ASID 99).

(3) Statistisches Bundesamt, Statistisches Jahrbuch.

(4) Klingbeil W., Der Weg zur bedarfsorientierten Grundsicherung, Die Angestellten Versicherung 4/02, S. 131.

(5) BT-Drucksache 12/2519.

(6) BT-Drucksache 12/5285.

(7) BT-Drucksache 12/7733, S.4.

(8) Dünn S./Fasshauer S., Die Rentenreform 2000/2001-Ein Rückblick, Deutsche Rentenversicherung 5/2001, S.266 ff.

(9) BT-Drucksache 14/4595, S.43.

(10) BT-Drucksache 14/5068, S.11.

(11) BT-Drucksache 14/5150, S.3.

(12) Rahn M., Einführung einer bedarfsorientierten Grundsicherung im Alter und bei Erwerbsminderung, Deutsche Rentenversicherung 6-7/2001, S.432.

(13) 年間所得が一〇万ユーロを超えない子又は親から実際に扶養が行われている場合にも、基礎保障においては考慮されない。したがって、子又は親からの扶養は、基礎保障による給付に上乗せする効果を持つ。

(14) BT-Drucksache 14/5150, S.49.

(15) BT-Druchsache 14/5150, S.51 ff.

(16) 基礎保障の給付は、社会法典第一編第二八条aにおいて、年金保険の給付（同編第二三条）及び社会扶助の給付（同編第二八条）とは別個の社会給付として規定された。

第十章　改革の方向

前章までの各章における検討を通じて明らかになったように、ドイツの年金保険においては、一九八九年に制定された一九九二年年金改革法以降、長期的な視点に立って、社会・経済の構造変化に対応するための改革が立て続けに行われてきた。この間においても、年金保険を取り巻く状況の変化は続いており、それに応じて、年金保険における改革にも一定の変化が現れている。一九九八年には、政権交代が行われた結果、既に制定された法律による改革の主要部分が凍結され、新たな改革法が制定されるような事態も生じた。しかしながら、これらによって、年金保険の改革についての基本的な考え方が根本から変化したわけではない。むしろ、一九九二年年金改革法以降に行われてきた改革の目的や内容には、なお、共通した方向性を見出すことができる。

この章においては、このような方向性を整理することにより、これらの改革の考え方を明確にするとともに、今後の改革について展望する。

第一節　改革の方向

1　目的

社会・経済の構造変化に対応した改革を行い、年金保険を将来に向かって更に発展させることは、最も上位に位置づけられる政策課題の一つである、社会・経済の構造変化の中でも、出生率の低下と寿命の伸長による少子高齢化の進展が、今後の年金保険のあり方を考える上で、最も重要な要因となっていることは間違いない。ドイツにおいては、ずっと以前から少子高齢化が進んでいるが、今後も出生率が低い水準に止まるとともに、寿命の伸びが続くものと予測されている。このような変化は、年金保険においては、保険料負担者に対する年金受給者の割合を増加させ、将来の保険料率を上昇させる原因となる。このため、これらの改革においては、適切な生活水準の保障を行うという年金保険の機能を維持しつつ、少子高齢化の進展に伴う保険料率の上昇を抑制することが第一の目的となってきた。

しかしながら、一連の改革が必要となった原因は、必ずしも少子高齢化によるものだけではない。なぜならば、ある者が年金保険の保険料負担者となるかどうかは、その者の年齢だけでなく、その者が保険加入義務のある就労を行っているかどうかによっても左右されるからである。また同様に、年金受給者の数は、ある年齢以上の者の数だけではなく、各被保険者が何歳から年金の受給を開始するかによっても影響を受ける。実際、この間の改革には、人口以外の社会的及び経済的な諸条件の変化、特に一九九〇年代の中頃以降のドイツ労働市場における大量の失業者の発生が重大な影響を与えている。そこでは、失業者の発生が、保険料収入を減少させるとともに、六五歳前の「失業を理由とする老齢年金」の受給を増加させることを通じて、年金財政に及ぼす影響が問題とされているだけではない。失業に関わるより根本的な問題としては、ドイツの抱える「立地問題」の存在が指摘されている。つまり、国内雇用が増加しない大きな原因の一つは、年金保険料率を始めとする社会保険料率が高い水準にあり、賃金付随コストが多くかかるために、企業が国内投資を抑制しようとすることにあると考えられている。このような立地問題の存在は、いまや政党の枠を越えた共通認識となっている。そのことは、キリスト教民主・社会同盟を中心としたコール政権及び社会民主党を中心とするシュレーダー政権のいずれにおいても、雇用確保のために社会保険料率を抑えることが年金改革の中心的な目的の一つとして掲げられていることからも明らかである。

2　目標水準

社会保険料率の上昇を抑制し、賃金付随コストを抑える観点から、一九九二年年金改革法以降の改革においては、常に、将来の年金保険料率の水準を一定の範囲内に留めることを目標とした対策が講じられてきた。このように、将来の年金保険料率がある水準以上に上昇しないことを明確に示すことは、世代間契約を基礎とする制度への信頼性を確保する上からも重要な意味を持っている。

年金改革において将来の目標とされる保険料率の具体的な水準は、厳しい雇用情勢が継続する中で、ますます低く抑えられるようになってきている。すなわち、一九九二年年金改革法の制定時には、改革の実施後においても、二〇三〇年の年金保険料率は、なお三六ないし四一％にまで上昇すると見込まれていた。しかしながら、直近の改革である二〇〇一年の改革法においては、保険料率の上昇幅をこの五分の一程度にすることが目標となった。法律において、将来の保険料率を一定水準に固定するような自動調整メカニズムが規定されたわけではないが、保険料率が一定水準を超えると見込まれる場合には対策を提案することが連邦政府に義務づけられるなど、年金保険の改革に当たっては、現状程度の保険料率を前提に将来の年金給付を定める考え方がとられるようになってきている。

一九九九年年金改革法及び二〇〇一年の改革法においては、いずれの場合にも、将来の保険料水準を一層抑制するために、年金水準の引下げにまで踏み込んだ対策がとられることとなった。その際には、年金給付は長期にわたる保険料拠出に対する反対給付として行われるものであり、その水準は社会扶助との比較において納得のいくものであることが、特に重要であると考えられた。現役時代の生活水準に対応した適切な水準の生活を保障することを目的とする年金保険においては、保険料率を抑制するためとはいえ、年金水準の際限のない引下げが容認されるわけではない。したがって、これらの改革において行われたように、年金水準を引き下げるとしても、最低限保障されるべき水準を明確に示すことは、年金保険の正当性を維持するうえで不可欠であると考えられる。

3　システムの変更

このような改革を進めるに当たっては、現行の年金保険システムを前提として必要な対応を行うことだけでなく、システムそのものの変更を含めた広範な選択肢について議論が行われてきた。つまり、保険料を財源として「賃金・保険料に比例した年金給付」を行う現行システムに代わって、租税を財源とした一律の基礎年金を導入することや、年金保険の財政方式を現行の賦課方式から積立方式に転換する提案についても、幅広い関係者の参加の下で検討が行われた。しかしながら、そのような提案については、いずれの改革に際しても、現行システムに代わる現実的な選択肢としては考えられなかった。その理由としては、もちろん、給付に対する期待権が没収されることや二重負担が発生することなど、システムの移行に伴う克服しがたい問題の発生が指摘されているが、より重要なことは、そのような提案が広く国民に支持されるような状況にはないことである。その根本には、長年にわたり大きな社会的・経済的・政治的な変動を乗り越えてきた賦課方式への信頼感が存在すること、金融市場の安定性よりも、議会での立法過程を通じて民主的にコントロールされる公的な制度への信頼が厚いこと、「賃金・保険料に比例した年金給付」の考え方が国民の公平感に適合していることなどがあるものと考えられる。

このため、実際に行われた改革は、いずれも、システムそのものの改革ではなく、現行システムの枠内での改革となっている。すなわち、引き続き、現役時代の生活水準に対応した適切な水準の生活を保障することを目的として、「賃金・保険料に比例した年金給付」の考え方や世代間契約に基づく賦課方式の財政方式などの基本原理の上に立って年金保険の改革が行われている。その中で、二〇〇一年の改革法は、年金水準の引下げを補うために、私的老齢保障を奨励するための措置などを講じることにより、限定的ではあるが、年金保険から私的老齢保障へ、すなわち賦課方式から積立方式への代替を行ったことになる。その点において、同法は、それまでの改革法とは異なる性格を有している。しかしながら、それは、老後における所得保障の中心的な役割を果たすという年金保険の位置づけに根本的な変更をもたらすものではなく、ましてやシステムそのものの改革につながるものではない。

もちろん、システムそのものの改革が否定されるということは、年金保険が現状のままで有り続けることを決して容認するものではない。むしろ、現行の基本原理の上に立った年金保険を維持するためには、適切な年金水準を維持しつつ、世代間の公平な負担を実現する観点から、保険料率の上昇を抑制することを目的として、年金保険が直面する諸課題の解決に積極的に挑んでいくことが不可欠となる。

4　就労状況及び家族構造の変化への対応

年金保険とっては、少子高齢化の進展や大量の失業者の発生だけが問題となっているわけではない。年金保険においては、従来、夫（父親）だけが就労し、その収入により家族の生計が維持されるような状況が前提とされてきた。また、夫が老齢となり、あるいは稼得能力が減少し、職業生活から離れた場合には、稼得収入に代わるものとしての老齢年金又は「稼得能力の減少を理由とする年金」が支給され、さらに、夫が死亡した場合には、夫による扶養に代わるものとして寡婦年金が支給されることが想定されてきた。しかしながら、このような年金保険が想定してきた伝統的な家族像や就労状況は、大きな変貌を遂げている。女性の就労率は大幅に上昇し、夫だけでなく妻にも稼得収入が発生し、妻自身が年金期待権又は請求権を獲得することがますます多くなってきている。一方、女性の就労率が上昇したとはいえ、女性が受給する年金額は男性に比べ依然として低い水準に止まっている。このような状況に対処して、年金保険においては、女性が、養育や介護のために就労を諦め、あるいは制限せざるを得ないためにその者が将来の年金給付においても不利になることを防ぐための措置が求められている。また、家族を巡る状況の変化は、伝統的な家族像や夫婦間の関係を前提として構築された寡婦年金のあり方にも影響を与えている。

同様に、労働市場においても、年金保険の在り方に大きな影響を及ぼしうる変化が起こっている。近年のドイツ労働市場においては、パートタイム労働、僅少労働、新たな形態の自営業など、従来の正規雇用の枠に収まらない多様な就労形態が出現している。これに伴い、年金保険への加入義務を伴わない就労が増加することは、年金保険の保険料収入を減少させる効果を持つだけでなく、そのような就労を行う者にとっても、その間に保険料納付の中断や減少が起こるために将来の年金給付が減少する恐れがある。このため、このような変化に対しては、保険料収入及び適切な年金給付を確保する観点からの対応が求められている。

以上のことから、特に一九九〇年代の後半以降の年金保険の改革においては、少子高齢化への対応だけでなく、それと並行して、就労状況や家族構造の変化に対応した様々な取り組みが積極的に行われている。その際にも、主として被用者を対象とした現行のシステムを、全居住者を対象にした普遍的なシステムに転換させるのではなく、現行システムを前提に、その基本原理の枠内で、可能な限りの対応を行うことが政策の基本的な方向となっている。

5　改革のプロセス

ドイツにおける年金保険の改革を巡っては、常に、政党、政府、労使、年金保険者、学者など関係者の間で活発な議論が行われてきた。しかしながら、それは、決して、基礎年金の導入や積立方式への転換のようなシステムの変更に関わる問題に終始してきたわけではない。現行システムの枠内で、年金保険に重大な影響を及ぼす社会・経済の構造変化に対応するための具体的な措置についても議論が行われてきた。また、単なる議論に終わるのではなく、その中では、改革法立案の土台となるような具体的な解決策の提案も行われた。実際に行われた改革は、正に、そのような現実的な議論の積み重ねが結実したものであるということができる。

連邦憲法裁判所や連邦社会裁判所による判決が、年金保険に関する現実の政策に大きな影響を及ぼしてきたことも、ドイツにおける特徴の一つとなっている。例えば、年金保険における子の養育への配慮を巡る連邦憲法裁判所による一連の違憲判決は、児童養育期間の拡充を進める上で大きな役割を果たしてきた。また、連邦社会裁判所も、「稼得能力の減少を理由とする年金」の支給要件である稼得能力の減少に関する判断基準や、強制被保険者となる被用者と自営業者の区分に関する判断基準などに関して、現実の法律の施行のみならず、制度改革にも影響を及ぼす重要な考え方を示している。

6　信頼の確保

年金保険のように長期に及ぶ保険料納付に基づき給付を行う制度の場合には、被保険者の制度に対する信頼を確保することが何よりも重要となる。そのような信頼を確保する上で、年金保険の改革についての議論の進め方や合意形成は大きな意味を持っている。例えば、各政党がそれぞれの政治的な立場の違いを背景として、異なる政党の政策を批判するために、年金保険の将来に不安を抱かせるような議論を展開することや、年金保険の改革に関する法律が野党の反対を押し切って可決され、その後の政権交代により、打ち消されるようなことが繰り返し起これば、そのことが制度そのものへの不信につながりかねない。このため、従来から、年金保険の改革は、主だった政党間の合意の下で行われてきた。しかしながら、一九九六年の改正以降は、このような年金保険の改革を巡る伝統が破られ、現に、政権交代に伴い、前政権の改革法が打ち消される事態も発生している。もちろん、幅広い合意の成立に向けた努力が諦められたわけではないが、年金保険を取り巻く情勢が厳しさを増す中で、お互いの妥協点を見出す余地が少なくなってきていることも影響しているものと考えられる。

年金保険への信頼を確保するためには、さらに、年金保険が拠って立つ基本原理との関係を明確にすることや、制度の透明性を確保することも重要な意味を持っている。そのため、例えば、年金保険とは異なる基本原理に基づく基礎保障の導入に当たっては、年金保険との区分を明確なものとし、両者の混同が起こらないようにするために多くの努力が払われた。また、児童養育期間のように、実際には保険料納付が行われないにもかかわらず、次の世代の育成という社会全体の責務に対応した配慮を行うために必要な費用を、連邦がその分の保険料を支払うことにより負担することとされたことも、このような考え方に沿う方策の例として挙げられる。

第二節　今後の展望

年金保険に関する改革は、それぞれの時点における数年後、数十年後の予測に基づき行われる。しかも、その予測には、その後における出生率、寿命、雇用・経済情勢の推移など様々な要因が影響を及ぼす。予測の前提となった諸要因は、必ずしも予測どおりに推移するわけではなく、そのために、適時に次の対策を講じることが必要になると考えられる。二〇〇一年の改革法においては、このような考え方が法律上も規定されることになった。すなわち、将来において、保険料率が二二%を超えるか、あるいは、ネット年金水準が六七%を下回る恐れが生じた場合には、連邦政府は立法府に対して適切な対策を提案することが法律上義務づけられた。

先の立法期間においては、この二〇〇一年の改革法が制定され、年金保険について、長期的な視点に立った包括的な改革が行われた。しかしながら、二〇〇二年の秋に行われた連邦議会選挙後の新たな立法期間の開始とともに、連邦政府は、年金保険を含む社会保障の全ての分野における見直しを実施するために、専門家による「社会保障制度の財政における持続性に関する委員会」(1)(Kommission für Nachhaltigkeiten der Finanzierung der sozialen Sicherungssysteme) を設置し、検討を行うこととした。この委員会においては、持続的な社会保障費用の負担、世代間の公平、社会保障制度の安定確保、賃金付随コストの削減などをテーマに検討が進められた。

この委員会では、平均寿命の伸びや雇用情勢に関して、従来の推計よりも、年金財政にとってより厳しい前提に立って、将来推計が行われた。その結果によれば、二〇〇一年の改革法による改正後の法律がそのまま適用された場合、二〇三〇年には、保険料率が二四％強にまで上昇し、ネット年金水準も六五％程度に低下するものと見込まれている。すなわち、保険料率とネット年金水準のいずれもが、二〇〇一年の改革法により定められた連邦政府として新たな対策を提案しなければならない水準に達すると予測された。このため、この立法期間においても、年金保険の更なる改革が必要になると考えられる。

同委員会からは、支給開始年齢を二〇一一年から二〇三五年までの間に六五歳から六七歳にまで段階的に引き上げること及びグロスの年金水準を現在の四八％から四〇％に引き下げることが提案されている(2)。新たな改革の内容については、同委員会としての提案がなされたばかりであり、政府・与党、野党その他の関係者間での議論が今後どのように推移し、最終的にどのような改革になるのかを予測することは困難である。しかしながら、同委員会の提案のほか、これまでの年金保険における改革の基本的な方向からみれば、この新たな改革においても、現行システムを構成する基本原理に立って、少子高齢化を始めとする社会的・経済的な諸条件の変化に対応し、適切な生活水準の保障を行うという年金保険の機能を維持しつつ、保険料率の上昇を抑制するための改革を行うことがその中心になるものと考えられる。

一九九二年年金改革法以降の改革においては、社会的・経済的な状況の変化、特に少子高齢化に伴う問題に対処するために数多くの取組みが行われてきた。それにもかかわらず、年金保険には、今日、更なる改革が求められている。年金保険については、長年にわたり、制度を取り巻く諸条件の変化に柔軟に対応するための見直しが行われてきた。そうであったからこそ、今日においても、国民の安定した生活のためになくてはならないものとして存在しているのである。また、引き続き、そのような対応を行うことによってのみ、年金保険は将来も国民の老後における所得を保障する中心的な柱として存在することができる。しかも、制度を取り巻く状況の変化への対応は、決して、一度の改革で完結するものではなく、継続的な改革の実施を通じて初めて実現しうるものであると考えられる。したがって、更に改革を重ねていくことが必要となる。ただし、その場合に重要なことは、できる限り長い期間にわたって維持可能な解決策を見つけ出すことにある。そのような観点からは、最終的にどのような内容のものになるにしろ、新たな改革法が、政党間の政治的な争いの対象となるのではなく、十分な議論に基づく、幅広い合意の上に成り立つことが重要であると考えられる。

（1）　一般には、委員長の名前を取ってリュールップ委員会（Rürup-Kommission）と呼ばれている。

（2）　Kommission für Nachhaltigkeiten der Finanzierung der sozialen Sicherungssysteme, Nachhaltigkeiten in der Finanzierung der sozialen Sicherungssysteme, 28 Augst 2003.

参考文献

［日本語文献］

塩野谷祐一・古瀬徹編『先進諸国の社会保障④ドイツ』東京大学出版会　一九九九年

下和田功『ドイツ年金保険論』千倉書房　一九九五年

ディーター・シュヴーブ（鈴木禄弥訳）『ドイツ家族法』創文社　一九八六年

高田敏・初宿正典編訳『ドイツ憲法集　［第三版］』信山社　二〇〇一年

田中耕太郎「ドイツの経済構造改革の中での年金制度改革をめぐる動向とその将来像　―「年金将来」委員会の提言を中心に―」山口県立大学社会福祉学部紀要第三号　一九九七年

土田武史『ドイツ医療保険制度の成立』勁草書房　一九九七年

手塚和彰／ベルント・バロン・フォン・マイデル編『高齢社会への途　―日欧社会保障共同シンポジウム―』信山社　一九九八年

ドイツ憲法判例研究会編『ドイツの最新憲法判例』信山社　一九九九年

ペーター・ハナウ／クラウス・アドマイト（手塚和彰／阿久澤利明訳）『ドイツ労働法』信山社　一九九四年

松本勝明『社会保障構造改革　―ドイツにおける取組みと政策の方向―』信山社　一九九八年

松本勝明「介護保険の保険料負担と子の養育　―ドイツ憲法裁判所決定を巡る論点―」社会保険研究所　社会保険旬報二一一〇号

村上淳一／ハンス・ペーター・マルチュケ『ドイツ法入門〔改訂第五版〕』有斐閣　二〇〇二年

［外国語文献］

1　資料集

Bundesministerium für Arbeit und Sozialordnung, Alterssicherung in Deutschland 1999(ASID 99).

Bundesministerium für Arbeit und Sozialordnung, Statistisches Taschenbuch 2001, Arbeits- und Sozialstatistik, Bonn 2001.

Deutsches Institut für Altersvorsorge, Das DIA-Rentenbarometer Oktober 2002.

Verband Deutscher Rentenversicherungsträger, Rentenversicherung in Zahlen 2002, Frankfurt am Main 2002.

Verband Deutscher Rentenversicherungsträger, Rentenversicherung in Zeitreihen, Ausgabe 2003, Frankfurt am Main 2003.

Verband Deutscher Rentenversicherungsträger, Statistik Bd.13.

Statistisches Bundesamt, Ergebnisse der 9. koordinierten Bevölkerungsvorausberechnung, Wiesbaden 2000.

Statistisches Bundesamt, Statistisches Jahrbuch 2002, Wiesbaden 2002.

2 著書・論文等

Ahrend P./Förster W./Rühmann J., Gesetz zur Verbesserung der betrieblichen Altersversorgung, 8. Aufl., München 2002.

Bäcker G. / Bispinck R. /Hofemann K. / Naegele, G., Sozialpolitik und soziale Lage in Deutschland, Wiesbaden 2000.

Barkholdt C.(Hrsg.), Prekärer Übergang in den Ruhestand, Wiesbaden 2001.

Bley H./ Kreikebohm R./ Marschner A., Sozialrecht, 8. Aufl., Neuwied 2001.

Bundesministerium für Arbeit und Sozialordnung, Übersicht über das Sozialrecht, 3. Aufl., Bonn 1994.

Bundesministerium für Arbeit und Sozialordnung, Programm für mehr Wachstum und Beschäftigung,

Bonn 1996.

Bundesministerium für Arbeit und Sozialordnung, Übersicht über das Sozialrecht, 6. Aufl., Bonn 2000.

Bundesministerium für Arbeit und Sozialordnung, Die Rentenreform 2000 : Ein mutiger Schritt zu mehr Sicherheit, Stand Augst 2000.

Bundesministerium für Arbeit und Sozialordnung, Die neue Rente : Solidarität mit Gewinn, Berlin, 26. Januar 2001.

Bundesministerium für Arbeit und Sozialordnung und Bundesarchiv, Geschichte der Sozialpolitik in Deutschland seit 1945, Bd.1, Baden-Baden 2001.

Bundesregierung, Sozialbericht 2001.

Bundesversicherungsanstalt für Angestellte, Versorgungsausgleich in der Rentenversicherung bei Ehescheidung, 31.Aufl., Berlin 2002.

Cramer J.-E./Förster W./Ruland F.(Hrsg.), Handbuch zur Altersversorgung, Frankfurt am Main 1998.

Dünn S./Fasshauer S., Die Rentenreform 2000/2001 - Ein Rückblick, Deutsche Rentenversicherung 5/2001.

Döring D., Die Zukunft der Alterssicherung, Frankfurt am Main 2002.

Eichenhofer E., Sozialrecht, 3. Aufl., Tübingen 2000.

Eichler H.-J., Rentensplitting unter Ehegatten, Die Angestellten Versicherung 1/02.

Fasshauer S., Grundfragen der Finanzierung der Alterssicherung: Umlageverfahren vs. Kapitaldeckungsverfahren, Deutsche Rentenversicherung 10-11/2001.

Fisch S./ Haerendel U.(Hrsg.), Geschichte und Gegenwart der Rentenversicherung in Deutschland, Berlin 2000.

Furtmayr H., Das neue Altersvermögensgesetz, München 2002.

Glockner R./Voucko-Glockner A., Versorgungsausgleich in der Praxis, 2.Aufl., Bonn 2000.

Goretzki S./Hohmeister F., Zur Neuregelung der geringfügigen Beschäftigungsverhältnisse, Neue Zeitschrift für Sozialrecht 8/1999.

Grillberger K., Österreichisches Sozialrecht, 5. Aufl., Wien 2001.

Hamisch A.-C., Der Schutz individueller Rechte bei Rentenreform, Baden-Baden 2001.

Hauck K., SGB Ⅵ Gesetzliche Rentenversicherung, Berlin, Loseblatt.

Henke K.-D./Schmähl W.(Hrsg.), Finanzierungsverflechtung in der Sozialen Sicherung, Baden-Baden 2001.

Hebeler T., Generationengerechtigkeit als verfassungsrechtliches Gebot in der sozialen Rentenversicherung, Baden-Baden2001.

Johannsen K./Henrich D., Eherecht, 3. Aufl., München 1998.

Joussen J., Die Rente wegen voller und teilweiser Erwerbsminderung nach neuem Recht, Neue Zeitschrift für Sozialrecht 6/2002.

Kaufmann O./ Köhler P., Die neue Alterssicherung, Baden-Baden 2002.

von der Heide D., Die Problematik der Frühverrentung in der gesetzlichen Rentenversicherung - Entwicklung, Ursachen, Auswirkungen und Lösungen, Neue Zeitschrift für Sozialrecht 7/1997.

Klingbeil W., Der Weg zur bedarfsorientierten Grundsicherung, Die Angestellten Versicherung 4/02.

Kommission für Nachhaltigkeiten der Finanzierung der Sozialen Sicherungssysteme, Nachhaltigkeit in der Finanzierung der sozialen Sicherungssysteme, 28 Augst 2003.

Lampert H./Althammer J., Lehrbuch der Sozialpolitik, 6. Aufl., Berlin 2001.

Maier K./Michaelis K., Versorgungsausgleich in der Rentenversicherung, 6.Aufl., Berlin 1999.

von Maydell B. / Ruland F.(Hrsg.), Sozialrechthandbuch (SRH), 2. Aufl., Neuwied 1996.

von Maydell B./Schimomura T./Tezuka K. (Hrsg.), Entwicklungen der Systeme sozialer Sicherheit in Japan und Europa, Berlin 2000.

Michaelis K., Auswirkungen der Beschäftigungskrise auf die gesetzliche Rentenversicherung, Die Angestellten Versicherung 8/99.

von Münch I./Kunig P. (Hrsg.), Grundgesetz-Kommentar, Bd.1, 5.Aufl., München 2000.

Niederfranke A./Naegele G./Frahm E. (Hrsg.), Funkkolleg Altern, Bd. 2, Wiesbaden 1999.

Niemeyer W., Die Rentenreform 1999, Neue Zeitschrift für Sozialrecht 3/1998.

Niesel K.(Hrsg.), Kasseler Kommentar Sozialversicherungsrecht, Loseblatt, München.

Pelikan W., Rentenversicherung SGB VI, 10. Aufl., München 2002.

Rahn M., Einführung einer bedarftsorientierten Grundsicherung im Alter und bei Erwerbsminderung, Deutsche Rentenversicherung 6-7/2001.

Reinhard H.-J.(Hrsg.), Demographischer Wandel und Alterssicherung, Baden-Baden 2001.

Reiserer K./Freckmann A./Träumer S., Scheinselbständigkeit, geringfügige Beschäftigung, München 2002.

Renn H./ Schoch D., Die neue Grundsicherung, Baden-Baden 2002.

Renn H./ Schoch D., Grundsicherungsgesetz, Baden-Baden 2003.

Riester W., Die Rentenversicherung an der Schwelle zum neuen Jahrtausend, Deutsche Rentenversicherung 1-2/2000.

Ruland F., Die Rentenversicherung in Deutschland im Zeichen der Jahrhundertwende, Deutsche Rentenversicherung 1-2/2000.

Ruland F., Licht, aber auch viel Schatten, Soziale Sicherheit 2/2001.

Ruland F., Das BVerfG und der Familienlastenausgleich in der Pflegeversicherung, Neue Juristische

Wochenschrift 23/2001.

Ruland F., Rentenversicherung nach der Reform -vor der Reform, Neue Zeitschrift für Sozialrecht 8/2001.

Ruland F., Die Rentenreform unter besonderer Berücksichtigung der staatlich geförderten zusätzlichen Altersvorsorge, Neue Zeitschrift für Sozialrecht 10/2002.

Schmähl W., An der Schwelle zum neuen Jahrhundert -vor Weichenstellungen für die Alterssicherung in Deutschland, Die Angestellten Versicherung 9/99.

Schmähl W., Alterssicherung in Deutschland an der Jahrtausendwende -Konzeptionen, Maßnahmen und Wirkungen-, Deutsche Rentenversicherung 1-2/2000.

Schmähl W./Michaelis K. (Hrsg.), Alterssicherung von Frauen, Wiesbaden 2000.

Schmähl W. /Ulrich V.(Hrsg.), Soziale Sicherungssysteme und demographische Herausforderungen, Tübingen 2001.

Schmidt-Bleibtreu B./Klein F., Kommentar zum Grundgesetz, 9. Aufl., Neuwied 1999.

Schulin B.(Hrsg.), Handbuch des Sozialversicherungsrechts, Bd. 3, München 1999.

Schulin, B./Igl G., Sozialrecht, 7. Aufl., Düsseldorf 2002.

SPD, Strukturreform statt Leistungskurzung 4.Mai 1997.

Spellbrink W./Eicher W. (Hrsg.), Kasseler Handbuch des Arbeitsförderungsrechts, München 2003.

Stahl H./Stegmann M., Die Reform der Hinterbliebenenrenten, Deutsche Rentenversicherung 5/2001.

Stahl H./Stegmann M., Änderungen der Hinterbliebenenrentenreform, Deutsche Rentenversicherung 6-7/2001.

VDR/Ruland F. (Hrsg.), Handbuch der gesetzlichen Rentenversicherung, Neuwied 1990.

Verband Deutscher Rentenversicherungsträger, Fakten und Argumente, Heft 8 Bedürftigkeitsorientierte Mindestsicherung : ja oder nein? (1999).

Verband Deutscher Rentenversicherungsträger, Aktuell vom 07.11.2000.

Verband Deutscher Rentenversicherungsträger, Die Erwerbsminderungsrente, Deutsche Rentenversicherung 2-3/2002.

Wollschläger F., Gesetz zur Reform der Renten wegen verminderter Erwerbsfähigkeit, Deutsche Rentenversicherung 5/2001.

ま 行

や 行

ら 行

た　行

な　行

は　行

索　引

目次に記してある事項及び本書の全般にわたって頻繁に出てくる事項は，索引から除外している。また，同じ語が連続して3頁にわたる場合は，その最初の頁の後にff.をつけた。

あ　行

か　行

さ　行

〈著者紹介〉

松 本　勝 明（まつもと・かつあき）

1957年　大阪府に生れる

1980年　京都大学経済学部卒業

1980年　厚生省入省

1990-1993年　在ドイツ連邦共和国日本国大使館一等書記官

1995年　千葉大学法経学部助教授（社会保障法）

1997-1999年　厚生省社会・援護局福祉人材確保対策室長

2001-2003年　国立社会保障・人口問題研究所　社会保障応用分析研究部長

現　在　厚生労働省大臣官房付（マックス・プランク国際社会法研究所客員研究員）法学博士

〈主　著〉

『社会保障構造改革―ドイツにおける取組みと政策の方向―』信山社　1998年

『ドイツ社会保障論 I ―医療保険―』信山社　2001年

『高齢社会への途―日欧社会保障共同シンポジウム―』（共著）信山社　1998年

『先進諸国の社会保障④ドイツ』（共著）東京大学出版会　1999年

ドイツ社会保障論 II
――年金保険――

2004（平成16）年５月28日　初版第１刷発行

著　者　松　本　勝　明

発行者　今井　貴・渡辺左近

発行所　信山社出版株式会社

〒113-0033　東京都文京区本郷6-2-9-102

Printed in Japan　TEL03（3818）1019　FAX03（3818）0344

印刷・製本／東洋印刷・大三製本

ISBN4-7972-2278-6　C3336